李岩松◎编著

淘宝
精准运营·策略营销与客户服务

清华大学出版社
北 京

内 容 简 介

淘宝网作为电子商务模式的代表之一，在电子商务网站中具有相当广泛的影响力。一方面，淘宝网为买家提供了非常丰富的网络购物服务；另一方面，它也为各大卖家提供了良好的销售平台。本书围绕"帮助卖家更好地经营网店"这个主题，以循序渐进的、全方位的讲解方式，帮助零基础的店主成长为资深卖家。本书讲解细致，同时分享卖家的成功经验，激励新手店主，并在每章最后还会整理、分析淘宝网经营网店会遇到的各种问题，可以说这是一本淘宝店主经营淘宝店的必备手册。

全书分为12章，主要内容包括做好网上开店的准备、开通淘宝店与寻找货源、发布与管理商品、拍摄商品照片、修饰商品照片，同时还介绍了网店的设计与装修、商品的包装和发货、手机淘宝运营、淘宝网店内推广与促销、对网店进行全网宣传与推广、网店大数据分析以及网店客服与售后服务等方面的知识与实际经验。

本书适合准备在淘宝开店的朋友，帮助他们在开设网店的过程中少走弯路，也可以作为各类网店电子商务营销培训课程的教材，为有心在网上开店创业的广大学员提供全方位、具体的开店指导，让读者在开设网店的实际操作中，享受经营网店的乐趣，展现自己的经营头脑和商业才华。

本书封面贴有清华大学出版社防伪标签，无标签者不得销售。

版权所有，侵权必究。举报：010-62782989，beiqinquan@tup.tsinghua.edu.cn。

图书在版编目（CIP）数据

淘宝精准运营、策略营销与客户服务 / 李岩松编著. —北京：清华大学出版社，2021.5
ISBN 978-7-302-57699-0

Ⅰ.①淘… Ⅱ.①李… Ⅲ.①网店－运营管理 Ⅳ.①F713.365.2

中国版本图书馆CIP数据核字（2021）第045435号

责任编辑：张　敏
封面设计：杨玉兰
责任校对：胡伟民
责任印制：沈　露

出版发行：清华大学出版社
网　　址：http://www.tup.com.cn，http://www.wqbook.com
地　　址：北京清华大学学研大厦A座　　邮　编：100084
社 总 机：010-62770175　　邮　购：010-83470235
投稿与读者服务：010-62776969，c-service@tup.tsinghua.edu.cn
质量反馈：010-62772015，zhiliang@tup.tsinghua.edu.cn

印 装 者：小森印刷霸州有限公司
经　　销：全国新华书店
开　　本：185mm×260mm　　印　张：14　　字　数：458千字
版　　次：2021年6月第1版　　印　次：2021年6月第1次印刷
定　　价：65.00元

产品编号：087072-01

随着国内网络购物的用户规模不断上升，80% 网民都曾经有过网络购物经验。网络购物的出现为企业和个人提供了一个很好的机会与平台，传统企业和个人通过借助第三方平台与建立自有平台纷纷试水网络购物，通过合理的网络购物平台和整合渠道，为企业和个人未来发展提供良好的发展方向。

本书从网店基础开始讲起，介绍了在网上开店、运营和推广方面的知识与经验，全书结构清晰、内容丰富，共分为 12 章，主要包括 3 个方面的内容。

1. 开网店前的准备工作

第 1、2 章介绍了开设网店前期准备方面的知识，包括做好网上开店的准备、开通淘宝店与寻找货源方面的知识。

2. 新手经营网店的技能

第 3～8 章介绍了初步经营网店的基础，包括发布与管理商品、拍摄商品照片、修饰商品照片、网店的设计与装修、商品的包装和发货以及手机淘宝运营方面的知识。

3. 网店推广及营销方案

第 9～12 章介绍了推广商品的各种技巧与策略，包括淘宝网店内推广与促销、对网店进行全网宣传与推广、网店大数据分析、网店客服与售后服务方面的知识。

本书作者在淘宝开店与营销领域有着丰富的经验和独到的见解。在本书的编写过程中，作者通过对知识点的归纳总结，拓展读者的视野，鼓励读者多尝试、多思考，以此提高读者的实践能力。希望通过本书，能激发读者灵活运用淘宝的潜力，成为一名成功的淘宝卖家。

本书由李岩松编著，参与编写工作的还有许媛媛、朱恩棣、丁维英等。

由于能力和学识有限，书中难免有错误和不妥之处，敬请读者提出宝贵意见和建议。

编 者

第 1 章 做好网上开店的准备 001

1.1 网上开店概述 001
1.1.1 网上开店的前景 001
1.1.2 网店与实体店的比较 002
1.1.3 为什么要在网上开店 003
1.1.4 网上开店的方式 003

1.2 常见的网上开店平台 005
1.2.1 常见的电子商务网站类型 005
1.2.2 网上开店的平台 007
1.2.3 淘宝网中的店铺类型 008

1.3 开网店的必要准备 009
1.3.1 做好开店的心理准备 009
1.3.2 必要硬件缺一不可 009
1.3.3 善用软件事半功倍 010
1.3.4 准备好相关证件 011
1.3.5 申请开通网上银行 011

1.4 熟悉网上开店的流程 011
1.4.1 网店的定位 011
1.4.2 选择开店的平台 011
1.4.3 申请网上店铺 011
1.4.4 上架商品 012
1.4.5 设置产品价格 012
1.4.6 网上店铺营销推广 012
1.4.7 网上店铺售中服务 012
1.4.8 网上店铺交易完成 012
1.4.9 发货 012

		1.4.10 处理评价或投诉	012
		1.4.11 售后服务	012
1.5	开店经验与技巧		012
	1.5.1	网上开店技巧	012
	1.5.2	网上开店必备的心理	014
	1.5.3	网上开店失败的主要原因	014
	1.5.4	网上开店的经营方式	015
	1.5.5	网上开店怎样才能火	015
1.6	案例分享——从 2 万元到千万元的传奇		016

第 2 章 开通淘宝店与寻找货源 018

2.1	注册淘宝与开店		018
	2.1.1	注册淘宝会员	018
	2.1.2	登录淘宝	019
2.2	开通网上店铺		019
	2.2.1	淘宝身份信息认证	020
	2.2.2	支付宝认证	022
	2.2.3	申请淘宝店铺	024
	2.2.4	为店铺添加 Logo	025
2.3	下载并安装淘宝工具软件		026
	2.3.1	下载并安装《千牛》	026
	2.3.2	下载并安装《淘宝助理》	026
2.4	店铺的设置与优化		027
	2.4.1	选择店铺风格	027
	2.4.2	添加商品分类	028
	2.4.3	店铺的基本设置	029
	2.4.4	设置店铺公告	029
2.5	揭秘进货渠道		031
	2.5.1	在批发市场批发	031
	2.5.2	厂家直接进货	031
	2.5.3	大批发商	031
	2.5.4	品牌代理	032
	2.5.5	外贸尾单货	032
	2.5.6	寻找品牌积压的库存	032
	2.5.7	海外代购	032
	2.5.8	网络代销商品	033
	2.5.9	B2B 电子商务批发网站	033
2.6	在阿里巴巴网站批发		033

  2.6.1　注册阿里巴巴账号 034
  2.6.2　在阿里巴巴批发进货 034
2.7　在淘宝供销平台进货 036
  2.7.1　分销商加入供销平台的好处 036
  2.7.2　在分销平台搜索货源 036
  2.7.3　如何选择供应商 037
2.8　开店经验与技巧 038
  2.8.1　为店铺取个好名字 038
  2.8.2　设计美观的店标 038
  2.8.3　如何制作商品标题 039
  2.8.4　在标题中突出卖点 039
  2.8.5　如何进行商品定价 040
  2.8.6　影响商品定价的因素 040
  2.8.7　选择商品发布的最佳时间 040
  2.8.8　使用真人模特增加商品的直观效果 041
2.9　案例分享——不惧失败，实现月入 30 万元 041

第 3 章　发布与管理商品 043

3.1　发布商品 043
  3.1.1　准备图文资料 043
  3.1.2　发布并设置类别 043
  3.1.3　设置商品属性 044
  3.1.4　填写商品标题 045
  3.1.5　制定商品价格 045
  3.1.6　设置商品规格 046
  3.1.7　上传主图、视频和详情页 046
  3.1.8　设置物流信息 047
  3.1.9　成功发布商品 048
  3.1.10　以拍卖方式发布 048
3.2　使用《千牛工作台》与买家交流 049
  3.2.1　了解和设置《千牛工作台》 049
  3.2.2　联系人管理 051
  3.2.3　与买家进行交流 052
3.3　商品交易管理 053
  3.3.1　商品上下架 053
  3.3.2　商品信息修改 053
  3.3.3　订单发货 054
  3.3.4　退款处理 054

3.4 用《千牛工作台》管理店铺数据 055
3.4.1 工作台的功能 055
3.4.2 查看店铺数据 056
3.5 开店经验与技巧 056
3.5.1 不同的顾客心理 056
3.5.2 与买家交流的禁忌 057
3.5.3 如何有技巧地向买家推荐商品 057
3.5.4 如何消除买家在价格方面的顾虑 058
3.5.5 如何消除买家在质量方面的顾虑 058
3.5.6 如何消除买家在售后方面的顾虑 058
3.5.7 使用推荐物流的好处 058
3.5.8 店铺评分与信用评价的区别 059
3.6 案例分享——夫妻辞职开网店创传奇 059

第4章 拍摄商品照片 061
4.1 拍摄商品照片的基础知识 061
4.1.1 选购适宜的摄影器材 061
4.1.2 摄影常用术语介绍 062
4.1.3 拍摄方法 063
4.2 在室内拍摄商品 064
4.2.1 室内摄影 064
4.2.2 不同角度的光线变化 065
4.2.3 商品的摆放和组合 066
4.3 在户外拍摄商品 067
4.3.1 室外拍摄 067
4.3.2 布置拍摄场景 067
4.3.3 室外拍摄技巧 068
4.4 商品图片的标准与处理 068
4.4.1 什么样的图片吸引人 069
4.4.2 快速复制照片到电脑 069
4.4.3 选择合适的图像优化软件 070
4.5 开店经验与技巧 072
4.5.1 怎样用普通数码相机拍出好照片 072
4.5.2 如何准备好辅助拍摄器材 072
4.5.3 如何拍摄化妆品类商品 073
4.5.4 如何拍摄饰品类商品 073
4.5.5 淘宝店商品图片的标准 073
4.5.6 拍摄图片为什么会模糊不清 074

4.5.7　平铺服装拍摄的注意事项 074
　　4.5.8　服装挂拍技巧 075
　　4.5.9　模特拍摄技巧 075
　　4.5.10　服装模特拍摄地点 076
4.6　案例分享——农村小伙开网店 077

第5章　修饰商品照片 078

5.1　认识图像处理软件 078
　　5.1.1　选择合适的图像处理软件 078
　　5.1.2　后期处理辅助软件介绍 079
5.2　快速处理图片 079
　　5.2.1　调整拍歪的照片 079
　　5.2.2　放大与缩小图片 080
　　5.2.3　裁剪照片 082
　　5.2.4　把照片中的产品抠出来 082
　　5.2.5　调整图片符合淘宝发布的要求 083
5.3　调整照片效果 084
　　5.3.1　调整曝光不足的照片 084
　　5.3.2　调整曝光过度的照片 084
　　5.3.3　调整模糊的照片 085
　　5.3.4　调整对比度突出照片主题 086
5.4　美化照片效果 087
　　5.4.1　为照片添加水印防止盗用 087
　　5.4.2　为照片添加相框 087
　　5.4.3　调整图片色调 088
　　5.4.4　给图片加圆角 089
　　5.4.5　制作闪闪发亮的图片 090
5.5　开店经验与技巧 094
　　5.5.1　主图创意设计需要注意的细节 094
　　5.5.2　如何将拍大的照片调小 095
　　5.5.3　怎样压缩图片 095
　　5.5.4　商品水印和边框模板是否可以同时使用 096
　　5.5.5　添加水印是否会影响商品的效果 096
　　5.5.6　淘宝宝贝图片处理技巧 096
　　5.5.7　去除模特脸上的斑点 097
　　5.5.8　为图片添加文字说明 098
　　5.5.9　制作背景虚化照片效果 099
5.6　案例分享——退伍军人开网店 099

第 6 章　网店的设计与装修 101

6.1　店铺装修前期准备 101
6.1.1　确定店铺类型和风格 101
6.1.2　搜集装修素材 101
6.1.3　文案的策划与写作 102
6.1.4　网店装修常用工具 105

6.2　淘宝图片空间的使用 105
6.2.1　关于淘宝图片空间 105
6.2.2　打开图片空间 106
6.2.3　上传图片 107

6.3　设计店标 108
6.3.1　店标设计原则 108
6.3.2　店标制作的基本方法 109
6.3.3　将店标发布到店铺 110

6.4　制作宝贝分类导航 110
6.4.1　分类导航制作规范 110
6.4.2　制作宝贝分类图片 111
6.4.3　设置分类导航按钮 112

6.5　描述模板 113
6.5.1　描述模板的设计要求 113
6.5.2　描述模板的设计 114

6.6　设计商品详情页 115
6.6.1　商品详情页制作规范 115
6.6.2　制作商品详情页 116

6.7　店铺装修模块布局 116
6.7.1　添加人群商品榜单模块 116
6.7.2　使用轮播图功能 117
6.7.3　添加店铺客服 118
6.7.4　添加店铺收藏模块 119
6.7.5　添加宝贝排行榜 121
6.7.6　增加店铺导航分类 121

6.8　开店经验与技巧 122
6.8.1　网店审美的通用原则 123
6.8.2　网店装修带来的收益 123
6.8.3　设置店铺公告的位置 123
6.8.4　店铺主色调的选择 123
6.8.5　提高网店店主的电子商务技能 124

6.8.6	提高网店店主的审美情趣	124
6.8.7	如何创建子分类	124

6.9 案例分享——大学生卖婴儿用品，月销额百万元 ... 124

第 7 章 商品的包装和发货 ... 127

7.1 发货方式 ... 127
    7.1.1 网上商品的主要发货方式 ... 127
    7.1.2 选择适合自己的物流 ... 128

7.2 商品的包装 ... 129
    7.2.1 常见的商品包装方法 ... 129
    7.2.2 商品包装时的注意事项 ... 130

7.3 库存管理 ... 131
    7.3.1 商品入库 ... 131
    7.3.2 商品包装 ... 132
    7.3.3 商品出库 ... 134
    7.3.4 物流跟踪 ... 134
    7.3.5 货物维护 ... 135

7.4 开店经验与技巧 ... 135
    7.4.1 如何让我们的包装更有价值 ... 135
    7.4.2 如何利用包装赢得买家好感 ... 136
    7.4.3 如何利用包装提高销量 ... 136
    7.4.4 如何选择好的快递公司 ... 137
    7.4.5 如何省快递费 ... 137
    7.4.6 如何避免物流纠纷 ... 138

7.5 案例分享——海归夫妇裸辞，淘宝卖螃蟹 ... 138

第 8 章 手机淘宝运营 ... 140

8.1 手机淘宝概述 ... 140

8.2 提高手机淘宝转化率 ... 141
    8.2.1 标题关键词 ... 141
    8.2.2 宝贝主图 ... 141
    8.2.3 宝贝描述 ... 141

8.3 淘宝直播 ... 141
    8.3.1 淘宝直播概述 ... 142
    8.3.2 淘宝直播的入口 ... 143
    8.3.3 淘宝店铺直播 ... 144
    8.3.4 淘宝达人直播 ... 144

8.4 淘宝主播的赚钱方式 ... 144

	8.4.1　帮卖家卖货收取佣金	144
	8.4.2　专场直播	145

8.5　开店经验与技巧 145
- 8.5.1　手机端淘宝首页排版的特点 145
- 8.5.2　手机端宝贝图片的最佳尺寸 145
- 8.5.3　淘宝主播的定位 145
- 8.5.4　如何提高淘宝直播排名 146
- 8.5.5　淘宝主播怎样吸粉 146
- 8.5.6　淘宝直播间人气较低的原因 147
- 8.5.7　找好爆款选题的原则 148
- 8.5.8　直播互动的技巧 148
- 8.5.9　与粉丝互动需要注意的问题 148
- 8.5.10　淘宝直播怎样介绍商品 148

8.6　案例分享——淘宝代理创千万财富 148

第 9 章　淘宝网店内推广与促销 150

9.1　促销活动准备工作 150
- 9.1.1　促销的优势 150
- 9.1.2　促销的误区 151

9.2　店内促销活动 151
- 9.2.1　包邮 151
- 9.2.2　特价 151
- 9.2.3　赠送礼品 152
- 9.2.4　赠送优惠券 152
- 9.2.5　会员积分 153
- 9.2.6　抢购 153

9.3　淘宝网促销策略 153
- 9.3.1　免费试用 153
- 9.3.2　加入淘宝直通车 155
- 9.3.3　钻石展位 156
- 9.3.4　淘宝"天天特价" 158
- 9.3.5　聚划算 159
- 9.3.6　淘宝客推广 160

9.4　开店经验与技巧 162
- 9.4.1　印刷并散发广告传单 162
- 9.4.2　网络团购是网店推广的助推器 163
- 9.4.3　网店节日促销如何巧妙营造氛围 163
- 9.4.4　借助卖点推广 164

9.4.5 让淡季变旺季 164
9.4.6 包邮促销的技巧 165
9.4.7 哪类产品和店铺适合做淘宝直通车推广 165
9.4.8 淘宝客推广的策略 166
9.4.9 直通车与钻石展位的区别 166
9.4.10 怎样做好代销 166
9.5 案例分享——从零到皇冠店铺的奋斗史 167

第 10 章 对网店进行全网宣传与推广 169

10.1 在淘宝论坛中宣传店铺 169
　　10.1.1 发帖与回帖 169
　　10.1.2 精华帖题材 170
10.2 运用网络资源宣传店铺 171
　　10.2.1 微博推广 171
　　10.2.2 微信推广 172
　　10.2.3 电子邮件推广 173
　　10.2.4 博客营销 174
10.3 运用站外平台宣传店铺 175
　　10.3.1 折 800 175
　　10.3.2 返利网 176
　　10.3.3 卷皮网 176
　　10.3.4 团购 177
10.4 开店经验与技巧 177
　　10.4.1 投放网络广告，带来可观的流量 177
　　10.4.2 回帖顶帖的技巧 177
　　10.4.3 买家喜欢光顾什么样的店铺 177
　　10.4.4 买家收藏宝贝/店铺的考虑因素 178
　　10.4.5 影响宝贝搜索排名的因素 178
　　10.4.6 影响人气宝贝排名的因素 179
　　10.4.7 网店推广要明确分析目标人群 179
　　10.4.8 怎样防止客户流失 180
　　10.4.9 利用百度增加店铺浏览量 180
　　10.4.10 在分类信息网站推广 181
10.5 案例分享——从服装女工到皇冠店主 182

第 11 章 网店大数据分析 184

11.1 网店经营现状分析 184
　　11.1.1 基本流量分析 184

		11.1.2 基本运营数据分析	185
11.2	常用数据分析工具		185
	11.2.1	使用工具进行实时流量分析	186
	11.2.2	使用工具进行实时商品分析	186
	11.2.3	使用工具进行实时交易分析	187
11.3	网店商品分析		187
	11.3.1	商品销量分析	187
	11.3.2	商品关联分析	187
	11.3.3	单品流量分析	188
11.4	客户行为分析		189
	11.4.1	客户购物体验分析	189
	11.4.2	客户数据分析	190
	11.4.3	客户特征分析	190
	11.4.4	客户行为分析	191
11.5	开店经验与技巧		192
	11.5.1	如何进行店铺健康诊断	192
	11.5.2	店铺动态评分低有哪些影响	192
	11.5.3	提高 DSR 评分的技巧	193
	11.5.4	网店美工的招聘要求	193
	11.5.5	网店配送人员的招聘要求	193
	11.5.6	网店的主动营销与被动营销	194
	11.5.7	如何提高网店的工作效率	194
	11.5.8	留住老顾客的策略	194
	11.5.9	中小卖家的网店库存管理	195
	11.5.10	网络营销的四大要点	195
11.6	案例分享——辞职创业成女老板		196

第 12 章 网店客服与售后服务 197

12.1	了解客户服务		197
	12.1.1	客户服务的意义	197
	12.1.2	客户服务的沟通原则	198
	12.1.3	客户服务流程	198
12.2	售前服务		198
	12.2.1	介绍商品	198
	12.2.2	商品推荐	199
	12.2.3	巧妙应对不同类型的顾客	199
12.3	售中和售后服务		200
	12.3.1	售中服务	200

12.3.2　售后服务注意事项 200
12.3.3　应对买家的中评和差评 201
12.3.4　退换货处理 202
12.3.5　回应投诉与抱怨 202
12.3.6　避免与顾客发生争论 202
12.4　客服必备的知识和能力 203
12.4.1　网站交易知识 203
12.4.2　付款知识 203
12.4.3　计算机网络知识 203
12.5　客户关系管理 203
12.5.1　新客户的寻找和邀请 204
12.5.2　影响客户回头率的因素 204
12.5.3　老客户的发展与维护 204
12.5.4　客户关系管理工具 205
12.6　客服人员管理 205
12.6.1　客服人员的招聘和选择 205
12.6.2　客服人员必备心理素质要求 206
12.6.3　客服人员激励方法 206
12.6.4　客服人员绩效考核 207
12.7　开店经验与技巧 207
12.7.1　一个好的客服要有耐心 207
12.7.2　如何应对顾客的刁难 207
12.7.3　处理顾客退货的办法 207
12.7.4　网店经营对客服品格素质的要求 208
12.7.5　客服要坚持自己的原则 208
12.7.6　客服如何向顾客销售商品 208
12.7.7　客服如何解决发货问题 208
12.7.8　客服的售后技巧 209
12.8　案例分享——人民教师辞职做手工艺品，用服务创网店传奇 209

第 1 章
做好网上开店的准备

本章要点

- 网上开店概述
- 常见的网上开店平台
- 开网店的必要准备
- 熟悉网上开店的流程
- 开店经验与技巧
- 案例分享

本章主要内容

本章内容主要介绍常见的网上开店平台、开网店的必要流程、熟悉网上开店的流程与开店经验与技巧方面的知识,同时还为大家提供了淘宝开店案例分析。通过本章的学习,读者可以掌握网上开店方面的知识,为深入学习淘宝精准运营、策略运营与客户服务知识奠定基础。

1.1 网上开店概述

现如今,很多人都想自主网上开店,因为与实体店铺相比,网上开店不仅节约了成本,而且在商品进货、出售、管理等诸多方面都明显优于实体店铺。不过,对于初涉网上开店的创业者来说,一些网上开店的基础知识还是要先了解清楚。

1.1.1 网上开店的前景

网上开店是一种风险比较小却大有前途的创业方式。据中国互联网络信息中心统计,我国的网民规模增长迅猛,互联网规模稳居世界第一。在这个庞大的群体中,有超过一半的人在最近一年中通过互联网购买过商品或服务。而在欧美和韩国等互联网普及率较高的国家,每 3 个网民中就有 2 个人在网上购物。中国网络购物的潜力还远远未被释放。可以想象,在这个大背景下投身网上开店,真可谓"赶早不如赶巧"。

随着中国网络科技高速发展,以及中国居民可支配收入稳定增长,线上购物成为中国网民不可或缺的消费渠道之一,而网购用户对于线上购物所花费的金额也越来越多。

截至 2020 年 3 月,中国网民规模为 9.04 亿,较 2018 年年底增长 7508 万,互联网普及率达 64.5%;手机网民规模达 8.97 亿,网民使用手机上网的比例高达 99.3%。

从年龄段看,截至 2020 年 3 月,网民中 20~29 岁、30~39 岁占比分别为 21.5%、20.8%,高于其他年龄群体;40~49 岁网民群体占比为 17.6%;50 岁及以上网民群体占比为 16.9%,互联网向中高年龄人群渗透。

在学历方面,截至 2020 年 3 月,网民中初中、高中/中专/技校学历的网民群体占比分别为 41.1%、22.2%,受过大学专科及以上教育的网民群体占比为 19.5%。

在收入方面,月收入 2001 元~5000 元的网民群体合计占比为 33.4%,月收入在 5000 元以上的网民群体占比为 27.6%,有收入但月收入在 1000 元以下的网民群体占比为 20.8%。

报告还显示，同期中国非网民规模为 4.96 亿，非网民仍以农村地区人群为主。使用技能缺乏、文化程度限制和年龄因素是非网民不上网的主要原因。

截至 2020 年 3 月，中国网民的人均每周上网时长为 30.8 个小时，较 2018 年年底增加 3.2 个小时。受 2020 年年初新冠肺炎疫情影响，网民上网时长有明显增长。

截至 2020 年 3 月，我国网络购物用户规模达 7.10 亿，较 2018 年年底增长 16.4%，占网民整体的 78.6%。增长主要是两大块：一是电商大力度下沉，拼多多、京东的京喜、淘宝的淘宝特价版，这些软件持续下沉渗透到小城镇和农村，带来增量；二是这些电商的邀请补贴机制，带来的一个家庭中非必须网购成员薅羊毛的增量。

2019 年，全国网上零售额达 10.63 万亿元，其中实物商品网上零售额达 8.52 万亿元，占社会消费品零售总额的比重为 20.7%。这个数据计算一下可以得出，2019 年社会消费品零售总额是 41 万亿元，还是有大量零售额靠线下来完成。预计未来 5~10 年内，这个占比会从 20% 上升到 50%，当超过 50% 的时候，意味着网购真正达到顶峰。

根据上述数据显示，越来越多的用户都将选择在网络平台上开设网店创业，为个人就业与致富提供了非常好的契机和条件。

1.1.2 网店与实体店的比较

网上购物的流行催生了一批批创业者将实体店铺搬到互联网上。与实体店铺相比，网上开店不仅节约成本，而且在商品进货、出售、管理等诸多方面也要明显优于实体店铺。那么，相对于实体店铺而言，开网店究竟有哪些优势呢？下面就来详细地分析了解一下。

1. 开店成本极低

网上开店与网下开店相比综合成本较低。许多大型开店平台免费提供店铺，只收取少量推广费用；网店经营主要通过网络进行，基本不需要水、电、管理费等方面的支出；网店不需要专人时时看守，节省了人力方面的投资。这样初期投资成本自然就非常低。只需准备一台联网用的电脑，商品摆放在家中就可以了，当然，具备一定规模的网店，可能会需要聘用员工，从而支出一定的员工工资费用，但一般的网店只要自己利用空闲时间经营即可，基本不需要投入太多的人力。

2. 无营业时间、地点与面积的限制

网店营业时间比较灵活，全职经营和兼职经营皆可，不受营业地点、营业面积等因素限制，可以在任意地方开网店，可以在网上橱窗中摆满成千上万种商品。网上开店营业时间不受限制，可时时刻刻营业。网上商店无限延迟营业时间，一天 24 小时、一年 365 天不停运作，无论刮风下雨或白天晚上，都可照常营业。而传统店铺的营业时间一般为 8~12 小时，遇上坏天气或老板、店员有急事也不得不暂时停业。

3. 范围广

如果说一个实体店铺的购买群体仅限于店铺周边的人群，那么网店就完全没有地域限制，网店中所针对的购买群体，可以是自己所在城市之外、省外、全国甚至全世界的人。由于无地域限制与购买群体分布广泛，因此卖家可以将自己所在地的特色商品、小吃等在网店上销售，这样其他地区的人就能够方便地买到卖家所在地的各种特产了。

4. 网上开店进退自如

在创业初期，实体店面临的风险很大，进货少则几千元，多则数万元，不仅会占用大量资金，而且占用了创业者大量的时间和精力。网上开店则不需要占用大量资金，完全可以有了订单后再去进货，进退自如，没有包袱，而且如果是做商品代理的话，甚至可以做到零库存。

5. 实现多品种经营

开实体店需要等级营业范围，同时还要考虑店铺面积和商品摆放位置，一般情况下，实体店都是专营或增加一些有关联的商品，例如，化妆品专卖店就专营化妆品，服装店就专营服装、服装配饰。所以，选择经营种类一定要慎重。

网上开店经营商品的种类可以按个人的实际情况来确定，范围非常灵活。空间大，不会存在东西不够摆放的问题。只要你愿意，可以在网店经营很多商品，不限种类。可以同时经营化妆品、电子产品、创意品等。在经营过程中，如果发现某类商品销售业绩良好，可以加大营销力度，也可以专卖；如果发现其他销售好的商品，可以马上引入店中进行销售。在网上开店限制相对较少。

6. 开店方便快捷

网上开店一般只需要简单地在网站注册即可，在网上耐心地花费几分钟时间就可以拥有一家属于自己的店铺了。经营者不用花费大量的时间奔波于工商局和税务局之间办理各种手续。

1.1.3 为什么要在网上开店

1. 投资少，回收快

网店开店成本及经营成本都不高，店主可以根据市场调查的结果选择客户喜欢的订单进货，不会有积压的货物占用大量资金，同时，网店是虚拟经营方式，无需大量员工看守，这样即可省下大量房租、员工工资和水电费等各种费用。使得店主初期经营没有资金流通压力。

在后期发展的过程中，由于出货量的增长，店主的成本可以快速回收，从而达到快速赚钱的目的。

2. 不用担心收到假钱

随着网络监管力度的增加，网店所有的交易款项都是通过第三方中介进行操作的，而且流通的都是不可仿制的电子货币，在交易完成后，交易款项再由第三方中介转账到店主的银行卡中，这样就没有收到假钱的可能。极大降低店主经营的风险。

当然，选择安全的第三方中介也是非常有必要的，因为安全的第三方中介可以降低交易款项被第三方中介私吞的风险。

3. 基本不需要占压资金

传统实体经营模式，店主投入成本少则几千元，多则几十万元，甚至上百万元，而网络经营则无需占压资金，经营者完全可以根据客户的订单再进货发售，因此没有资金流通的压力。

同时，传统实体经营模式在不想继续经营时，经营者需要将未销售的货品甩卖处理，甚至赔本销售，压力很大。而网上销售则因为存货很少，轻装上阵，随时可以变更商品种类，没有过大的压力。

4. 经营方式灵活

网店的经营方式非常灵活，全职经营和兼职经营皆可。经营时间也比较灵活，没有营业地点、营业方式等因素的限制，只需在网购平台上注册账户即可在网上橱窗页面中销售各类商品，与实体经营需要严格的审查和登记各类手续相比，网店营业方式风险很小。

5. 营业时间不限

网店经营时间不设时长限制，可实现365天24小时全天营业，也没有天气、昼夜温差等限制，而传统实体经营方式只能经营8～12小时。受节假日休息等因素影响，网店经营的店主可以根据自己的生活需要随时安排经营时间，在赚钱的同时也可以享受生活。

6. 地域限制小

传统经营模式，店址的选择是非常重要的，因为根据销售的商品种类需要选择相应的店面地址，来吸引更多的客户，但经营者就要考虑经营的成本。同时实体经营因为人流量大，每天都要与各种客户交流，员工培训和上岗费用也很高；相比之下，网店经营地域限制小，销售范围则可遍布全球，潜在客户数量庞大，极大增加销售数量，从而达到良好的收入。

1.1.4 网上开店的方式

1. 自助式开店

自助式网上商店主要是采用自助式网站模架建立自己的网店，是一种独立的网上商店。就个性化网店而言，网店内容模块化，其内容只能在既定的模式内选取，通常价格较低，网站的应用功能不错，但是网店的风格则无法达到个性化的网店标准。应该注意的是，自助化网店操作简单，方便网络技术不高的经营者操作，我国知名的自助式开店平台有淘宝网、易趣网、拍拍网等，图1-1所示为淘宝网首页。

图 1-1

2. 建设独立的网站

建设独立的网上商店是指经营者根据自己的经营商品情况，自行或委托他人设计一个网站，独立的网上商店通常都有一个项级域名做网址，不挂靠在大型购物网站上，完全依靠经营者通过网上或者网下的宣传，吸引浏览者进入自己的网站，完成最终的销售。主要包括个性化的网上商店与自助式的网上商店两种类型，国内知名建设独立的网站有聚美优品、麦包包和唯品会等，图1-2所示为聚美优品首页。

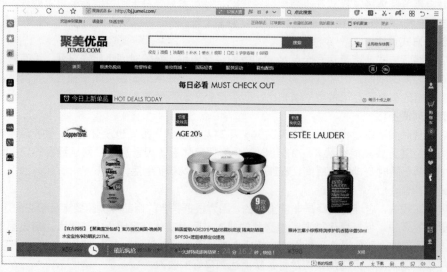

图 1-2

3. 自己建网站和自助式开店相结合

经营者还可以结合自己建网站和自助式开店方式来销售产品，这种方式可以将两者的优势集合，同时扩大经营，利用两者的资源聚集更多顾客，提升网店的知名度，挖掘更多的潜在顾客，但缺点是投入成本会相对较高。

1.2 常见的网上开店平台

网上开店需要好的平台,一般流程是创业者在网站注册成为会员,然后依靠其网站开设店铺售卖商品。在人气高的网站上注册开设店铺是目前国内最流行的网上开店方式。

1.2.1 常见的电子商务网站类型

电子商务模式是指企业运用互联网开展经营取得营业收入的基本方式,也指在网络环境中基于一定技术基础的商务运作方式和盈利模式。目前,常见的电子商务模式主要有 B2B、B2C、C2B、C2C、O2O 五种,下面对这五种电子商务模式进行简单的分析。

1. B2B 电子商务

B2B(Business to Business),是指商家与商家建立的商业关系。例如,我们在麦当劳中能够买到可口可乐是因为麦当劳与可口可乐有商业伙伴关系。商家们建立的商业伙伴关系是希望通过大家所提供的平台来形成一个互补的发展机会,大家的生意都可以有利润。又如,阿里巴巴和华强电子网就是典型的 B2B 电子商务网站,图 1-3 所示为华强电子网网页。

图 1-3

B2B 的主要盈利模式包括:会员收费、广告费用、竞价排名费用、增值服务费、线下服务费、商务合作推广等。

2. B2C 电子商务网站

B2C(Business to Consumer),就是我们经常看到的供应商直接把商品卖给用户,即"商对客"模式,也就是通常所说的商业零售,直接面向消费者销售产品或服务。例如,你去麦当劳吃东西就是 B2C,因为你只是一个客户。典型的 B2C 电子商务网站有亚马逊网上商店、唯品会、聚美优品、京东商城、当当网等,图 1-4 所示为京东商城网页。

B2C 网站类型主要有综合商城(产品丰富的传统商城 EC 化)、百货商店(自有库存,销售商品)、垂直商店(满足某种特定的需求)、复合品牌店(传统品牌商的复合)、服务型网店(无形商品的交易)、导购引擎型(趣味购物、便利购物)、在线商品定制型(个性化服务、个性化需求)等。B2C 的盈利模式主要是服务费、会员费、销售费、推广费等。

3. C2B 电子商务网站

C2B(Consumer to Business),即消费者到企业,是一种新的互联网经济时代商业模式。C2B 的核心是以消费者为中心,具体一点就是由客户选择自己要些什么东西,要求的价格是什么,然后由商家来决定是否接受客户的要求。假如商家接受客户的要求,那么交易成功;假如商家不接受客户的要求,那么交易失败。C2B 模式的核心是通过聚合分散但数量庞大的用户形成一个强大的采购集团,以此来改变B2C模式中用户一对一出价的弱势地位,使之享受到以大批发商的价格买单件商品的利益。C2B模式的网站有招招看、要啥网、脸蛋网、享自游、一网返,图1-5所示为"要啥网"网页。

图 1-4

图 1-5

C2B模式的一般运行机制是需求动议的发起、消费者群体自觉聚集、消费者群体内部审议、制定出明确的需求计划、选择合适的核心商家或者企业群体、展开集体议价谈判、进行联合购买、消费者群体对结果进行分配、消费者群体对于本次交易结果的评价、消费者群体解散或者对抗。

4. C2C电子商务网站

C2C(Consumer to Consumer),客户之间自己把东西放到网上出售,是个人与个人之间的电子商务。例如,淘宝、拍拍、易趣、咸鱼等,图1-6所示为拍拍网网页。C2C的主要盈利模式是会员费、交易提成费、广告费用、排名竞价费用、支付环节费用等。C2C的一般运作流程是卖方将欲卖的货品登记在社群服务器上、买方通过入口网页服务器得到二手货资料、买方通过检查卖方的信用度后选择欲购买的二手货、通过管理交易的平台分别完成资料记录、买方与卖方进行收付款交易、通过网站的物流运送机制将货品送到买方手中。

5. O2O电子商务网站

O2O(Online To Offline),线上到线下的电子商务模式,线下销售与服务通过线上推广来揽客,消费者可以通过线上来筛选需求,在线预订、结算,甚至可以灵活地进行线上预订、线下交易、消费。O2O模式是随着像美团网、拉手网、街库网这样本地化电子商务的推广以及市场的需要逐步形成的。O2O模式将线下商务的机会与互联网结合在一起,让互联网成为线下交易的前台。这样线下服务就可以用线上来揽客，消费者可以用线上来筛选服务，并且成交可以在线结算，很快达到规模。O2O模式最重要的特点是推广效果可查、每笔交易可跟踪。O2O模式的优势有充分挖掘线下资源、消费行为更加易于统计、服务方便、优势集中、促使电子商务朝多元化方向发展。美团网就是典型的O2O电子商务模式，如图1-7所示。

图 1-6

图 1-7

1.2.2 网上开店的平台

1. 淘宝网

淘宝网是亚太地区较大的网络零售商圈，由阿里巴巴集团在2003年5月10日投资创立。淘宝网现在业务跨越C2C（个人对个人）、B2C（商家对个人）两大部分。据"双11"实时交易数据显示，2019年天猫"双11"交易额最终为2684亿元，再次刷新天猫"双11"全天交易额创下的记录。2020财年第一季度，阿里巴巴中国零售平台的移动活跃用户达到7.55亿，单季增长达到3400万。这是其过去8个季度实现平均超过2600万的用户增长。由于淘宝网在C2C领域的霸主地位，它已经成为个人网上开店的首选。

随着淘宝网规模的扩大和用户数量的增加，淘宝也从单一的C2C网络集市变成了包括C2C、团购、分销、拍卖等多种电子商务模式在内的综合性零售商圈，并已经成为世界范围的电子商务交易平台之一。

2. 京东商城

京东是中国的综合网络零售商，是中国电子商务领域受消费者欢迎和具有影响力的电子商务网站之一，在线销售家电、数码通信、电脑、家居百货、服装服饰、母婴、图书、食品、在线旅游等十二大类数万个品牌百万种优质商品。京东在 2012 年的中国自营 B2C 市场占据 49% 的份额，凭借全供应链继续扩大在中国电子商务市场的优势。京东已经建立华北、华东、华南、西南、华中、东北六大物流中心，同时在全国超过 360 座城市建立核心城市配送站。

3. 天猫商城

天猫商城原名淘宝商城，是一个综合性购物网站，如图 1-8 所示。2012 年 1 月 11 日上午，淘宝商城正式宣布更名为"天猫"。2012 年 3 月 29 日，天猫发布全新 Logo 形象。2012 年 11 月 11 日，天猫凭借光棍节大赚一笔，宣称 13 小时卖 100 亿元，创世界纪录。天猫是马云淘宝网全新打造的 B2C 电子商务网站。其整合数千家品牌商、生产商，为商家和消费者之间提供一站式解决方案。提供 100% 品质保证的商品，7 天无理由退货的售后服务，以及购物积分返现等优质服务。2014 年 2 月 19 日，阿里集团宣布天猫国际正式上线，为国内消费者直供海外原装进口商品。

图 1-8

4. 其他开店平台

与淘宝、天猫、京东等电子商务网站类似的平台还有很多，如易趣网、当当网、苏宁易购、国美在线等。

1.2.3 淘宝网中的店铺类型

淘宝和天猫都是阿里巴巴旗下的网站，但是两者的店铺经营方式却差异很大，按照商家经营性质、收费标准、入驻标准的不同，可将店铺划分为集市店铺和商城店铺。下面分别对淘宝和天猫的经营模式进行介绍。

1. 集市店铺

集市店铺一般也被称为 C 店（Customer），淘宝网中的店铺均为 C 店。C 店是淘宝网中的主体经营模式，所收取费用较少，门槛较低，无论是公司经营还是个人经营，只需要进行相关的身份认证就可以创建自己的店铺。由于 C 店经营和销售的成本控制具有较大的自由性，因此前往 C 店开设店铺的个人或公司非常多，竞争情况十分激烈。

C 店的信用等级可以划分为红心、钻石、蓝皇冠、金皇冠 4 个，淘宝会员在淘宝网中每成功交易一次，就可以对交易对象做一次信用评价。评价分为"好评""中评""差评" 3 类，每种评价对应一个信用积分，"好评"加一分，"中评"不加分，"差评"扣一分。其信用度分为 20 个级别，卖家信用越高，越容易在店铺运营中占据有利条件。

2. 天猫商城

天猫商城是由淘宝网打造的在线 B2C 购物平台，相对于集市店铺而言，质量更有保证，但投入也相对较高。天猫商城的入驻流程大致分为提交申请、审核、完善店铺信息和开店 4 个阶段。

天猫商城只接受合法登记的企业用户入驻，不接受个体工商户、非中国大陆企业入驻，在入驻之前还需提供天猫入驻要求的所有相关文件。

天猫商城的店铺类型主要分为旗舰店、专卖店和专营店 3 类。

- 旗舰店：商家以自有品牌（商标为 R 或 TM 状态）或由权利人独占性授权，入驻天猫开设的店铺。
- 专卖店：商家持他人品牌（商标为 R 或 TM 状态）授权文件在天猫开设的店铺。
- 专营店：经营天猫同一经营大类下两个及以上他人或自有品牌（商标为 R 或 TM 状态）商品的店铺。

在天猫商城中，不同类目的商品其入驻要求也不一样，想要入驻天猫的商家都需要仔细阅读相关规定和资费说明。

1.3 开网店的必要准备

在开网店之前，用户应做好充足的准备工作，包括开网店的心理建设、选择开设网店的硬件设备、网店软件的选择和熟知淘宝网店的各项规章，这样才能在创业的后期有蓬勃的发展。本节将详细介绍常见网上开店应做好必要的准备方面的知识。

1.3.1 做好开店的心理准备

网店作为一种创业门槛很低的行业，并不是适合所有的人开设。因为架设网店的人员必须有自发学习的能力、坚忍不拔的毅力、充沛的体力，还要有吃苦耐劳的拼搏精神。

开店的初期，店主应明白这是自己的事业，遇到困难时，要不畏缩，敢于挑战。事业低潮期的时候，店主还要具有平和的心态，冷静分析当前遇到的问题，勤于市场调研，分析市场需求，同时做事要有条不紊，灵活经营。

在与买家沟通交易的过程中，店主要具有诚实诚信的心态，不可信口开河，过分鼓吹自己的商品，甚至是兜售虚假产品，这样只会降低自己在客户心中的信任值。只有真诚对待每一个顾客，经营者才能拥有长期合作的顾客群，提升自己的知名度，吸引更多客户来自己的网店进行购买和宣传推广。

1.3.2 必要硬件缺一不可

做好开设网店的心理准备后，经营者还需要准备一些开设网店的硬件设备，如电脑和网络、联系电话、数码相机、打印机和传真机等。

1. 电脑与快速的网络环境

拥有一台电脑是进行网上开店最基本的条件，是必不可少的硬件设备之一，如图 1-9 所示。拥有电脑，卖家可以快速地发布商品，同时可以及时与买家沟通交流，完成订单信息。

而拥有了电脑之后，快速稳定的网络也是非常重要的。只有快速稳定的网络才能提供经营者更安全的经营环境，所以选择好的网络运营商也是必不可少的。

2. 联系电话

电话是买家与卖家交流的重要工具，当受到电脑限制不能与卖家及时沟通时，电话沟通是非常有必要的。电话沟通时，买家应亲切友善地解答卖家的各项问题，将卖家的购买意向转为最终的购买订单，从而增加自己的营业收入。

3. 数码相机

拥有一台数码相机也是开网店的基本配备之一。众所周知，网店所销售的商品都是由图片和文字来进行叙述产品性能的。有了数码相机，用户可以多角度拍摄产品，使买家更好更直观地欣赏和了解产品样式，如图 1-10 所示。

图 1-9

图 1-10

4. 打印机和传真机

当网店进入实际运营阶段后，商户可以通过传真机接收一些订单，同时可以选用打印机来打印发货单，这样可以更快捷、更专业地为客户服务。

1.3.3 善用软件事半功倍

1. 熟练的网上操作

熟练的网上操作对于卖家进行网上销售是非常有利的。试想一下，如果用户连网页链接都不会打开，那么即使有再好的硬件条件也无法将销售做好，也就无法正常经营网店。

2. 学会使用聊天软件

网上开店用户必须熟练掌握并运用网上即时聊天工具，如阿里旺旺、旺信、微信和腾讯 QQ 等，使用聊天工具，可以帮助卖家与买家更好地交流。另外，卖家的打字速度一定要快捷熟练，否则会流失大量潜在购买客户。聊天软件如图 1-11 所示。

3. 图像处理软件

将商品拍摄成照片以后，用户应使用 Photoshop、《美图秀秀》等软件来进行图像加工，使拍摄成照片的产品更加精美，从而达到吸引顾客眼球的效果，这也是网店经营成功的重要因素。但应该注意的是，产品图像在加工的过程中，不能过度地修饰，使其失去真实的样式，引起顾客的误会，从而降低买家对网店的信用度，影响网店的销售业绩。使用 Photoshop 软件处理照片，如图 1-12 所示。

图 1-11

图 1-12

1.3.4 准备好相关证件

在网上开店，需要准备相关的证件以备开店时认证使用，这里主要分为个人和企业两种。

淘宝开店个人卖家需要：卖家身份证正反面扫描件，卖家手持身份证照片，卖家半身像，银行卡一张，手机一部（需与开通银行卡注册的手机号一致）。

淘宝企业开店卖家需要：企业营业执照、企业注册号、企业对公账号、企业缴税证明、企业法人或者代理人身份证件、企业其他资质和品牌资质等。

1.3.5 申请开通网上银行

网上银行（Internet bank or E-bank），简单地说，就是银行提供的让客户能够在网络中自助查询、办理各种金融业务的服务。而开设网店，首先就得拥有一张银行卡，并且开通网上银行功能。

对于淘宝开店的用户来说，网上银行主要有如下两个优势。

1. 服务方便快捷

通过网络银行，用户可以享受到方便、快捷、高效和可靠的全方位服务。网络银行的服务不受时间、地域的限制。

2. 操作简单易用

网上通信方式灵活方便，用户只需要有台电脑，就可以登录网银在线客户端，实现各种银行充值提现功能，并且一般网银都有独立的在线客服，便于用户与银行之间的沟通。

目前，国内银行的网上银行业务优点各不相同，但开通申请流程基本上都是一样的，用户只需持个人身份证到柜台向银行申请开通网上银行及电子支付功能即可。

1.4 熟悉网上开店的流程

在淘宝网上开店，用户不仅要熟悉各类规则，同时也要了解网上开店的流程，只有掌握开店的流程，用户网店开业才会步入轨道，平稳运营。

1.4.1 网店的定位

卖家需要规划好自己网店的定位，经营什么类型商品，寻找好的市场，自己的网店商品有竞争力才是成功的关键。

1.4.2 选择开店的平台

卖家需要选择开店的平台，这一步非常重要。国内著名的网上开店平台有淘宝网、易趣网、拍拍等。这类平台都会要求卖家用真实姓名和身份证等有效证件进行注册。

应注意的是，在选择开店平台的时候，人气旺盛和是否收费以及收费情况等都是很重要的依据。现在很多平台提供免费网店服务，这一点可以为卖家省下一笔费用。

1.4.3 申请网上店铺

以淘宝网开店为例，卖家首先要按淘宝网会员注册步骤进行注册操作。注册为淘宝会员后，申请支付宝并通过认证，最后在淘宝网里发布宝贝（卖家准备在淘宝网上销售的商品），这样就可以在淘宝网上免费开网店了。

申请网上店铺后，卖家要为自己的店铺起一个引人注目的名字，同时要详细填写自己店铺所提供商品的分类，以便让潜在用户可以快速、准确地找到卖家。

1.4.4 上架商品

卖家需要把每件准备出售商品的名称、性质、外观、数量、交易方式、交易时限等信息填写在网页上，一定要搭配商品的精美图片。产品名称要详细介绍，因为当别人搜索该类商品时，只有名称会显示在网页链接上。另外，产品邮寄的费用也应详细说明由买卖双方谁来承担。

1.4.5 设置产品价格

设置产品价格是非常重要的，因为这关系到卖家的利益。淘宝网站会提供起始价、低价、一口价等方式由卖家设置。卖家应根据自己的销售形式利用这些设置。

1.4.6 网上店铺营销推广

在开店的过程中，卖家应积极地进行营销推广，这样可以提升卖家的网上店铺的人气。推广网店的方式多种多样，可以线上线下多种渠道共同推广。如可以在各种网站上购买广告位，和其他的网上店铺交换链接等，也可以利用博客、微博、微信等平台进行传播推广。

1.4.7 网上店铺售中服务

买家在决定是否购买之前，都会在网上提出各类问题，卖家应及时并耐心地回复，以便达成最终的购买交易。

1.4.8 网上店铺交易完成

交易成交后，网站会根据规则约定的方式进行交易。买卖双方可以选择见面交易，也可以通过汇款、快递的方式进行产品运输，为避免买家质疑卖家的信誉，发货速度应快速稳定。同时，是否提供其他网店售后服务，要视双方的事先约定而确定。

1.4.9 发货

买家下单后，卖家就应按照规定的发货时间尽快发货，要保证商品包装的密封性，防止运输过程中丢失缺损问题的发生。前期可以多与不同的快递公司进行合作，然后在其中选择一家或几家口碑好、价格优惠的作为长期合作对象。

1.4.10 处理评价或投诉

网上店铺评价是网上交易中非常重要的因素，为了共同建设信誉环境，如果交易满意，最好给予对方好评，并且通过优质的服务获取对方的好评。如果交易失败，应给予差评，或者向网站投诉，以减少损失并警示他人。

1.4.11 售后服务

售后服务也是商品价值的一种体现，它包括技术支持、退换货服务等。好的售后服务不仅可以为商品增值，还可以扩大商品影响力，留住更多的回头客，直接影响商品销量。

1.5 开店经验与技巧

1.5.1 网上开店技巧

想要做好电子商务，在网上开店，如此激烈的竞争，弱肉强食的大市场，产品质量、物流安全等问题都会影响店主的经营进程,甚至是打击店主的理财热情。但既然做了选择就应为此奋进,不能轻言放弃,可如何才能经营好自己的店呢?

1. 定位不准,无的之失

网上开店,方便了别人,充实了自己,更是实现自己理想的道路,但是不是什么商品都适合在网上销售的,比如快速消费品、大件商品、奢侈品等。这些商品的常规销售点是大商场或大卖场,相比之下,网店在提供三包保障、现场感受商品等方面存在很大局限性。所以要想获得更高的销量,就要找准目标,一剑穿心。具体做法:由大到小圈定目标。

确定销售范围:在产品销售的范畴之内寻找目标群体。

确定产品特质:为自己所销售的产品找准方向。需要明确的产品特质包括:什么样的产品;产品有哪些功能;这些功能表现在哪里,适合什么样的人;产品能给目标群体带来什么。

目标群体圈定:缩小定位范围,进一步明确目标。包括:适合什么样的人;适合什么样的年龄段;适合这些人的某些特殊需求。

确定销售策略:销售策略是根据自己的营销思路进行的产品销售方法,好的方法是成功的翅膀,往往能起到事半功倍的效果。这里例举两条思路:确定卖给谁;确定怎么卖。

2. 占据价格优势,提升销量

电子商务是把双刃剑,我们要了解它的优势,将其充分发挥。电子商务信息快捷,范围广阔,消费群复杂多样,商品消费者能够轻易快速地获得性价比的准确信息,所以销售产品优势中的优势就是价格问题,质量也好,品牌也罢,根本不同于地面销售,同样的产品,同样的质量,或者同样的价格,消费者完全就可以在本地进行购买,何必费时、费事跑到网上购买相同的东西呢?所以价格因素在提升销量方面至关重要,如果进货成本高,在激烈的竞争中,就没有价格优势,自然会影响销售业绩。事实上,在网上销售,大部分还是靠差价来赢利的。产品利润来自一上一下的差距:上是成本价格,下是销售价格,拿到优势的成本价格,以便为销售做好伏笔。所以店主的信息源一定要广,最好是"八面玲珑"。

3. 利润降低,薄利多销

细心分析一下,或者在淘宝上将同类产品搜索一遍,你会发现同类竞品何止千家,再细分,是不是发现同类产品的同质化非常的严重。接下来开始冷静思考,如果你的产品与其同质,何来优势可言,况且买家在网上购物,一般都会"货比千家",因为买家就是冲着价格来的,所以价格往往都被压得很低,商品经营利润空间因此缩减,除非你是独家经营,垄断销售。但薄利多销同样能让你获得"双赢":利用倍增原理和电子商务本身信息快捷广阔的特点,薄利多销的方式也能为你带来更多的买家信誉和利润。

4. 点到为止,拒绝压货

每到换季时节,大部分商场都在做最后的清仓处理。以服装为例,夏天的服装打的折扣都很诱人,而秋装在刚上市的时候一般是不怎么打折的,所以现在正是打差价、疯狂甩卖的好时机。秋装的进货多少,一定要根据实际的情况,计划赶不上变化,可不能贪一时便宜,而亏了自己,量力而为,点到为止,方为上策。

5. 商品宁缺毋滥

小店新开张,为了尽快把货物上齐上全,于是有些店主便不择手段逮着东西就上,根本就没有考虑是不是适合自己的销售定位。一股脑进了很多卖不出去的商品,这是最要不得的。一定要明确目标销售人群,再根据自己的成本实力进行上货。

6. 宣传和促销不可少

多发精华帖和认真回帖,看帖后认真回帖,既能得到楼主的感谢又能宣传自己的店铺,何乐而不为呢?还可以多到其他购物网站发帖做广告。

选择适当的时候给买家们免费送一些小礼品,淘宝专卖的人气就是这样上来的。回帖免费送礼品,不需要买家们出邮资,还怕没人来领吗,领的时候自然会看看您的店铺了。选择适当的时机降低价格,进行促销活动,既可吸引更多的消费者,又可打击竞争者。

7. 为产品确立最佳售价

盲目遵从一个定价模式，只能给小店业务带来破坏，使小店毫无利润可赚，甚至被赶出市场。影响定价的因素有很多，如产品、市场、经济等，如果我们能够灵活应变，相信我们就能够多赚一点。无利润自然无生意，无利润又怎能做好售后服务呢？为确立最佳售价，店主应经常搜索同类产品的售价，正所谓知己知彼百战百胜，不要一味地压低价格竞争，这样不但无利润可言更会让顾客留下价格低质量也好不到哪里去的印象，还不如提高产品质量和售后服务。

1.5.2 网上开店必备的心理

1. 不要一上来就想赚钱

虽然大家开店就是为了赚钱，但在最初阶段赚钱是很难的，没有信誉谁也不会理你。那该怎么办？首先，从心理上把开店当成是学习、交朋友的一个途径；其次，加入一些人气旺的群，不要提你的买卖，和群中的朋友聊一些家长里短的事或是经营经验，就像好朋友一样。当大家互相熟悉了之后，有人会问你"你是卖什么的"，这时候才可以引到买卖上。因为已经互相熟悉了，如果对方有需要的话马上会想到你。也可以在你的空间中写一些生活经历、生活感悟，让大家熟悉你、了解你，这样对方购买你的商品时才会踏实放心。

2. 不要怕别人知道你是新手

绝大多数人都认为"新手"这个词对经营很不利，其实"新手"也是有自己的独特优势的。第一，新手很可爱。如果有人来你店里购买商品，拍下商品后你不会改价格，可以直接和他说："能告诉我怎么改价格吗？我可是新手，呵呵。"相信绝大部分人不会因此而不购买你的商品，反而觉得你很可爱，知道你创业很不容易，以后可能会经常帮助你的。第二，新手很谦虚。因为你是新手，所以有许多买家会向你提出更多意见："这款怎么没有红色的呀，别人家就有的"……这时候你应该很谦虚地说："谢谢您的建议，我们会考虑上其他颜色的。"

3. 一定要有耐心和信心

开店的前几周很可能会颗粒无收，这时候的卖家是最痛苦的，但无论如何一定要坚持下去，要坚信"道路是坎坷的，前途是光明的"。半途而废你将永远没有开始，坚持不懈你才能拥有未来。

4. 不要不好意思

很多新手在为自己的店铺做推广时会很不好意思，总是觉得"我是新手，给人家发个信息人家会理我吗？"实际上，主动出击才会赢，你可以把你的广告词说得婉转一些，要非常有礼貌，所谓"礼多人不怪"，绝大多数人是不会反感的。

5. 要互相帮助

新手经常会收到这样的信息："我的帖，帮忙顶一下"或"能加我的超链接吗"。这时候不要不理不睬，而是要互相帮助，可以交朋友、谈经验。这样，对方需要你的商品时会主动找你，网店卖家同时也是网上购物的主力。

1.5.3 网上开店失败的主要原因

不是所有人都能将网店经营成功的，有很多人在网店开一段时间后就经营不了了，下面介绍一些网上开店失败的主要原因。

1. 未对自身进行谨慎评估即下海

网上开店虽然门槛低，但也不代表什么都不会就能来网上淘到金，许多中年转职者，因为受到报纸杂志刊登的大量成功案例的鼓舞就贸然跳入网海，结果多半败在"没有做生意经验"及"完全不了解网络"上。想在网上开店最好能具备一定生意头脑，有良好的沟通表达能力并且能适应或掌握快速变动的网络节奏。

2. 开店定位不明确

我们常听闻朋友说想开间"小服饰店""小咖啡店"，从没听说有朋友想开间"百货公司"。一般网店新手尽量从一个自己最专精的品类切入会比较好些。

3. 购买流程烦琐

亲自下单测试一下网店的购买流程是否顺畅，大致可看出这家网店的"钱景"。所有成功购物网站的共同特色之一就是"购物流程简单"。

4. 经营者一厢情愿销售自己喜欢的商品

网络世界比你想象的还要丰富，所以快速找出网友的格调比坚持自己的格调重要，不要进太多只符合自己品位的商品，做生意还是要符合大众的审美眼光。

5. 对网店前景的预测过于乐观

网店多如牛毛，庞大的买家群体其实未必会有兴趣走进你的店铺，没有特色鲜明的商品、诱人的实物照片及独特的推广技巧，将很难吸引买家的目光。

6. 广告投资收益比过低

多数网店业绩不好的原因都是经营问题而不是流量问题，别急着浪费广告费，先解决经营问题再购买流量才会更加有效。

7. 有业绩、没利润

一般这种卖家都是有业绩、没利润，年度财务结算时把营业税及个人薪资的机会成本都加进去，赔钱是很常见的。

8. 缺乏独特的竞争优势

如果你真的想要在网络上发展自己的事业，那你最好有些优势背景。比如，有药师执照的销售保健品或健康食品就更有说服力；如果你本身是贸易商，也有实体店面协销，那你做网店成功机会就大些；如果你没有特殊背景，那你最好要有成本较低的进货渠道。

9. 不够用心

网上开店已进入激烈竞争的阶段，每天都有新竞争者加入及失败者退出，用心经营都不一定能胜出，不够用心注定被淘汰，所有网店成功者几乎都把网店当成毕生事业来经营。

10. 经营团队存在问题

重要经营伙伴自立门户、网站缺乏技术自主能力、业务经营者与技术人员对立内耗等，都是网店经营过程中常见的问题，一般也是网店走向衰败的开始。

1.5.4 网上开店的经营方式

开什么样的网店应该根据个人的实际情况而定，最重要的是选择一种适合自己的经营方式。网上开店的经营方式主要有以下 3 种。

1. 网店与实体店结合经营

此种网店因为有实体店的支持，在商品的价位、销售的技巧方面都更高一等，也容易取得消费者的认可与信任。

2. 全职经营网店

卖家将全部的精力都投入网店经营，将网上开店作为自己的全职工作，将网店的收入作为自己收入的主要来源。

3. 兼职经营网店

卖家将经营网店作为自己的副业。例如，在校学生利用课余时间开网店，一些在职人员利用工作便利时段开网店等，以增加收入来源。

1.5.5 网上开店怎样才能火

在互联网快速发展的今天，为年轻人带来了无限的商机，网上开店、网上创业已经成为热门的话题，也为一些小本创业者提供了实现低成本投资的绝佳机会。那么网上开店怎样才能火呢？

1. 明确的产品定位与价格策略

在网上销售一些在实体店不容易买到的东西是最好的。在网上开店省去了很多租金之类的费用，所以价格优势是网店最主要的优势，找到好的货源后，对产品进行合理的定价，并运用优惠和促销等措施留住顾客。

2. 商品详细的说明

网店定位、产品价格确定之后，就可以上传商品到网店上了。精美的展示图片和详尽的商品说明不仅能吸引人们的眼球，而且还能让人有一种这家店很大很全的感性认识。

3. 网店推广

网店无论做得多么完美，商品再怎么物美价廉，如果不将它推广开来，提高它的知名度，那么这个网上商店只能说是做给自己看的，它存在的意义就不大了。

4. 不要怕退换货

许多卖家都会遇到退换货问题，大家大可不必为这一问题而头疼，因为网店和实体店一样，都会遇到退换货的情况，可以采取一些避免措施，如卖家可以与快递或邮政合作方达成协议，对商品进行报价协议，以确保物流运输中不出差错。

5. 降低快递费用

快递费用虽然一般都会直接传导给买家，但如果能有一个比较优势的物流价格，也能够对商品起到促销作用。节省快递费用可以通过压低快递价格，或是降低快递的材料成本来实现。如今，大部分的快递公司都不会直接和卖家定物流费用，通常都是业务员与个人去谈，这时可以先通过对比几家之后再确定一个信誉度好、价格适中的公司，与具体的业务员建立长期的合作关系，从而降低价格。

1.6 案例分享——从 2 万元到千万元的传奇

创业的开始

2014 年小美第一次来深圳进货服装的时候，将自己所有的积蓄 20000 元都投入进去，有种破釜沉舟的气势。而当时的仓库，居然是小美家里不足 10 平方米的卫生间。小美清楚地记得那个秋天，她一个人把所有的衣服从楼下搬到 5 楼家中，堆放在这个卫生间里，衣服从地砖一直堆到天花板，满满的一面墙。

小美的店铺开张于 2015 年 2 月 10 日。由于一直秉持诚信经营的理念，没有做过虚拟假账。直到 2 月 22 日，小美的网店才有了第一个顾客来询问，3 月上旬才完成了第一笔交易。

小美说她已经忘记了那个时候是什么信念支持着她义无反顾，她却对第一笔成交的喜悦仍然记忆犹新。这种喜悦发自内心，和是否赚钱无关。这让她明白，原来在淘宝，在电子商务这个平台，是真的可以走出一条路的。

创业的初期，一切条件都甚为简陋，没有宽敞的办公室，没有得心应手的办公条件，小美只能每天窝在自己的卧室里，不停地盯着自己的笔记本电脑，耐心地跟每一个买家沟通交流。从早到晚，她不厌其烦地打字，只为能多卖出一件衣服。

创业初期业绩不是很好，往往是一两个星期只能售出一件，可是小美并不气馁，反而是更用心地与每一个咨询商品的顾客交流，甚至是交心。小美说，当时的她运用自己在服装厂工作过的经验，将自己挑选衣服的经验毫无保留地告诉了每一个客户，即使客户最终都没有购买自己的商品，她都觉得是自己应该做的事情。

而对于每一个售出的商品，小美都认真包装，并附上感谢信，谢谢每一位购买自己衣服的顾客，由于没有打印机，小美就一笔一画地认真书写每一张发货单。力求让每一个购买衣服的顾客都满意。

而当顾客收到货物以后，小美都会在阿里旺旺上给买家留言，咨询买家的满意度和建议，然后争取在下一次交易中，做得更加尽善尽美。

由于小美的诚信经营，渐渐地，光顾小美店铺的顾客越来越多，回头客介绍的顾客也越来越多，小美的生意有了起色，红火了起来。

五皇冠的加冕

随着网店越做越红火，小美网店的规模也在逐步扩大，从一开始的办公室——卧室，逐步发展到今天拥有 1 000 平方米的写字间。而员工也从最初的自己，逐步发展到现在的 60 多个人。

小美说，白手起家，看上去很美。但经历过才知道其中的无奈和无数的白眼。小美说，在创业的初期，在外面，她是被瞧不起的。供应商一听她是做网络销售的，没有自己的实体店，立马不理会小美。而周围的人问她做什么工作时，小美都不好意思说在家开网店。曾经有过一个实体同行，在一个展会上，非常优越感的假装没看见小美，这让小美很受伤。

但是小美一直抱着一个梦想，就如同怀揣一颗珍贵的种子，相信它迟早可以破茧而出，一飞冲天。小美把这颗种子播撒出去，让更多的人加入她的团队，让更多的人相信电子商务，相信淘宝的未来。她要证明给那些瞧不起她的人看，他们曾经认为的真理，只不过是傲慢与偏见。当越来越多的实体店和商场都开始成为小美供货客户的时候，那些原先心怀鄙视的实体同行们才发现，他们的市场份额，已经越来越少，他们的生存空间，也变得越来越窄。那个原来他们都瞧不起的"丑小鸭"，已经变成了可以掌握成功的人。

2020 年的 6 月 12 日，小美的网店五皇冠了。小美在一个抽屉里，翻出那时候曾经记录货物的账本。回想几年来的点点滴滴，仍历历在目。这些手写账本上，密密麻麻的订单记录，都是小美一个个心酸又甜蜜的回忆，而每一笔交易都承载着她成功的每一步。

如今，小美的网店依旧人气爆棚，每天的订单量都成百上千。这一切也无法阻止小美对梦想的更高追求。小美说下一步她准备自己创建服装品牌，让自己的网店销售属于自己品牌的服装，成为自己服装的引领者。

小美的事业在变大变强，她的目标也更清晰明确。小美说，每天看着那些在淘宝路上一起征战的同行们，她仿佛又看到了从前的自己，那么倔强，那么顽强。

第 2 章
开通淘宝店与寻找货源

▰ 本章要点 ▰

- 注册淘宝与开店
- 开通网上店铺
- 下载并安装淘宝工具软件
- 店铺的设置与优化
- 揭秘进货渠道
- 在阿里巴巴网站批发
- 在淘宝供销平台进货
- 开店经验与技巧
- 案例分享

▰ 本章主要内容 ▰

本章内容主要介绍注册淘宝与开店、开通网上店铺、下载并安装淘宝工具软件、店铺的设置与优化、揭秘进货渠道、在阿里巴巴网站批发、在淘宝供销平台进货和开店经验与技巧方面的知识与技巧,最后还针对实际的工作需求,分享了淘宝开店的案例。通过本章的学习,读者可以掌握开通淘宝店与寻找货源方面的知识,为深入学习淘宝精准运营、策略营销与客户服务知识奠定基础。

2.1 注册淘宝与开店

在淘宝网上开设网店,首先需要注册一个淘宝账号,成为淘宝的会员,使用淘宝账号登录到淘宝网站中。随着会员等级的提升,卖家和买家都会有更大的使用特权,方便得到更多的实惠。本节将重点介绍注册淘宝会员方面的知识。

2.1.1 注册淘宝会员

申请淘宝账号的过程很简单,淘宝账号分为企业申请和个人申请两种方式,下面以个人申请为例,介绍申请淘宝账号的操作方法。

Step 01 登录淘宝网首页 www.taobao.com,在网站首页的左上角,单击"免费注册"链接,如图 2-1 所示。

Step 02 弹出"注册协议"页面,阅读淘宝注册协议,单击"同意协议"按钮,如图 2-2 所示。

Step 03 返回"设置用户名"界面,在"手机号"文本框中输入手机号码,向右拖动滑块,进行验证,单击"下一步"按钮,如图 2-3 所示。

图 2-1

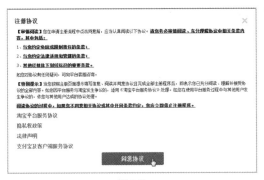
图 2-2

图 2-3

Step 04 进入"验证手机"页面,在"验证码"文本框中,输入手机收到的验证码,单击"确认"按钮,如图 2-4 所示。

Step 05 进入"填写账号信息"界面,设置登录名,在"设置登录密码"区域设置密码,接着再设置会员名称,单击"提交"按钮,即可完成申请淘宝账号的操作,如图 2-5 所示。

图 2-4

图 2-5

2.1.2 登录淘宝

淘宝账号完成后,即可登录到淘宝页面,对账号信息等进行补充和完善,下面介绍登录与编辑账号信息的操作方法。

Step 01 打开淘宝网首页,在页面的右侧,单击"登录"按钮,如图 2-6 所示。
Step 02 进入"密码登录"页面,输入淘宝账号,输入登录密码,单击"登录"按钮,如图 2-7 所示。
Step 03 登录到淘宝页面,即显示其会员名称,如图 2-8 所示。

图 2-6

图 2-7

图 2-8

2.2 开通网上店铺

网上开店的方式多种多样,不同的开店方式所需要的成本也不相同,本节将以淘宝为例,介绍开通网上店铺方面的知识与操作方法。

2.2.1 淘宝身份信息认证

所谓的身份验证就是为了让淘宝商家以身份实名制进行交易。如果要在淘宝上开店，首先要成为淘宝卖家，下面介绍淘宝身份信息认证的操作方法。

Step 01 登录淘宝网首页，在淘宝网首页顶部位置，单击"千牛卖家中心"超链接项，如图2-9所示。

Step 02 进入"免费开店"页面，在左侧"导航栏"处，单击"我要开店"超链接项。单击"创建个人店铺"按钮，如图2-10所示。

图2-9　　　　　　　　　　　图2-10

Step 03 进入"阅读开店须知"页面，仔细阅读相关规定，单击"我已了解，继续开店"按钮，如图2-11所示。

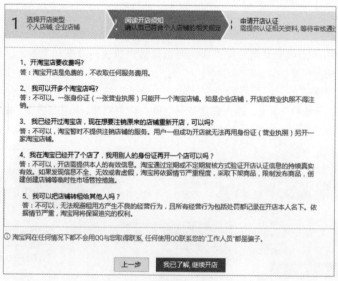

图2-11

Step 04 进入"淘宝开店认证"界面，单击"淘宝开店认证"右侧的"立即认证"链接，如图2-12所示。

Step 05 进入"尚未进行认证"页面，单击"立即认证"按钮，如图2-13所示。

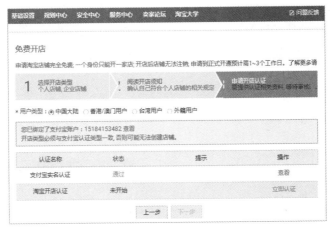

图 2-12

Step 06 进入"认证"界面,根据提示信息,使用手机扫描下载钱盾并安装,扫描二维码开始认证,如图 2-14 所示。

图 2-13

图 2-14

Step 07 在手机钱盾客户端中,根据提示进行身份认证,开始智能扫脸验证,如图 2-15 所示。

Step 08 进入"身份认证"界面,单击"开启认证"按钮,如图 2-16 所示。

图 2-15

图 2-16

Step 09 进入"人脸验证"界面,单击"开始验证"按钮,如图 2-17 所示。

Step 10 进入"拍摄照片"界面,单击"立即拍摄"按钮,如图 2-18 所示。

Step 11 使用手机拍摄身份证人像面,然后单击"下一步"按钮,如图 2-19 所示。

Step 12 进入"认证审核中"界面,等待淘宝进行审核,审核通过即可开通网上店铺。通过以上步骤即可完成淘宝身份信息认证的操作,如图 2-20 所示。

图 2-17

图 2-18

图 2-19

图 2-20

2.2.2 支付宝认证

支付宝实名认证是由支付宝（中国）网络技术有限公司提供的一项身份识别服务。支付宝实名认证同时核实会员身份信息和银行账户信息。通过支付宝实名认证后相当于拥有了一张互联网身份证，可以在淘宝网等众多电子商务网站开店、出售商品，增加支付宝账户拥有者的信用度。下面介绍支付宝实名认证的操作方法。

Step 01 登录淘宝网首页，在首页顶部位置，单击"千牛卖家中心"超链接项，如图 2-21 所示。

Step 02 进入"免费开店"页面，在左侧"导航栏"处，单击"我要开店"超链接项。单击"创建个人店铺"按钮，如图 2-22 所示。

图 2-21

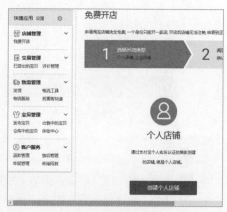

图 2-22

Step 03 进入"阅读开店须知"页面，仔细阅读相关规定，单击"我已了解，继续开店"按钮，如图 2-23 所示。

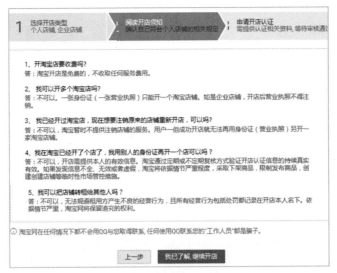

图 2-23

Step 04 进入"淘宝开店认证"界面，在"认证"区域，单击"支付宝实名认证"右侧的"立即认证"链接，如图 2-24 所示。

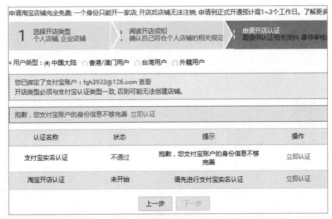

图 2-24

Step 05 进入"上传本人身份证件"页面，选择证件类型，如"二代身份证"单选项。在"证件图片"区域，单击"点此上传"链接，上传身份证正面照片，如图 2-25 所示。

Step 06 弹出"打开"对话框，选择身份证正面照片文件，单击"打开"按钮，如图 2-26 所示。

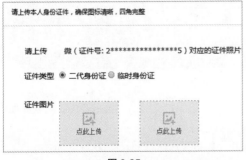

图 2-25

图 2-26

Step 07 返回"上传本人身份证件"页面,在"证件图片"区域,单击第二组"点此上传"链接,上传身份证反面照片,如图 2-27 所示。

Step 08 弹出"打开"对话框,选择身份证反面照片文件,单击"打开"按钮,如图 2-28 所示。

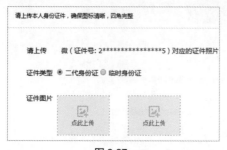

图 2-27

图 2-28

Step 09 返回"上传本人身份证件"页面,在"证件有效期"区域,输入身份证有效,单击"确定提交"按钮,这样即可完成支付宝实名认证的操作,如图 2-29 所示。

图 2-29

2.2.3 申请淘宝店铺

通过淘宝身份信息认证和支付宝认证后,就可以网上开店了。下面详细介绍申请淘宝店铺的方法。

Step 01 登录淘宝网首页,在首页顶部位置,单击"千牛卖家中心"超链接项,如图 2-30 所示。

Step 02 进入"淘宝免费开店"页面,单击"个人店铺入驻"按钮,如图 2-31 所示。

图 2-30

图 2-31

Step 03 进入"淘宝开店认证"界面,在"店铺名称"文本框中输入名称,单击"认证后点此刷新"按钮,并使用手机淘宝或千牛 App 扫码进行认证,如图 2-32 所示。

Step 04 在手机上完成验证后,单击"同意协议,0元免费开店"按钮,如图 2-33 所示。

Step 05 通过以上步骤即可完成申请淘宝店铺的操作,如图 2-34 所示。

图 2-32

图 2-33

图 2-34

2.2.4 为店铺添加 Logo

淘宝店铺 Logo 即为店标,是一个可以代表店铺风格、主打商品和产品特性的标志,也起到宣传店铺的作用。店铺 Logo 通常尺寸为 100px×100px,基本上淘宝店铺标志大小设置为 80px×80px。图片支持 GIF、JPG 和 PNG 格式,大小限制在 80KB 以内尺寸。

最常见的店标分类是根据图片的不同显示效果来划分的,即为动态店标和静态店标两种。静态店标是指店标的图片是静态表现的,而动态的店标则是一种动作的表现形式,是一幅动态的图片,现在的动态店标的格式一般为 GIF 格式,这种格式能再现动画的效果。

通常在店铺基本信息设置中,即可直接为店铺添加 Logo,如果要修改淘宝店铺的标志,可以进入"千牛卖家中心"页面,单击"店铺管理"→"店铺基本设置"链接,在"店铺标志"区域修改店标图片,如图 2-35 和图 2-36 所示。

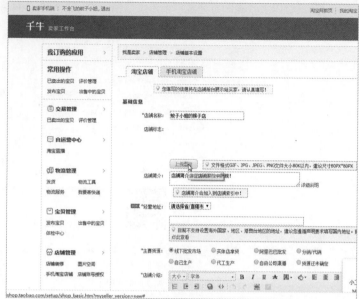

图 2-35　　　　　　　　　　　　　图 2-36

2.3　下载并安装淘宝工具软件

常用的淘宝工具软件有《千牛》和《淘宝助理》，这两款软件都是帮助卖家更好地进行网上交易的工具。

2.3.1　下载并安装《千牛》

《千牛（原阿里旺旺卖家版）》，为阿里巴巴官方出品的卖家一站式工作台，其核心是为卖家整合：店铺管理工具、经营资讯消息、商业伙伴关系，借此提升卖家的经营效率，促进彼此间的合作共赢。

使用浏览器搜索"千牛"，进入其官方网页，点击"下载千牛"按钮，进行安装即可，如图 2-37 所示。

图 2-37

2.3.2　下载并安装《淘宝助理》

《淘宝助理》是一款免费客户端工具软件，它可以不登录淘宝网就能直接编辑宝贝信息，快捷批量上传宝贝。淘宝助理也是上传和管理宝贝的一个店铺管理工具。淘宝助理可以批量编辑宝贝，对宝贝描述、类目、属性全新改版，为卖家节省更多的宝贵时间；还可以批量编辑物流公司和运单号，减少卖家的手工操作。

使用浏览器搜索"淘宝助理"，进入官方网页，单击"淘宝版下载"按钮，进行安装即可，如图2-38所示。

图 2-38

2.4 店铺的设置与优化

申请淘宝店铺成功后，就可以对店铺进行设置与优化，包括选择店铺风格、添加商品分类、对店铺进行基本设置和设置店铺公告等。本节将详细介绍店铺的设置与优化方面的知识。

2.4.1 选择店铺风格

店铺创建成功后，店主即可对店铺进行装修，店铺装修的风格对顾客直观印象起着至关重要的作用，下面介绍选择店铺装修风格的操作方法。

Step 01 打开淘宝并进入"卖家中心"页面，在"店铺管理"区域，单击"店铺装修"链接，如图2-39所示。

Step 02 进入"店铺装修"页面，在页面的上方单击"模板管理"链接，如图2-40所示。

图 2-39

图 2-40

Step 03 进入"模板管理"页面，选择"可用的模板"选项卡，选择要使用的模板，单击"马上使用"按钮，这样即可完成选择店铺装修风格的操作，如图2-41所示。

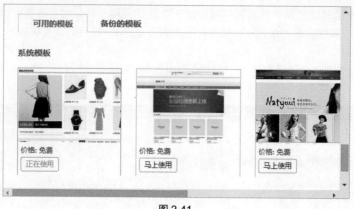

图 2-41

2.4.2 添加商品分类

将发布的宝贝进行合理分类，可以使店铺的商品类目更加清晰，方便店主和顾客快速浏览与查找商品，下面介绍添加商品分类的操作方法。

Step01 打开淘宝并进入"卖家中心"页面，在"店铺管理"区域，单击"宝贝分类管理"链接，如图 2-42 所示。

Step02 进入"宝贝分类管理"页面，单击"添加手工分类"按钮，如图 2-43 所示。

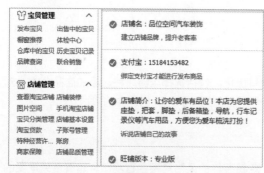

图 2-42

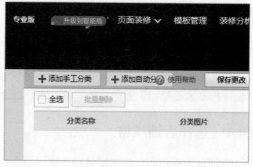

图 2-43

Step03 在"分类名称"下方出现文本框，输入商品分类的名称，单击"添加子分类"按钮，如图 2-44 所示。

Step04 弹出"子分类名称"文本框，输入子分类的名称，单击页面右上方的"保存更改"按钮，这样即可完成添加商品分类的操作，如图 2-45 所示。

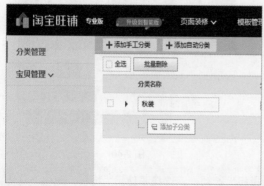

图 2-44

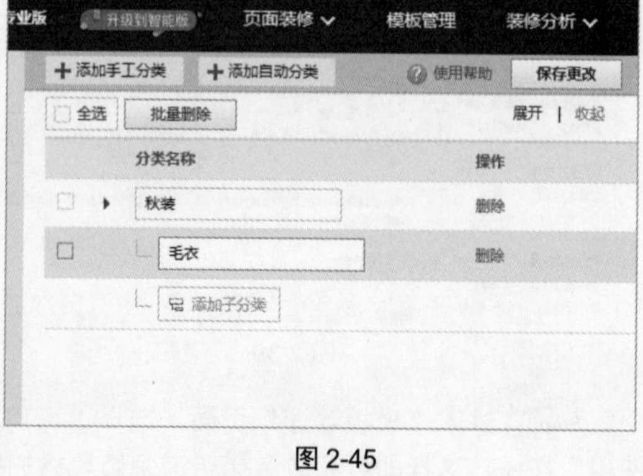

图 2-45

2.4.3 店铺的基本设置

店铺的基本设置包括设置店铺的名称、店铺类别、主要经营项目、店标设计和店铺简介等内容，下面介绍店铺的基本设置的操作方法。

Step 01 打开淘宝并进入"卖家中心"页面，在"店铺管理"区域，单击"店铺基本设置"链接，如图 2-46 所示。

Step 02 进入淘宝店铺的"基础信息"页面，在"店铺名称"文本框中，输入店铺名称，在"店铺标志"区域中，单击"上传图标"按钮，可以上传店铺的店标图片，在"店铺简介"文本框中，可填写店铺的主营项目信息，如图 2-47 所示。

图 2-46

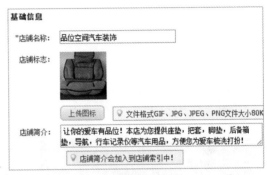

图 2-47

Step 03 下拉页面后，在"经营地址"区域设置店铺所在地，在"主要货源"区域，选择货源产地，在"店铺介绍"文本框中输入店铺简单介绍信息，如图 2-48 所示。

Step 04 店铺基础信息填完后，单击"保存"按钮，这样即可完成店铺基本设置的操作，如图 2-49 所示。

图 2-48

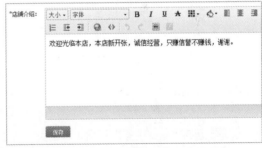

图 2-49

2.4.4 设置店铺公告

店铺公告是淘宝店铺的一张名片和宣传语，它可以让进店的顾客更好地了解店铺信息、产品信息以及店铺活动。店铺公告很重要，卖家要努力把店铺公告写得尽可能完美。对于新手卖家来说，设置店铺公告是必须掌握的淘宝店装修技巧之一，下面介绍设置店铺公告的操作方法。

Step 01 打开淘宝并进入"卖家中心"页面，在"店铺管理"区域，单击"店铺装修"链接，如图 2-50 所示。

Step 02 进入"店铺装修"页面，选中"自定义区"模块，将其拖曳至店铺页面中，如图 2-51 所示。

图 2-50

图 2-51

Step 03 将鼠标指针移至添加的模块上，在显示的按钮区中，单击"编辑"按钮，如图 2-52 所示。

Step 04 在弹出的"自定义内容区"对话框中，修改模块的标题，如店铺公告。在文本框中，输入公告内容。单击"确定"按钮，如图 2-53 所示。

图 2-52

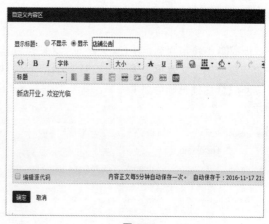

图 2-53

Step 05 返回"店铺装修"页面，单击页面右上角的"发布站点"按钮，如图 2-54 所示。

Step 06 弹出"发布"对话框，提示"是否确认发布全部电脑端页面"信息，单击"确认发布"按钮，如图 2-55 所示。

图 2-54

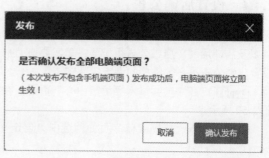

图 2-55

Step 07 进入"发布成功"页面,单击"查看店铺"按钮,如图 2-56 所示。

Step 08 打开店铺首页,可以看到设置的店铺公告效果,这样即可完成设置店铺公告的操作,如图 2-57 所示。

图 2-56

图 2-57

2.5 揭秘进货渠道

作为网上开店的新手,如果想要赢利,找到成本低廉货源是赚取利润的重要因素之一。所以找到物美价廉的货源很关键,本节将介绍寻找货源方面的知识。

2.5.1 在批发市场批发

不管是实体店铺还是网店的商品,大多数的卖家都是从批发市场进货的。虽然厂家是一手货,价格中的利润也比较大,但这些厂家一般是不与小成本客户合作的。而且批发市场中的产品多种多样,能够小成本批发,比较适合新开的网店。

在批发市场进货需要注意以下事项:
- 初次进货切忌贪多,以防压货。
- 要多看多问,不要轻易"下手"。
- 付款前要仔细检查货品的外观、数量等。
- 在调换货的问题上要与批发商谈好,以免日后纠纷。
- 钱货要当面清点,避免遭受损失。
- 对自己中意的店铺留下联系方式,便于下次进货。
- 遇到好的批发商,一定要让老板相信你是做生意的料,是能长久合作的,从而给你最低价格。

2.5.2 厂家直接进货

正规的厂家货源充足,信用度高,如果长期合作的话,一般都能争取到产品调换。但是一般而言,厂家的起批量较高,不适合小批发客户。如果卖家有足够的资金储备,有分销渠道,并且不会有压货的危险,那么适合这种厂家直接进货的方式。

其优点在于,价格有优势。缺点在于,资金、库存压力,产品单一,适合有一定的经济实力,并有自己分销渠道的卖家。

2.5.3 大批发商

大批发商一般直接由厂家供货,货源比较稳定。不足之处则是因为他们已经做到一定规模,订单较多,服务难免有时跟不上。而且他们一般都有固定的回头客,不怕没有客户,一般卖家很难和他们谈条件,除非进货的次数多了,成为他们的一个大客户,才可能有特别的折扣或优惠。

还有大批发商的发货速度和换货态度往往差强人意。订单多发货慢一点倒也可以理解，只要能提前一点订货就可以解决。真正棘手的问题在于换货。收到的货物有时难免有些瑕疵，比如饰品类的，所以事先要与大批发商做好充分的沟通与协商。

2.5.4　品牌代理

卖家也可以联系正规的专卖店，寻求与他们合作。但是相对来说，直接联系品牌经销商，需要更大的资金与进货量。越是大品牌，其价格折扣就越高，真正赚的钱，只是在完成销售额后拿的返利。但如果卖家的店铺已经发展到一定程度，想走正规化路线，这将会是个不错的选择。

优点在于，货源稳定，渠道正规，商品不易断货；缺点在于，产品更新慢，价格相对较高，利润低。品牌代理适合做品牌旗舰店的人群。

2.5.5　外贸尾单货

外贸尾单货是指正式外贸订单多余的货品（大部分是服装类产品），一般也直接称其为外贸产品。

真正能从生产厂商进到外贸尾货的网店店主并不多，大部分还是到批发市场里去淘货，由于外贸尾货商品很好卖，所以批发市场里真尾货和假尾货齐上阵，都说自己是尾货，实际上是真假难辨，下面详细介绍辨别真假尾货的方法。

- 看质量：真正的外贸尾货的质量和正品一样，这需要有相当经验才能辨别，或者手上有真货可作比较。
- 看做工：外贸尾货的做工一般都比较精细，无论肩膀、袖口，还是腰身接缝处的条纹走向和对接，都严丝合缝，没有任何偏差。
- 看包装：真正的外贸尾货的外包装不一定精美，那些包装精美，所有配件都齐全的商品反而值得怀疑。
- 看商标：真正的外贸尾货的商标都是最后才贴上去的，有的甚至没有，这并不代表商品不好，或者质量有问题，而恰恰说明了真货的严谨性。
- 看水洗标：真正的外贸尾货服装上都有英文的水洗标，且应该是在衣服的夹缝中，如果没有水洗标或者在夹缝外面缝水洗标通常都会是假货。
- 看尺码：真正外贸尾货的尺码不一定齐全，尤其是牛仔裤和鞋子。
- 看瑕疵：有些外贸尾货是有瑕疵的，通常瑕疵不明显，不容易看出来。

2.5.6　寻找品牌积压的库存

不少品牌商品虽然在某一地域属于积压品，但在其他区域完全可能成为畅销品，由于网上店铺的顾客来自全国甚至世界各地，因此，卖家如果能经常以最低价格淘到厂家或商家积压的品牌服饰、鞋等商品，拿到网络上销售，一定能获得丰厚的利润。

虽然品牌商品在网上是备受关注的分类之一，很多买家都通过搜索的方式直接寻找自己心仪的品牌商品，因此在寻找积压库存品牌商品的过程中，也要进行调研和分析市场，否则收购完他人的库存后，如果销售不出去，会立即变为自己的库存，进而使网店赔钱。

2.5.7　海外代购

如果卖家在海外有亲戚朋友，就可以由他们帮忙，进到一些国内市场上看不到的商品或是价格较高的产品，如果你工作、生活在边境，就可以办一张通行证，自己亲自出国进货，这样进货的商品就很有特色或是价格优势。

如果自己家里有亲戚朋友在海外从事某种特色商品的制造或销售，卖家可以直接拿到网上卖，网上一般很少有这样的产品，因此利润会大一些。

由于比起普通网络购物，多出一道"代购"手续，海外代购的不可控因素更多，消费者即使发票在手，也有可能是"真发票，假货品"，因此找寻海外代购的卖家要注意以下几点：

- 化妆品代购：有些无良商家，在网上回收正版化妆品的瓶子，灌入假的化妆品，再重装包装，当作正品卖出去，选购时千万要小心。
- 尽量要求卖家从国外直接邮寄到你的手上并附购物小票，不要从买家处中转，目的是确保该物品的确从国外购买，并防止调包。
- 有些商品看上去很便宜，但一定要问清楚，是不是最终价，有些卖家以低价吸引客户购买商品，之后再加上运费、关税、代购费等，总的算下来，可能比专柜的价格还高。
- 从国外寄回来的物品如果在货运途中丢失，请及时联系快递公司。无论是什么物品丢失，都会按照申报价值和邮件保险进行赔偿。

2.5.8 网络代销商品

网络代销是指某些提供网上批发服务的网站或者能提供批发货源的销售商，与想做网店代销的卖家达成协议，为其提供商品图片等数据，而不是实物，并以代销价格提供给网店代销人销售。

一般来说，网店代销人将批发网站所提供的商品图片等数据放在自己的网店上进行销售，销售出商品后通知批发网站为其代发货。销售商品只从批发网站发出到网店代销人的买家处，网店代销人在该过程中看不见所售商品。网店代销的售后服务也由网络代销的批发网站行使与支持。比较适合代销的商品有以下几类：

- 返修少的商品：这样代销网店不必承担商品被寄回货源商处但收不到的风险或货源商不兑现售后的风险。
- 售价低、竞争小的商品：积压少量货款，降低资金风险，获得更多利润，提高回报率。
- 功能简单的商品：这能避免代销店因看不到实物，无法为买家解决问题的尴尬。
- 有实体专卖店的品牌商品：这样的商品，对买家来说网上可参照性强，更容易看到网购的实惠。

网络代销的利与弊：网店代销可以免费为网店提供货源，方便了一些想开店但没有资金的初级卖家，这是它的最大好处。但越来越多的代销网站只注重销量，不注重渠道的管理，所以导致代销容易造成代销客户之间恶意竞争，影响正规卖家的销售和利润，同时容易对产品的品牌造成影响。

2.5.9 B2B 电子商务批发网站

B2B 电子商务批发是最近几年兴起的进货方式，可以在全国范围内找寻货源。为了适应更灵活多变的网上交易，做到更轻松快速的补货，越来越多的淘宝卖家开始瞄向 B2B 电子商务批发网站平台，并在此进货。淘宝卖家经营的商品多以款多量小为主，如果进太多的货，不一定都能销售出去，反而积压了库存占用了资金。

B2B 电子商务批发网站一般会按照买家询价的产品进行分类目的聚合，帮助有采购需求的卖家信息推广给对应产品的供应商，提升报价率和成交率，进而实现降低进货成本的目的，帮助用户快捷、方便地进货。

需要注意的是，网购有风险，淘宝卖家在 B2B 电子商务批发网站平台上选择供应商时，还需要注意挑选有官方资质认证的诚信会员，选择通过支付宝等第三方托付平台进行交易才更能保障货款的安全。

2.6 在阿里巴巴网站批发

阿里巴巴国际交易市场为全球领先的小企业电子商务平台，旨在帮助全球小企业拓展海外市场，为全球 240 多个国家和地区数以百万计买家和供应商提供服务,让商家足不出户也能找到好货源。本节将介绍阿里巴巴网站方面的知识。

2.6.1　注册阿里巴巴账号

阿里巴巴是全球最大电子商务平台之一,为中小企业提供商品或者服务交易平台。如果用户想在阿里巴巴上批发货物,首先要注册阿里巴巴账号,下面以个人注册账户为例,介绍注册阿里巴巴账号的操作方法。

Step01 在浏览器中搜索"阿里巴巴",进入官网,单击"免费注册"链接,如图 2-58 所示。

Step02 进入注册页面,填写个人账户注册信息,单击"同意并注册"按钮即可完成注册阿里巴巴账号的操作,如图 2-59 所示。

图 2-58

图 2-59

2.6.2　在阿里巴巴批发进货

注册阿里巴巴账号后,用户即可在阿里巴巴网站上采购需要售卖的商品,下面介绍在阿里巴巴批发进货的操作方法。

Step01 登录阿里巴巴官网,搜索准备进货的商品,在详情页选择商品颜色、大小以及进货数量,单击"立即订购"按钮,如图 2-60 所示。

图 2-60

Step 02 进入填写收货地址页面,填写相关信息,单击"确认收货信息"按钮,如图 2-61 所示。

Step 03 进入提交订单页面,单击"提交订单"按钮,如图 2-62 所示。

Step 04 进入付款页面,选择支付宝付款方式,单击"去付款"按钮,然后打开手机支付宝扫码付款即可完成在阿里巴巴进货的操作,如图 2-63 所示。

图 2-61

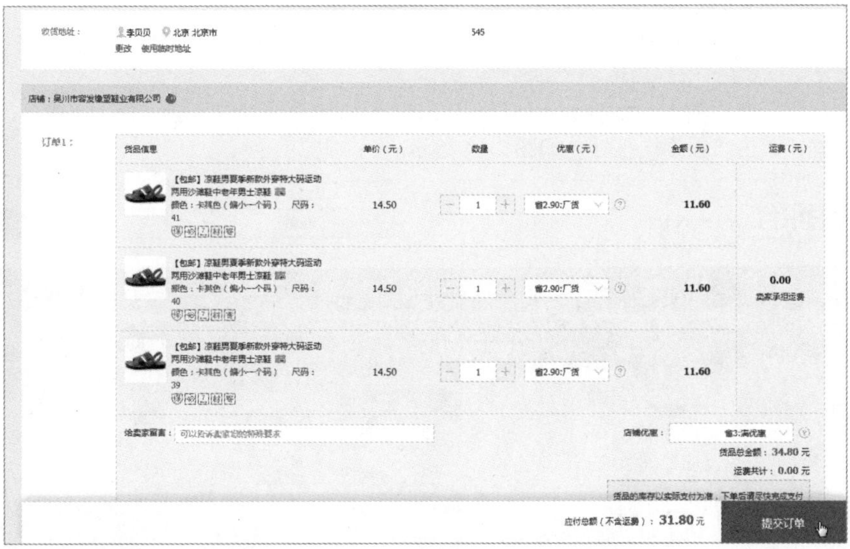

图 2-62

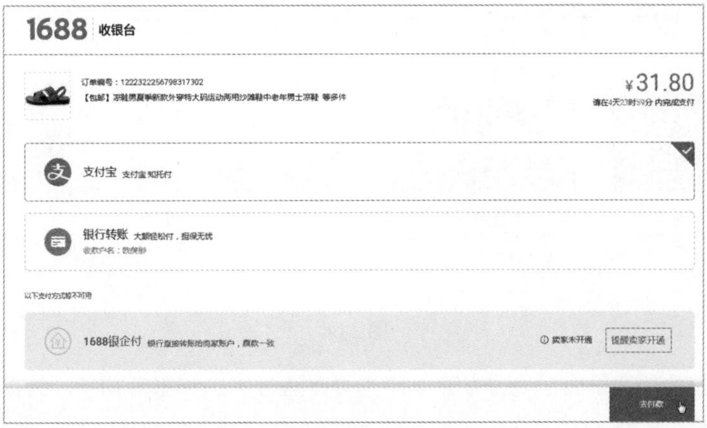

图 2-63

2.7 在淘宝供销平台进货

供销平台是指由淘宝研发提供的，用于帮助供应商搭建、管理及运作其网络销售渠道，帮助分销商获取货源渠道的平台，本节将介绍在淘宝供销平台进货方面的知识。

2.7.1 分销商加入供销平台的好处

淘宝分销平台主要以代销为主，淘宝供销平台让许多没货源又想在淘宝上开店的朋友能轻松找到代销货源开网店。不仅有高额的提成又可以免去收货发货的麻烦，只需要将订单发给供应商即可。

淘宝分销平台的根本目的就是希望实现厂家、卖家和消费者的三方共赢。淘宝供销平台的推出，一方面降低了产品的价格，另一方面给厂家提供一个平台，淘宝从进货渠道上进行引导和管理，从而在根源上杜绝假货。

淘宝供销平台出现之后，进货渠道更明朗化、公开化，给淘宝分销平台分销商的折扣、奖励以及处罚等规则都逐渐明确，在商品的价格上面更是严格控制，分销商掌握了大量的客户群，能够给客户以指导。淘宝的供销平台对于平衡物价，减少和杜绝假货起到了促进的作用。

2.7.2 在分销平台搜索货源

加入淘宝供销平台后，即可在分销平台搜索货源，方便销售商品，下面介绍在分销平台搜索货源的操作方法。

Step 01 在浏览器中输入 http://gongxiao.tmall.com/ 网址，在网站首页右上角的"搜索"文本框中输入产品名称，单击"搜索"按钮，如图2-64所示。

图2-64

Step 02 平台整合所有适合的商品信息，用户可以通过筛选和排序功能，选择合适的产品，如图2-65所示。

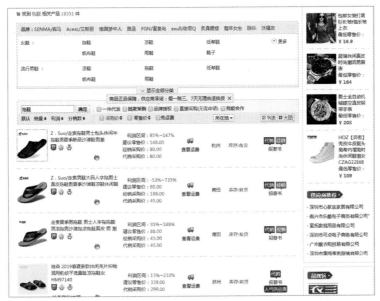

图 2-65

2.7.3 如何选择供应商

想要销售好的商品，需要选择好的供应商。下面详细介绍选择好的供应商应该注意的事项。

1. 行业类目

作为淘宝店销售者，对于供应商的选择，应该选择自己熟知的行业供应商，这是促进自身成长及提高订单产量的必备条件。

2. 产品线长度

因为不同供应商的发货地、运费、配送时间有所不同，所以，销售者在供应商选择方面会有数量上的局限，挑选最匹配的产品线是我们选择供应商的一个重要因素。在分销平台上，大家会看到很多不同产品的供应商，有专注某一个产品方向的供应商，也会有产品整合较为全面的供应商，根据自己的发展需要，挑选与店内所售产品最匹配的代销产品，挑选最能符合店内产品搭配的代销产品，甚至可以让供应商的商品来覆盖销售者的整个网店。

3. 利润空间

注意分析业内产品价格走势，结合供应商的代销价和渠道政策，在同品牌或同类商品中进行比较，确保"有利可图"。行业不同导致价格空间不同，请务必用专业的眼光看待供应商所提供的代销价格，达到双方共赢的状态。

4. 产品质量

保障消费者权益，保证产品质量，是分销商和供应商合作的前提，所以请分销商务必就产品质量问题与供应商深度交流，避免后续时常出现纠纷订单等问题。

5. 售后服务

售后是供应商的重要服务项，是确保消费者在收货后遭遇的产品质量问题或运输问题得到的良好解决方法。当然，由于代销的特殊性质，应更加注意售后的质量。

6. 运费优势

若供应商快递费用高于市场平均价格，将给销售者带来低于市场快递服务的消费者体验，成为抓牢消费者的阻碍，请确保供应商提供等于或者低于市场平均水平的快递标准，为销售的畅通铺平道路。

另外，注意店铺地区与供应商地区相匹配，即使不相匹配，也可以根据供应商的地域销售的分配需求，商量一定程度的快递费用支持，尽量与当地店铺快递标准相匹配。

7. 配送时间
了解供应商大致的订单处理流程与配送时间，结合自身经营习惯，做好完美搭配。

8. 渠道激励
除商品毛利之外的销售收入或资源支持。供应商成熟与否在此可体现，配合供应商进行销售的同时，考虑自身长远发展。

9. 装潢资源
部分供应商品牌会要求分销商使用统一的装潢素材，这对供应商品牌或产品做到宣传的同时，也可对自身的销售起到很大程度的帮助。

10. 产品描述
网络市场能否成功销售在于商品描述的好与坏。这就要求供应商提供部分完整详细且富有细节图的同时，后期的自身描述修饰也是非常有必要的。

2.8 开店经验与技巧

本节主要讲解为店铺取个好名字、设计美观的店标应注意的事项、如何制作商品标题等方面的知识，本节将重点介绍设置淘宝店铺与商品发布秘籍方面的知识。

2.8.1 为店铺取个好名字

一个好的店铺起个便于顾客记住的名字很重要，会给潜在客户在搜寻商品的过程中留下深刻印象，并最终确定购物，从而带来效益。下面介绍一些如何给店铺起个好名字的技巧。

1. 避免使用数字和字母
在淘宝店铺起名的过程中，应当注意的是，字母和数字要比汉字难记，除非是打算和老外做生意另当别论。

2. 能通过店名看出主营产品
店名必须与经营商品相吻合，要能反映店铺的经营特色，使消费者易于识别店铺的经营范围，并产生购买欲望。店名关系到用户的店被客户查到的概率。

3. 能长期经营
如果开淘宝店并不是用户的最终目标，仅想在一定的时期内开设一个网站，那么取的店名就必须为以后的发展着想。同时，在以后的经营过程中，为适应新的形势需要，也不能说没有改经营其他商品的可能。综合这些因素，就需要取一个中性，具有地域特色且能够引起他人注意的名称。

4. 能体现用户的优势
网上购物信誉很重要，如果用户的网店信用很高，不妨在店名中体现出来。比如在店名中包含"100% 好评""皇冠卖家"等。

5. 网名也很重要
在网络上不是提供一个真实姓名的情况下，用户所要取的网名（即淘宝网掌柜名）就显得重要了。网名在取的时候都需要有一定的意义，让人读起来朗朗上口，而又好记。

2.8.2 设计美观的店标

店标是指一个店铺的标志或商标，即人们所说的 Logo。店标代表着一个店铺的象征，它直接反映一个店铺的整体形象，也是作为店铺的识别符号。一个独特的、让人眼前一亮的店标能够影响客户的感官，可以为店铺起到画龙点睛的效果。

店标的制作其实很简单，只要勾勒出一些文字、图案素材，再利用 Photoshop、CorelDraw 等制图软件工具稍微加工下就可以了。

1. 文字、图片的装饰修改

在设计店标的过程中，用户可以利用一些经典的图片，比如一些几何图案、照片、卡通形象或者产品图片等为基础进行改变加工，适当地加入汉字、英文或店铺名等进行美化，即可合成不错的店标。

2. 抠图

利用某些制图软件的抠像功能，将所有的文字、图片扣出来，再进行美化加工制成店标。

3. 图像拼接

如果想拼接两张以上的图片，也可以使用制图软件拼接，通过技术处理也会彰显出不同的效果。

4. 动态效果

用户可以利用制图软件加入一些动态图片效果，吸引买家的注意，给客户一种别具一格的感觉。

2.8.3 如何制作商品标题

在淘宝网开店，要想让宝贝被顾客搜索到，应该重点优化宝贝的标题。在影响淘宝站内搜索结果排名的诸多要素中，宝贝标题描述绝对是最重要的一个。

在淘宝网以"女包"为关键词进行搜索，所有名称里包含"女包"两个字的商品都会出现在搜索结果里。因此，商品名称里一定要有对商品属性的简单描述。例如，需要购买手表的买家一定会用到"手表"这个关键词，需要购买风衣的买家会输入"风衣"来搜索商品。

商品标题一定包含商品关键词，因为买家在搜索时首先使用的就是商品关键词。在这个基础上再增加其他关键词，可以使商品在搜索时得到更多的入选机会。至于选择什么关键词来组合最好，需要用户通过分析市场、商品竞争程度和目标消费群体的搜索习惯来最终确定，从而找到最合适的组合方式。

但应该注意的是，商品名称关键词是不能乱用的。淘宝网对商品命名有很多规则，如果违反了这些规则，商品就会被删除甚至受到处罚。

2.8.4 在标题中突出卖点

商品标题编写时，最重要的就是把商品最核心的卖点用精炼的语言表达出来。用户可以选择最重要的三个卖点，融入商品标题中。下面是在商品标题中突出卖点的一些技巧。

1. 标题清晰准确

商品标题不能让潜在客户产生误解，应该准确而且清晰，让买家能够一扫而过的时间内轻松读懂。

2. 充分利用长度

淘宝规定宝贝的标题最长不能超过60个字节，也就是30个汉字，在组合理想的情况下，包含越多的关键字，被搜索到的概率就越大。

3. 价格信号

价格是每个买家关注的内容之一，也是最能直接刺激买家，形成购买行为的因素。所以，如果店里的宝贝具备一定的价格优势，或是正在进行优惠促销活动，如"特价""清仓特卖"等，完全可以用简短有力的词在标题中注明。

4. 进货渠道

如果店铺的商品是厂家直供或从国外直接购进的，可在标题中加以注明，以突出商品的独特性。

5. 售后服务

因为在网上不能看到实物，许多买家对于某些宝贝不愿意选择网上购物，因此，如果能提供有特色的售后服务，例如，"无条件换货""全国联保"等，这些都可以在标题中明确地注明，以便吸引买家前来购买。

6. 店铺信用

如果店铺加入金牌卖家或者其他一些认证服务，那么可以在商品标题中注明，这些都会增强买家与卖家的交易信心。

2.8.5 如何进行商品定价

淘宝定价一般是根据淘宝市场的一个整体基本价格来制定，然而根据自身情况的不同，还有自己的定位，这时候就需要考虑其他方面的条件了。如果用户的进价成本偏高，就需要适当地给出一个较高的价格。

但是如果卖家的产品是当前热销的产品，这时候就不一定要定高价了；如果卖家是想积累一部分老客户，那最好价格要定低一些；如果客户积累到一定程度了，这时候需要赚钱，那卖家就可以将价格定高一些。

在这里还需要说明一点，店铺产品的价格还应该随着不同情况进行一定的波动，比如旺季可以适当抬高价，淡季就可以适当调低价格来做促销。甚至如果积压了很多产品的时候，有可能会影响卖家将来的销售，这时候就需要降低利润销售，甚至零利润销售。

另外，打折、促销只是用户开店调整产品价格的一个手段，并不是打折、促销就一定降低产品的价格。

最后，在定价的时候不能忘记考虑其他一些因素。比如用户付出的时间成本、广告成本、运输成本、人力成本等。所以定价是一个更多的结合自身情况来做的事情，在这里需要强调的是，如果没有充足的资金，一味地低价策略决定是自取灭亡的方式。

2.8.6 影响商品定价的因素

商品定价如果定不好，往往会失去大量的潜在客户，所以说，对网上开店的店主来说商品的定价是非常重要的。定价时考虑的因素，有以下几点需要注意。

1. 市场竞争情况

为商品定价时应该考虑市场上同类商品是如何定价的，仔细衡量后，再为自己的商品定价。商品诱惑力的高低，直接决定着消费者的购买意愿及数量。如果商品具有一定的吸引力，此商品的销量一定会大大增加；如果商品没有吸引人的地方，那么不论怎样促销，降价，都很难售出。

2. 市场性质

首先考虑消费者的消费习惯，一旦顾客习惯了使用某种品牌的商品，就会形成一种购买习惯而且不易改变。其次要考虑销售市场的大小。销售一种商品时，要准确定位自己的顾客群，了解顾客群构成的市场走向。

3. 销售策略

制定商品销售策略，要根据商品性质、企业形象以及店铺的特征制定。如销售品质优良的名牌产品，则需要定高价，人们才觉得物超所值。一些流行的产品也要提高价格，因为一旦流行期过后，就会降价销售。如果销售过季的产品则需要定低价，才会让商品顺利打开销路。

4. 经销路线

产品从生产商售出后，要经过中间商才能到达消费者手中。因此，为保障消费者的合法利益，使价格不会定得太高，因此就要采取公平定价制度，以保证交易的公平。

2.8.7 选择商品发布的最佳时间

很多网店新手，总是认为新到宝贝的上线时间越早越好，宝贝一到货，就迫不及待地发布信息，商品上架。但是，有经验的网店卖家认为，选对商品发布时间，才能让顾客第一时间搜到宝贝。

那么，如何选对商品的发布时间呢？

1. 熟悉网店搜索的时间排序

搜索淘宝商品时，淘宝网会根据商品上架时间来排序，商品离上架结束期越近，排的位置就越靠前。也就是说剩余时间越短，商品就越靠前，因此，商品下架时间越短，就越容易被买家看到。

了解到网店搜索时间排序后，就应该充分利用这种时间排序。因此，对于新到货的宝贝不要同时发布，最好分批次发布，这样一来宝贝就有多次机会排在搜索的时间排序最前面了。

2. 抓住宝贝发布的黄金时间段

因为各种因素的干预，买家上网也是存在一个黄金时间段的，只有在黄金时间段发布宝贝，才能够增加宝贝的浏览量，从而提高成交率。因此，发布宝贝还要考虑到在什么时候上网的人最多。

即便是抓住黄金时间段发布宝贝信息，但为达到最佳的效果，在具体操作中，还是要注意，在黄金时段内，也要每隔半小时左右发布一个新商品。这样做的原因也是为了在整个黄金时段内，用户都有商品获得靠前的搜索排名，为网店带来可观的浏览量。

3. 掌握商品发布的有效期

无论是淘宝搜索的时间排序还是宝贝发布的黄金时段的掌握，都与商品发布的有效期有关。就淘宝而言，一般设有 7 天、14 天等多种商品发布有效期供用户选择，方便卖家管理自己的商品。常用的商品发布的有效期有以下两种选择方式：

- 7 天有效期。选择上架周期为较短的 7 天有效期的卖家，是基于如下考虑：因为买家浏览商品的时候默认排序就是按时间算，所以上架时间越短，网店里的宝贝就有更多的机会排在搜索的前面，从而提高宝贝的浏览量。
- 14 天有效期。选择上架周期为较长的 14 天有效期的卖家，是基于如下考虑：选择的时间越长，就越不用担心商品过了有效期下架后又需要批量上架，不至于忙得手忙脚乱，错过时机。

2.8.8 使用真人模特增加商品的直观效果

使用真人模特拍出来的商品图片，不仅能更直观地描述自己的商品，还能美化店铺，吸引买家的眼球，店铺的浏览量也会随之迅速提高。

使用真人模特拍摄图片时需要注意如下几点：

- 使用真人做模特拍摄完照片，最好在商品描述中标明模特的身高或商品的大小，让买家对于商品的了解更加清楚一些。
- 最好不要在逆光状态下直接面对模特，拍摄者或模特也可以尽量采取倾斜 45° 的拍摄角度。
- 使用真人模特拍摄图片，一定要选择合适的背景。拍摄地点最好选择在户外，自然光拍摄出来的效果更好。
- 注意协调拍摄对象之间的关系，不能喧宾夺主。重点要体现商品的特点，但是也要注意商品和模特之间的协调。
- 模特要多摆一些姿势，同时动作要尽可能地自然，不要太过僵硬。

2.9 案例分享——不惧失败，实现月入 30 万元

偶然机缘开网店

在淘宝开店对山东小伙李梦昊来说绝对算是个偶然。2015 年 6 月的一天，李梦昊和一个从外地来的朋友准备在广州开家花店。经过一段时间的考察、选择店铺地址、装修店面后，花店正式开张了。

哪曾想开张一个多星期，除了几个朋友照顾生意之外，一直都门庭冷落。这让李梦昊很是烦恼，作为一名有着 8 年互联网工作经验的 IT 精英，李梦昊这个时候自然就想到在淘宝网开设网店兼职经营。

就这样在淘宝店开通网店后，李梦昊就在当地的几个关注度较高的论坛里写软文广告，宣传自己的实体店和网店。因为采取低价促销的策略，当天宣传的效果立竿见影。接下来的一个多月淘宝的订花量逐步上升，为了让更多的网友知道自己的花店，李梦昊通过免费送花、发传单、发名片等方式，每天早上堵在各大公司大厦楼下做活动搞宣传，使得李梦昊的网店迅速成长起来。

发展过快，无奈转店

李梦昊的"疯狂促销"取得了大量的鲜花预定，恰逢七夕情人节，使得李梦昊等人在情人节的前一天就已经接了将近 300 束鲜花的预定，而且情人节当天预订量更是直线上升，好几次因为网店弹出的消息过多，导致电脑崩溃死机。

在三天两夜没有合眼奋斗的情况下，李梦昊和朋友还是有很多订单没有完成送货，最终导致了花店口碑持续下降，差评率直线上升，加上长期过度的疲劳，李梦昊和朋友最终放弃了继续经营花店，将花店转让出去了。

重开淘宝店铺

花店转让后，淘宝店铺也随之停止经营了。期间李梦昊思考和总结了很多，花店的失败在于发展速度过快，管理没跟上是致命原因，但同时李梦昊充分认识到了淘宝网里的巨大商机，他不甘心就这样放弃。

于是，李梦昊开始说服弟弟一起在淘宝上创业，李梦昊告诉弟弟，淘宝网是一个很好的平台，市场已经很成熟了，在淘宝网创业没有店铺的租金，没有人员的开支，成本最小化，即便不成功，也不会有过多的损失，最终弟弟同意与李梦昊淘宝创业。就这样李梦昊的淘宝店铺在停开 2 个月后重新开张。

因为李梦昊之前从事的是网络工作，所有比较了解阿里巴巴网站，于是决定先在阿里巴巴上找货源。找了很久，对比发现在阿里巴巴网站上找的衣服批发价格跟淘宝网上的一些大卖家零售价差不多，甚至更高，而且找到的一些服装厂家又都只接受订单，根本不做批发，李梦昊当时有些迷茫。

但凭借自己的坚持，最终在与多个批发商洽谈和沟通后，李梦昊以比大客户贵一点的价格从服装厂家那里拿了 3000 元左右的衣服（基本是每个款式拿一件），虽然说李梦昊当时心里也没底，但是想想做生意总要担点风险，这点风险还能承受得住。

回到家后，李梦昊和弟弟立马把所有拿到的款式拍照上架。经过李梦昊的判断和销售经验，他们顺利地热销了 5 款服装，并且后续成功直接在厂里下单和拼单，就这样，李梦昊的货源稳定了。

淘宝营销，自有绝招

不论是卖花还是卖服装，李梦昊的第一单生意一定是自己的朋友，虽然朋友帮忙有限，但是会给自己增加信心，所以李梦昊不给朋友加价，只是请大家捧个人场。因为，没有前期的几笔交易，人气是很难起来的。

请朋友帮忙的同时，李梦昊还使用淘宝直通车功能，因为他发现不做淘宝直通车，自己网店的流量短时间内是很难起来的。在使用淘宝直通车功能的过程中，李梦昊注意到以下两点：

（1）尽量选择大量低价相关的关键字，这样花同样的钱，带来的流量却多了好几倍（虽然精准上会有点下降），低价流量高了，人气也自然会提高。

（2）选择推广的商品最好是自己网店最有实力的、有购买记录的和好评的商品，这样能提高买家的购买信心。

最终，李梦昊从 1 钻做到 4 钻，只重点推荐了 5 件商品，总共花费了大约 2500 元的推广费用。但却给他的网店带来了共约 5 万个浏览量，这 5 件商品的销量也在 4000 件以上，其中一件大衣就有将近 1000 件的销量，同时在这些商品中加入大量的其他商品的促销信息，所以很快带动了整个店铺的流量和人气。

线下同时营销，效果双倍显著

李梦昊的网店取得成功后，随即开展大量线下营销，线上线下相互配合，可谓是如虎添翼。例如，印刷一些卡片，在上面留下李梦昊的淘宝店网址和近期的一些促销活动信息，同时将网店的网址捆绑顶级域名，方便用户记住。然后在社区、商厦、写字楼和学校等地方派发，得到了非常不错的反馈效益。

最重要的是，因为改善了经营和管理方法，李梦昊的店铺不再害怕买家多，如今他的网店每天的销售额都在 1 万元左右，但李梦昊仍觉得这还只是个开始，更大的成功就在前方。

第 3 章
发布与管理商品

本章要点

- 发布商品
- 使用《千牛工作台》与买家交流
- 商品交易管理
- 用《千牛工作台》管理店铺数据
- 开店经验与技巧
- 案例分享

本章主要内容

本章内容主要介绍发布商品、使用《千牛工作台》与买家交流、商品交易管理、用《千牛工作台》管理店铺数据方面的知识与技巧,在本章的最后还针对实际的工作需求,分享了淘宝开店的成功案例。通过本章的学习,读者可以掌握发布与管理商品方面的知识,为深入学习淘宝精准运营、策略营销与客户服务知识奠定基础。

3.1 发布商品

店铺基本设置与装修完成后,卖家即可开始发布商品,准备开张了。发布商品的前期准备包括准备图文资料、设置商品属性等工作,本节将详细介绍发布商品准备开张方面的知识。

3.1.1 准备图文资料

在淘宝店铺发布宝贝之前,需要准备好商品的相关资料,包括图片和文字内容。

1. 图片资料

商品图片最好保存为 JPG 格式,建议将图片宽度控制在 750px,因为淘宝店铺的详情页面上正常情况下可以显示 750px,全屏显示情况下可以显示 950px,并且一般采用左右双栏的显示方式。另外将商品的图片按照分类,各自建立文件夹存放,方便发布宝贝时使用。

2. 文字内容

商品的文字内容包括商品的名称、介绍、价格等,可以将这些内容制成电子文档形式,方便查看和修改,在发布商品时直接复制这些文字内容即可,方便实用。

3.1.2 发布并设置类别

商品图文资料准备完成后,可以进行商品发布了。下面介绍发布并设置商品类别的操作方法。

Step 01 登录淘宝并进入"卖家中心"页面,在"宝贝管理"区域,单击"发布宝贝"链接,如图 3-1 所示。

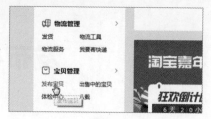

图 3-1

`Step 02` 跳转到商品发布界面,选择要发布的商品类别,单击下方的"下一步,发布商品"按钮,这样即可完成发布并设置类别的操作,如图 3-2 所示。

图 3-2

3.1.3 设置商品属性

设置好商品的发布类别后,会进入要发布的宝贝基本信息页面。在这里需要设置好商品的属性,一定不要填错商品属性,否则会引起宝贝下架的风险,如图 3-3 所示。

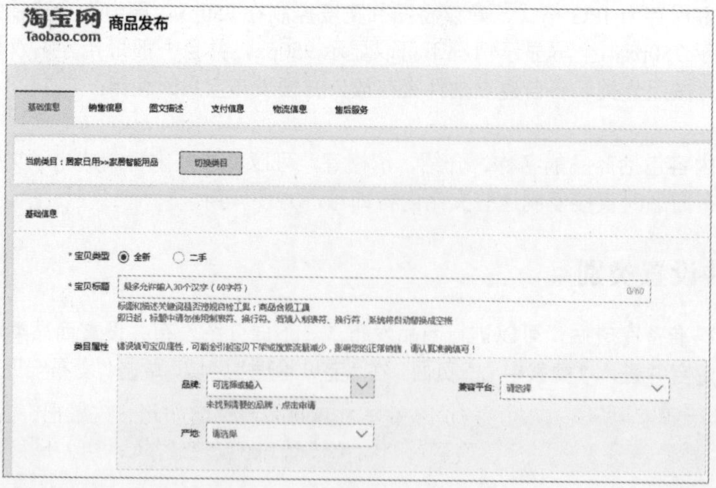

图 3-3

3.1.4 填写商品标题

网上店铺的流量，大部分都来自搜索流量，既然是搜索，那么商品标题的匹配度非常重要，因此一个好的商品标题会带来更多的流量。在淘宝店铺中，填写宝贝标题要注意以下几点：

- 宝贝标题限定在 30 个汉字（60 个字符）以内否则会影响发布。例如，游戏币类目，目前可支持输入 60 个汉字。
- 标题要尽量简单直接，还能突出卖点。要让买家即使瞄一眼，也能晓得商品的特点，知道它是件什么商品。
- 对于某些特定商品，要在宝贝标题中尽可能体现其与众不同的特点。
- 实时掌握热门的关键词语、流行词语，与宝贝标题结合起来，效果会更好。

在"基础信息"区域，可以填写宝贝的标题及卖点内容，如图 3-4 所示。

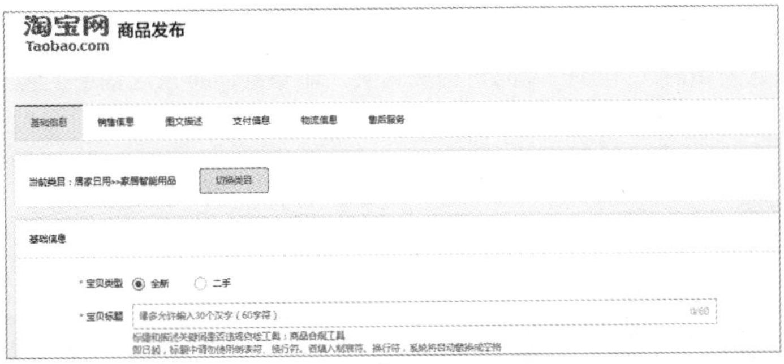

图 3-4

3.1.5 制定商品价格

商品价格如何，直接影响商品的销量。那么作为一个新手卖家应该多了解一些商品定价技巧和策略，下面介绍制定商品价格方面的知识。

1. 尾数定价

许多买家都喜欢一个吉利的数字，因此可以把宝贝的价格定位接近整数的吉利数字。尾数定价能够让买家产生"少一元低一挡"的心理暗示，会让买家感觉到即便宜实惠又吉利满意，从而起到增加销量的作用。这种方式适合单位价格比较高或买家对价格比较敏感的商品。如 1000 元的商品，定价为 999 或者 998 元，把商品的价格由上千元变成几百元，100 元的商品定价 99.8 元或者 98.8 元，价格由上百元变成几十元，如图 3-5 所示。

图 3-5

2. 整数定价

整数定价会给买家大气的感觉，把价格带尾数的商品通过增加商品数量把价格凑成整数。这种方式适合商家价格较低或买家更注重质量而对价格不敏感的消费群体。如 1 斤茶叶 33 元，定价为 60 元 2 斤，如图 3-6 所示。

图 3-6

3. "元+角分"价格法

大部分淘宝店主在制定商品价格时,只会标注到元,没有考虑过角和分的作用,如果将价格的角和分都标记上了,那么买家按价格排序的时候,所售宝贝就很容易让买家关注到。最重要的一点是,在淘宝系统中,会认为带有元角分的商品价格更真实,能够帮助卖家店铺中的宝贝在默认排序上加分,如图 3-7 所示。

图 3-7

3.1.6 设置商品规格

商品的标题、属性、价格都设置好后,还需要设置商品的规格,如颜色、尺码、数量等。不同类目的商品,商品规格的设置也不相同,如服装类的规格设置,如图 3-8 所示。

图 3-8

3.1.7 上传主图、视频和详情页

在淘宝上开店时,要上传宝贝的主图、视频和详情页。宝贝主图指的是宝贝最前面的那 5 张小图,

视频是在主图之前播放的一段介绍宝贝的视频,详情页指的是宝贝详情里面的说明图,如图3-9所示。

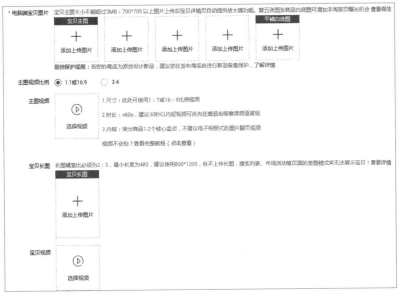

图 3-9

3.1.8 设置物流信息

网店交易的商品,都是通过物流邮寄到买家手里的,可以使用平邮、快递或EMS,运费模板就是为一批商品设置同一个运费。下面介绍设置物流信息的操作方法。

Step 01 在"物流信息"区域单击"新建运费模板"按钮,如图3-10所示。

Step 02 进入"运费模板设置"页面,单击"新增运费模板"按钮,如图3-11所示。

图 3-10

图 3-11

Step 03 设置新模板,单击"保存并返回"按钮,如图3-12所示。

Step 04 在"运费模板"下拉列表中选择刚刚创建的模板,即可完成设置物流信息的操作,如图3-13所示。

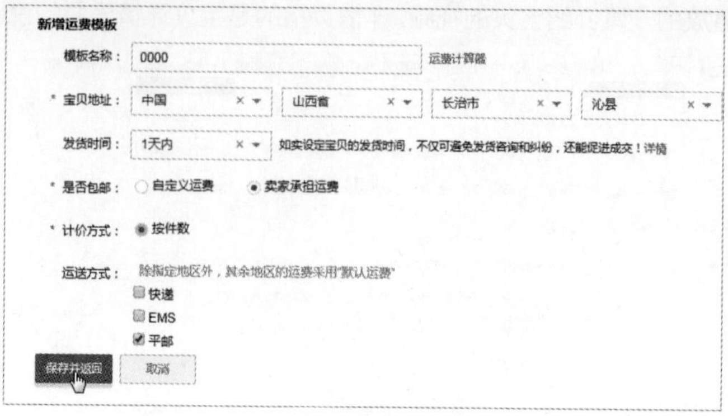

图 3-12

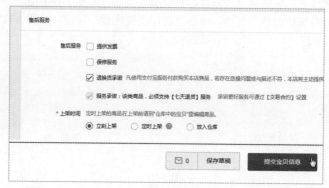

图 3-13

3.1.9 成功发布商品

在商品的属性、标题、价格、规格、图片和物流信息都设置完成后,卖家还需将售后保障信息和其他信息进行设置,然后单击"提交宝贝信息"按钮,才可以发布商品,如图 3-14 和图 3-15 所示。

图 3-14

图 3-15

3.1.10 以拍卖方式发布

拍卖是卖家在拍卖网站上缴纳一定保证金,取得拍卖资质后,卖家设置最低起价,买家缴纳拍卖保证金后，进行加价竞拍的一种销售模式，最后价格最高者获得购买权利，买家需要在规定时间内补足差额款项。

消保保证金只需缴纳一次，若店铺中销售的产品覆盖多个类目，那么消保保证金不需要分别缴纳。例如，卖家 A 既销售玩具又销售童装，那么保证金只要缴纳 1000 元。

发布需要缴纳保证金的类目宝贝时，如果没有提交消保保证金只能发布"二手"或"闲置"商品，必须提交消保保证金才可以发布全新商品。

在缴纳消保保证金后，在"卖家中心"页面，单击"宝贝管理"区域中的"发布宝贝"链接，跳转至"发布宝贝"页面，选择"拍卖"选项卡，然后设置拍卖宝贝的详细信息，再进行发布即可。

3.2 使用《千牛工作台》与买家交流

交流与沟通是促进交易成功的前提，买卖双方在很多情况下都需要互相交流，如当买家拍下宝贝并未付款时、买家申请退款和取消订单时，或买家所提供信息不完整时，只有及时了解买家的实际需求，才能更快地促成交易。《千牛工作台》是淘宝卖家与买家进行沟通的主要工具，可以在同一个窗口中并列显示多个买家聊天窗口，快速地与不同的买家交流。

3.2.1 了解和设置《千牛工作台》

在使用《千牛工作台》之前，首先要下载和安装该软件。《千牛工作台》有 PC 端和移动端两种模式，选择需要的模式下载安装即可。安装完成后，通过淘宝账号和密码即可登录《千牛工作台》。登录《千牛工作台》时将默认打开工作台首页，当然用户也可根据需要打开其他页面。为了更好地进行操作，用户还可以对《千牛工作台》进行一些基本设置。

1. 《千牛工作台》简介

《千牛工作台》主要包括 4 个板块，分别是接待中心、消息中心、工作台和搜索，如图 3-16 所示。下面简单地对每个板块的作用进行介绍。

图 3-16

接待中心：接待中心的功能类似于阿里旺旺，即通过这个板块可以接收和查看买家消息，并与买家进行沟通交流。此外，还可以查看订单消息、商品信息以及管理交易中的商品等，如图 3-17 所示。

图 3-17

消息中心：消息中心是一个用于查看和阅读系统消息和服务号消息的板块，在该板块中卖家可以查阅商品消息、卖家成长攻略、营销活动通知等信息，还可以查看《千牛》和淘宝官方发布的一些新闻资讯，如图3-18所示。

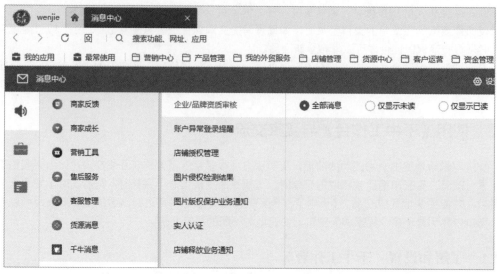

图 3-18

工作台：这是《千牛工作台》的重要板块，通过该板块可以查看店铺的访客、订单数、交易数、待付款、待发货等重要信息，还可以对商品发布、员工、物流等进行管理。工作台中的"生意参谋"是一款用于分析店铺数据的非常实用的应用，可以对店铺核心指标、流量等重要数据进行分析，如图3-19所示。

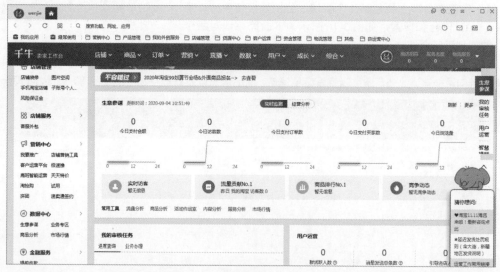

图 3-19

搜索：搜索主要用于插件的搜索，在文本框中输入相关插件，在打开的下拉列表中即可显示相关插件的名称。

2.《千牛工作台》的系统设置

《千牛工作台》的系统设置主要包括基础设置、接待设置等内容。在计算机通知栏系统通知区域的《千牛》图标上右击，在弹出的快捷菜单中选择"系统设置"命令，打开"系统设置"对话框，在其中即可进行相关设置，如图3-20所示。

图 3-20

3.2.2 联系人管理

联系人管理是网店客户管理中十分重要的一环,完善的联系人管理可以为店铺发展更多的忠实客户和老客户,提高店铺的回购率。当联系人数量较多时,也需对其进行分类管理,便于区分。

1. 查找和添加联系人

对于经常在店铺中浏览或购买商品的顾客,可以将其添加为好友,主动与其进行沟通,将其发展为长期顾客。下面介绍使用《千牛工作台》查找并添加好友的方法,其具体操作如下。

Step 01 登录《千牛工作台》,单击 按钮打开接待中心界面,在左上方的搜索文本框中输入淘宝账号名称,单击名称右侧的"添加"按钮,如图 3-21 所示。

Step 02 弹出"添加好友成功"对话框,单击"完成"按钮,如图 3-22 所示。

Step 03 完成查找和添加联系人的操作,如图 3-23 所示。

图 3-21

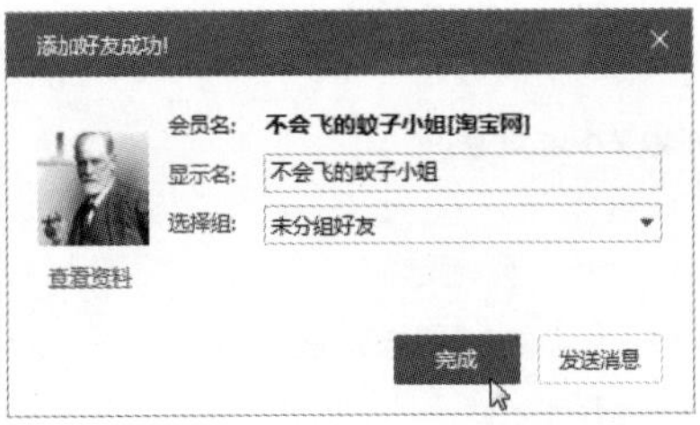

图 3-22

图 3-23

2. 联系人管理

当好友数量较多时,建议对好友进行管理,将联系人分别放置于不同分组中,以便更好地进行区分、查看和管理。

Step 01 右击好友名称,在弹出的快捷菜单中选择"移动好友"菜单项,如图 3-24 所示。

Step 02 弹出"选择组"对话框,单击"添加组"按钮,如图 3-25 所示。

Step 03 新建了一个名为"新建组"的组,选中该组,单击"确定"按钮,如图 3-26 所示。

Step 04 可以看到好友已经移至"新建组"组中,如图 3-27 所示。

图 3-24

图 3-25

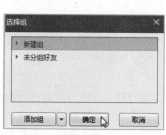
图 3-26

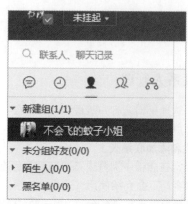
图 3-27

3.2.3 与买家进行交流

《千牛工作台》是卖家与买家进行沟通的主要平台,提供了同时与多个买家进行聊天的功能。在《千牛工作台》上还可以实时查看当前聊天对象的信息,包括买家信息、商品信息和订单信息等。

卖家与买家主要通过聊天窗口进行交流。在《千牛工作台》的接待中心界面中单击好友名称,打开与该好友的聊天界面,使用输入法输入内容即可,如图 3-28 所示。

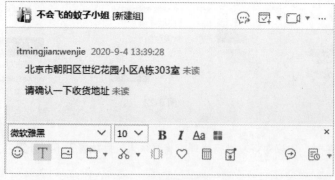
图 3-28

单击聊天框下方的 T 按钮,在打开的"字体"下拉列表中设置聊天字体;在"字号"下拉列表中设置字号,也可根据需要分别为文字添加加粗、倾斜、下画线效果;单击"颜色"按钮,在打开的下拉列表中选择文字的颜色,设置完成后再次单击 T 按钮,隐藏字体格式设置栏。

3.3 商品交易管理

《千牛工作台》是一个非常实用的淘宝店铺管理工具，通过它可以直接对淘宝店铺的商品上下架、商品信息修改、订单发货、退款管理、关闭交易、评价买家等交易相关内容进行管理，而不需要通过浏览器登录淘宝账号进行操作。

3.3.1 商品上下架

商品的上下架可以通过淘宝千牛卖家中心的"出售中的宝贝"页面进行管理，也可以通过《千牛工作台》进行管理。进入"出售中的宝贝"页面，勾选准备下架的商品，单击"立即下架"链接即可将商品下架，如图3-29所示。

图 3-29

下架的宝贝将在"仓库中的宝贝"中找到，进入"仓库中的宝贝"页面，勾选准备上架的商品，单击"立即上架"链接即可将商品上架，如图3-30所示。

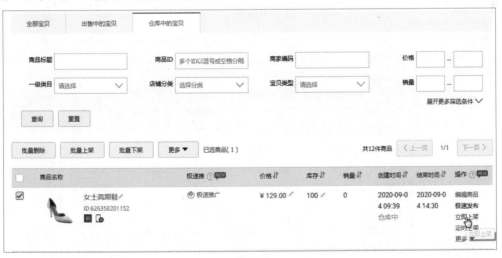

图 3-30

3.3.2 商品信息修改

买家在店铺中浏览商品并提交订单后，卖家可在《千牛》卖家中心中查看订单信息。如果买家与卖家交流后，卖家需要修改订单商品的价格、地址等，也可以通过《千牛工作台》实现。进入"出售中的宝贝"页面，在准备修改信息的商品右侧单击"编辑商品"链接即可进入商品信息编辑页面，如图3-31所示。

图3-31

3.3.3 订单发货

买家完成付款后，如果商品需要邮寄，则需卖家联系快递公司，填写快递单号并完成发货。

Step01 确认买家地址无误后，在《千牛》卖家中心的"交易管理"→"已卖出的宝贝"页面，查看已卖出的宝贝，单击"发货"按钮，如图3-32所示。

图3-32

Step02 打开发货页面，在选择的快递公司后单击"选择"按钮，并输入订单号码，在单击"确认"按钮，即可完成订单发货的操作，如图3-33所示。

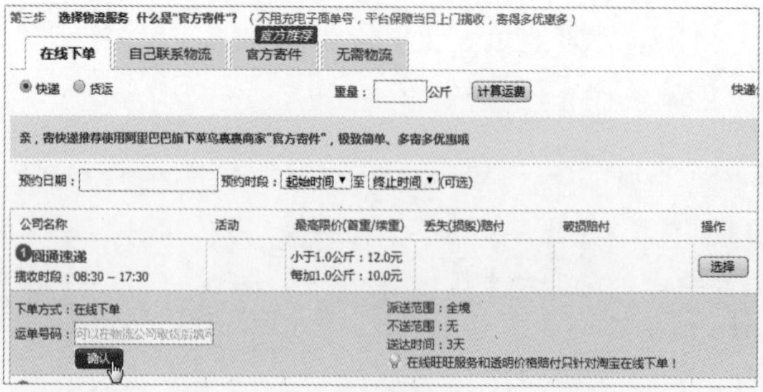

图3-33

3.3.4 退款处理

在商品交易的过程中，当买家不需要已购买的商品，或由于某种原因申请退货或者退款时，一般会向卖家提出退款申请，买卖双方协商一致即可进行退款操作。

Step 01 在《千牛》卖家中心的"客户服务"→"退款管理"页面，查看买家申请退款的商品，单击"退款待处理"链接，如图3-34所示。

Step 02 进入"退款待处理"页面，单击"同意退款"按钮，如图3-35所示。

Step 03 进入退款成功界面，如图3-36所示。

图 3-34

图 3-35

图 3-36

3.4 用《千牛工作台》管理店铺数据

通过《千牛工作台》的接待中心，卖家可以与买家交流，以及进行交易和商品管理。通过工作台，卖家还可以查看和分析店铺的销售数据，实时了解店铺的流量、访客等数据。

3.4.1 工作台的功能

工作台是《千牛》中非常重要的一个板块，主要包括常用网址导航、聚星台、生意参谋、服务市场、发布商品、员工管理、官方买家秀、智选物流等功能。

常用网址导航：常用网址导航中罗列了淘宝卖家会经常使用的一些网址导航，通过该导航可以快速打开所需页面。

聚星台：聚星台包括运营概况、客户管理、运营计划、营销工具 4 项功能，在其中卖家不仅可以查看店铺运营的访客调试率、访客转化率等数据，还可以对客户关系、运营计划、营销活动等进行管理。

生意参谋：生意参谋是一款十分常用的店铺数据获取工具，卖家通过它可以查看和分析包括访客数、支付买家数、支付金额、热销商品排行、实时 PC 来源、实时无线来源等在内的主要数据，还可以对浏览量、支付金额、转化率、服务态度等核心数据进行查看和分析。

服务市场：服务市场中列举了店铺装修、商品摄影、商品管理、促销管理、客服外包、店铺分析、代运营等服务功能，卖家可以根据需要进行选择。

3.4.2 查看店铺数据

使用生意参谋查看店铺数据，有利于卖家实时掌握店铺销售情况，并根据数据分析结果做出相应的决策，如图 3-37 所示。

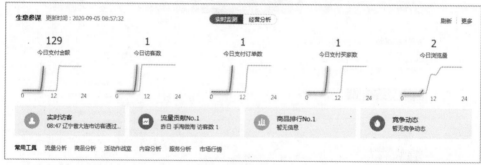

图 3-37

3.5 开店经验与技巧

本章主要介绍了发布商品、使用《千牛工作台》与买家交流、商品交易管理以及使用《千牛工作台》管理店铺数据等方面的知识，本节将重点介绍与买家完成交易的开店秘籍。

3.5.1 不同的顾客心理

在淘宝购物的过程中，卖家一般会遇到各种各样的顾客，将这些顾客的心理归纳总结，可分为以下三类。

1. 初次尝试购物的顾客群体

卖家常常会遇到没有购买过此类产品的顾客，但是这类顾客的确又有所需求，这种情况下，从营销售前角度来讲，就需要将产品的整体情况对客户进行详细介绍。在沟通的过程中，了解客户的需求，通过了解客户需求，如果客户选择的产品不合适，可以推荐给客户更合适的产品。同时，卖家要对自己的售前、产品细节、产品优点、缺点及售后服务进行详细的介绍。这样才能吸引顾客最终达成交易意向。

2. 资深客户

有些资深客户已经非常熟悉淘宝的购物流程，对淘宝的规则也比较熟悉，当然也会经过筛选才会选择卖家的店铺。所以在与资深客户沟通的过程中，卖家就可以针对某一产品，谈些更深层次的东西，比如设计理念等信息，吸引这类顾客对自己店铺的商品感兴趣。同时，因为这类资深客户自己的判断力都很高，所以基本只要卖家把关自身的产品质量，就没有什么售后问题。

3. 随便逛逛的一般客户

随便逛逛的这类客户中新买家不多，多数都是有网购经验的买家。所以卖家在售前沟通时一定要有耐心，因为这类客户对产品的好奇心很旺盛，所以卖家在沟通的时候要注意观察买家的好奇点在哪里，尽可能介绍跟这个好奇点相关的产品，这样这类买家就很容易心动，也就容易卖出商品了。

3.5.2 与买家交流的禁忌

在淘宝网中，与客户交流主要就是通过电话或是阿里旺旺等即时聊天工具。由于不能面对面，因此交流是相当重要的，在沟通的过程中，卖家应注意以下几点禁忌。

1. 忌争辩

卖家在与买家沟通时，首先要理解买家对商品有不同的认识和见解，容许买家发表不同的意见。如果卖家刻意地去和买家发生激烈的争论，即使卖家占了上风，把买家驳得哑口无言，那样只会失去了买家，丢掉了生意。

2. 忌质问

卖家与买家沟通时，要理解并尊重买家的需求，要知道人各有所需，买家购买商品，说明他需要认可此类商品，切不可采取质问的方式与买家谈话。质问的语气，是卖家不懂礼貌的表现，是不尊重人的反映，是最伤害买家的感情和自尊心的。

3. 忌命令

卖家在与买家交谈时，态度要和蔼一点，语气要柔和一点，要采取征询、协商或者请教的口气与买家交流，切不可采取命令和批示的口吻与人交谈。

4. 忌炫耀

与买家沟通谈到商品及店铺时，卖家要实事求是地介绍自己的商品和店铺，稍加赞美即可，万万不可自吹自擂地炫耀自己的商品。这样容易造成买家的反感，从而导致大量买家群体的流失。

5. 忌直白

卖家要掌握与买家沟通的艺术，在与买家沟通时，如果发现对方在认知上有不妥的地方，也不要直截了当地指出，要把握谈话的技巧，委婉地提出自己的意见。

6. 忌独白

与买家聊天，就是与买家沟通思想的过程，这种沟通是双向的。不但卖家要说，同时也要鼓励买家讲话。通过买家的说话内容，卖家可以了解顾客的个人基本需求。卖家切忌自顾自地讲话，不顾买家的言谈。

7. 忌冷谈

与买家谈话，态度一定要热情，语言一定要真诚，言谈举止都要流露出真情实感，要热情奔放、情真意切、话贵情真。在谈话中，冷谈必然带来冷场，冷场必定带来生意泡汤，所以在交谈过程中，要忌讳冷谈。

3.5.3 如何有技巧地向买家推荐商品

淘宝卖家虽然只是在网上接待客户，但还要学会售前揣摩客户心理和售后维护等知识。作为一名淘宝卖家，最基本的素质就是懂得销售商品的技巧，其中，最重要的一点，就是懂得如何向买家推荐商品。

在买家了解了商品的基本信息后，针对不同的买家，卖家必须把握住不同的重点。有的买家注重宝贝的细节，卖家则要主动地发细节图给买家，尤其是服装类的商品，这对买家有很好的吸引力和说服力。

对进店的每一个买家，卖家要积极向他们介绍店铺的主打商品。如果店铺正在进行促销活动或者聚划算等优惠活动，卖家完全可以向买家介绍购买主打商品的优惠，以此来吸引买家。如果买家有明确的购买目标，那么卖家应该快速回答相关信息。

卖家要站在买家的角度思考问题。如果买家不是很满意商品，卖家这时候要仔细揣摩买家的心理，看买家是不满意价格、质量还是款式。如果买家觉得价格偏高，那卖家这时候就应该向买家介绍价格相对低，但是性价比不错的宝贝；如果买家对宝贝的品质不是很满意，卖家可以推荐一些质量、价格适中的宝贝，卖家可以找几个不同价格的宝贝链接，介绍每一款的特点，让买家自己去选择。

向买家介绍宝贝时，卖家一定要有耐心。对于那些仅有购买意向，而没有明确购买目标的买家，卖家要主动了解他们的需求，针对他们的意向提供指导性的建议。对于一些新手买家，卖家更要对他们进行指导，帮助他们解决购物中出现的难题。

除此之外，一个优秀的淘宝卖家还要学会把握老顾客的消费习惯，对新顾客要主动了解他们的需求。当然售后服务也必须注意，做到贴心服务，给买家留下良好的印象。

3.5.4　如何消除买家在价格方面的顾虑

对网上购物影响最大的因素之一就是商品的价格。买家往往对商品价格进行细心的对比之后，才会确定选择某个卖家的商品。

对于如何消除买家在价格方面的顾虑，有两点需要要说明。

首先，顾客对于低价商品的质疑：买家在选择商品时，往往会从商品列表中选择价格较低的商品，但是选择并不等于购买。对于同类商品中价格较低的卖家，买家在选择后往往会由于价格过低而对商品质量存在疑问，经常会对卖家提问题。这时卖家就需要根据具体情况来给买家一个可信的答复。

其次，遇到砍价的顾客：绝大多数买家在购买商品时，都会和卖家砍价，这是很正常的。对于砍价的买家，卖家只有两种选择：一是适当降低商品利润，促使买家下单；二是不在价格上让步，但在交流过程中可以围绕商品质量、保障以及售后服务等给予买家更好的承诺。

3.5.5　如何消除买家在质量方面的顾虑

在网购中，由于买家看不到商品实物，最大的疑虑就是商品质量是否有保证，这也是买家与卖家交流时提出问题最多的地方。根据不同类型的商品，买家关于质量方面存在不同的疑问。针对买家的这类疑问，除了商品本身的质量外，卖家可以从商品品牌、销售业绩及针对商品所提供的保障服务等几个方面入手，来逐步取得买家的信任。

3.5.6　如何消除买家在售后方面的顾虑

对于一些特定的商品，是否具备售后服务是非常重要的。购买这类商品的买家在选择商品时，也会注重卖家所提供的售后服务。在与买家交流售后服务的话题时，卖家必须实事求是、直观准确地告知买家所能提供的售后内容。

3.5.7　使用推荐物流的好处

只有通过淘宝网，并且在网上点击在线发送订单，才称为推荐物流。目前与淘宝合作的物流公司有：邮政速递服务公司、申通E物流、圆通速递、中通速递、天天快递、宅急送、韵达快递、风火天地（上海同城）等，其中邮政同时提供网上EMS和E邮宝两种服务产品。

在淘宝网中，使用推荐物流，有如下几个好处：

- 网上直连物流公司，不用打电话也可联系物流公司。真正地实现全部网上操作。
- 价格更优惠，用户可以使用协议最低价和物流公司进行结算。

- 赔付条件更优惠，淘宝与物流公司协议了非常优惠的赔付条款。
- 赔付处理更及时，淘宝会监控并督促物流公司对于投诉和索赔的处理。
- 订单跟踪更便捷，使用推荐物流网上下单，用户的物品跟踪信息链接会放在用户的物流订单详情页面，卖家和买家都可以方便地查看。
- 可享受批量发货功能：用户可以一次性将多条物流订单发送给物流公司，使用户下单更便捷。
- 可享受批量确认的功能：使用推荐物流发货的交易，用户可以一次性确认多笔交易为"卖家已发货"状态。
- 可享受旺旺在线客服的尊贵服务：物流公司在线客服，及时回复用户的咨询，解答用户的疑惑。
- 日发货量超万单，实施特别的定制服务。

3.5.8 店铺评分与信用评价的区别

店铺评分与信用评价虽然看起来貌似是差不多的意思，但是深读淘宝规则，会发现其实有很多不一样。下面介绍店铺评分与信用评价的区别。

- 买家可以针对订单中每项买到的宝贝进行好、中、差三类评价；同样，卖家也可以针对订单中每项卖出的宝贝给买家进行好、中、差三类评价。这些评价统称为信用评价。
- 店铺评分：仅买家对卖家打分，只展示近6个月的算术平均分，每笔订单评分一次，匿名评分。
- 店铺评分由买家对卖家作出，包括宝贝与描述相符、卖家服务态度、卖家发货速度、物流公司服务4项。每项店铺评分取连续6个月内所有买家给予评分的算术平均值。买家若完成对淘宝商城卖家店铺评分中宝贝与描述相符一项的评分，则其信用积分增加一分。
- 店铺评价：评价分为"好评""中评""差评"三类，每种评价对应一个积分。评价积分的计算方法，具体为："好评"加一分，"中评"零分，"差评"扣一分。信用度对会员的评价积分进行累积，并在淘宝网页上进行评价积分显示。
- 如果买家在交易成功的15天内未评分，则无分值，无默认分；如果买家对卖家进行店铺评分时，只对其中几项指标做出评分后，就确认提交了，则视为完成店铺评分，无法再次修改和评分，剩余未评的指标视作放弃评分。
- 如果买家在交易过程中要求全部退款，且交易买方选择未收到货或要退货，则在退款完成后，此交易视为取消，不发生评分则无分值。
- 淘宝店铺评分和信用评价是并存的，虽然两者的体现内容不一样，但都是为买家提供更多维度的参考价值。

3.6 案例分享——夫妻辞职开网店创传奇

在广州一幢简陋的楼房里，数十名员工正在马不停蹄地包装、填单，将产品寄往全国各地的买家手中。这家男装企业叫豪门。在这家服装企业里，一个月就销出五六百万元的男装，更让人称奇的是，这样的销量，竟是全靠淘宝网零售所得。

网上零成本创业

豪门男装的老板名叫李浩，他出身金融科班，在投身服装行业之前，也算高薪一族，服务于一家金融机构，年薪不少于几十万。

两年前，李浩对服装生意基本是一窍不通，而现在，他却能够从一大堆成品中，熟练地挑出有瑕疵的服装。这一切还要归功于他背后的女人——老婆孟菲。当初从金融业介入服装行业，也是受到他"贤内助"孟菲的推动。

与李浩不同的是，出身服装设计的孟菲，一直有做品牌服装的梦想，于是，在一些品牌服装公司就职累计经验之后，孟菲便开始了自己的创业之路。

当时，精于产品设计的孟菲，对市场销售这方面却是一窍不通。在完全缺乏客户的背景下，夫妻俩开始到猫扑、新浪等知名论坛上去发帖，把自己设计的服装放到网上展示。

孟菲的第一单生意来自一名日本客户，在前期缺乏创业成本的情况下，他们采取了先付款后交货的形式，赚到了几千元。

总结创业初期的经历，李浩说，大概可以分为两个阶段。第一个阶段是先下单后生产，第二个阶段则是从市场上拿货，做品牌代理。

2010年年底，揣着第一单赚来的这微薄的几千元，他们建立了一个网站，前两个月，网站带来的盈利，也仅有数千元，后来，因为不谙网络的运作，独立网站在建立数月就关闭。

2011年，夫妻俩注册了自己的服装品牌，名叫豪门。运作一年后，销售额达到了3万元。

进驻天猫商城实现蜕变

不过，实现真正的蜕变却是从2014年才开始的。2012年8月，天猫商城已经不断发展壮大。当时，李浩也正好结识一个网商，得知这个网商先批发服装，然后到淘宝上卖，一个月销售额就达到20万～70万元，这让李浩觉得淘宝的用户群潜力很大。于是，在经过一番考虑之后，豪门男装便进驻到天猫商城。

当时，网上购物才刚刚盛行，李浩和妻子将目标客户定位在20岁出头的时尚男性，定价在200元以下。

随着网络市场环境的变化，豪门男装逐渐调整自己的市场定位。现在，豪门男装的定位是25～40岁有一定生活品位，注重服装性价比的白领男性。既然将目标锁定在这类顾客身上，就要接受这类人群挑剔眼光的挑战。所以在产品质量上，李浩一直追求精益求精，希望给更多客户以更好的购物体验。

进驻天猫商城以后，由于网络销售渠道带来的精准购买群，为豪门男装带来了翻天覆地的变化。李浩说，现在，几乎每半年也搬一次地方，2019年过来时1 000平方米，现在已经扩展到5 000平方米，一年之内厂房面积就翻了5倍。5 000平方米的厂房，只能满足三成产品的生产，大量的产品都外发到其他加工厂，甚至代工工厂的数量，就达到了20多家。

2020年，豪门的月销售额达到了五六百万元，一年下来，销售额达到5000多万元。更让人咋舌的是，一年5000多万元的销售额，全部都是在网络上实现的，这样的业绩，与传统销售渠道的众多服装企业相比，有过之而无不及。

淘宝创业经

总结李浩夫妻俩的创业经验，李浩总结归纳如下几点：

首先，网络的零成本创业，给了普通人创业的条件。早前，李浩曾尝试过开设实体店。但后来发觉实体店会丧失价格优势。李浩分析说，实体店的租金成本太高，对于起步于网络的品牌压力很大。以李浩家乡的知名商场为例，一件500元的衣服中有30%～40%是商场的佣金，有10%～20%是代理商的差价，还有库存成本、销售员工资和提成，真正到衣服上的成本不过50～100元。

可以说，这些在实体店省掉的成本，就是网店经营的价格优势，同时又保留了适当的利润空间。

其次，网络的反应较传统渠道快速。一个款式卖得快，便可迅速作为爆款卖。另外，买家的评价天天都可以看到，可以及时根据买家的需求调整市场策略。

最后，质量的把关和良好服务，避免过度营销。

豪门男装将每件产品都用纸盒包装起来，让产品看起来和实体店买到的一样高档。

作为网店，买家的评价几乎是生存的关键，所以豪门男装有个规定，公司客户同时是销售人员，但考核的重点在客服方面，比如退款率等作为指标。客服每天无论多忙都要浏览买家的评价。

针对买家制定一条全面妥协原则，授予客服有充分的权力，对于特别难沟通的客户，客服可以不经过老板同意而为买家做金额较大的赔偿处理。

如今，李浩夫妻档经营的豪门男装，正在走向更大的成功，相信不久的将来，他们的业绩会更加辉煌！

第 4 章
拍摄商品照片

本章要点

- 拍摄商品照片的基础知识
- 在室内拍摄商品
- 在户外拍摄商品
- 商品图片的标准与处理
- 开店经验与技巧
- 案例分享

本章主要内容

本章主要介绍拍摄商品照片的基础知识、在室内拍摄商品、在户外拍摄商品、商品图片的标准与处理和开店经验与技巧方面的知识,在本章的最后还针对实际的工作需求,介绍了淘宝开店的成功案例。通过本章的学习,读者可以掌握拍摄商品照片方面的知识,为深入学习淘宝精准运营、策略营销与客户服务奠定基础。

4.1 拍摄商品照片的基础知识

为了使拍摄的图片更加美观,用户需要在拍摄照片前做些准备工作,如选购适宜的摄影器材、了解摄影常用术语以及照片拍摄方法等方面的知识,只有掌握这些知识,才能更好地将产品展示得美观大方。下面介绍拍摄照片前的准备工作。

4.1.1 选购适宜的摄影器材

望着琳琅满目的数码相机,很多人的感觉可能是想买而又无从下手。选购相机首先要考虑自己的使用目的,对于相机本身,除了需要考虑影像质量和分辨率、总体性能特点、影像存储量,当然还有价格。下面介绍数码相机的选购技巧。

1. 数码相机的镜头

设计优良的高档相机镜头由多组镜片构成,并含有非球面镜片,可以显著地减少色偏和最大限度抑制图形畸变、失真,材质选用价格昂贵的萤石或玻璃来做镜片。而家用和半专业相机的镜头为减轻重量和降低成本,采用的是树脂合成的镜片。

2. 数码相机 CCD 的像素值

CCD 是数码相机的心脏,也是影响数码相机制造成本的主要因素之一。因而也成为划分数码相机档次的一个重要标准。目前,入门级的是 130 万~210 万像素级产品,而商用及半专业用户则倾向于 300 万像素以上的产品。

3. 数码相机的变焦

光学变焦是实打实的变焦,不会影响照片的成像质量;而数字变焦是电子变焦,是以损失照片清晰度为代价的局部放大。

4. 数码相机的电池及耗电量

数码相机因带有 LCD 显示屏及内置闪光灯,因而电池消耗量比传统相机大。使用 5 号电池价格便宜,随时随地可以买到,但照不了多久电池就没电了。因此,最好选择配备可充电锂电池的机型,目前主流数码产品皆已设计为锂电池,同时提供齐全的充电设备作为配件。

5. 附加功能

功能越多,意味着使用数码相机的乐趣更多、用途更广。例如,许多数码相机有视频输出功能,可以接到电视机上浏览照片;有的可以像手机一样自行设置开机图片和快门声音;有的可以有短时的数码录像功能。数码相机的驱动程序安装简便,并能够快速下载图片,拥有照片预览功能等。例如,佳能数码相机附带的软件功能就十分完善,可以分类管理图片,打印时的设置更是多种多样,还可以简单修改图片等。

6. 售后服务

确定数码相机机型时,如有两款数码相机规格完全相同,则应优先选择专业相机厂家的产品,不但售后服务更有保障,而且可以保证镜头有更高的品质。

在国内,目前数码相机主要由各经销商负责维修,多数大的厂商在全国一些中心城市都设有维修中心,负责解决经销商无法解决的相机故障问题。选购时不要买没有保修的产品。

4.1.2 摄影常用术语介绍

刚刚开始学摄影总是特别急切地想拍出漂亮的照片。不用着急,想要拍出好看的图片,一定要了解下面这些基本的摄影术语。掌握这些基本概念后,就向专业迈进了一步!

1. 光圈

光圈是照相机上用来控制镜头孔径大小的部件,它通常位于镜头的中央,呈环形,拍摄者可以根据需要控制圆孔的开口大小。光圈的作用在于控制镜头的进光量,光圈大小常用 f 值表示。当需要大量的光线进行曝光时,就开大光圈的圆孔,让大量光线进入。而当仅需少量的光线进行曝光时,就缩小光圈的圆孔,让少量的光线进入。常见的光圈值有 f/1.0、f/1.4、f/2、f/2.8、f/4、f/5.6、f/8、f/11、f/16、f/22、f/32、f/44、f/64。图 4-1 所示为不同数值的光圈与孔径大小的关系。

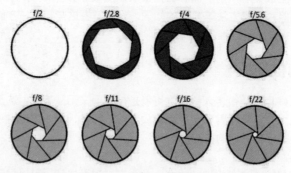

图 4-1

在快门不变的情况下,f 的数值越大,光圈越小,进光量越少,曝光越低;f 的数值越小,光圈越大,进光量越多,曝光越高。白天在户外或在光线充足的环境下,尽量使用小光圈进行拍摄;在夜晚或光线不足的环境中进行拍摄,以及拍摄人像或特写时,应尽量使用大光圈,扩大进光量。在拍摄小商品时,更需通过小光圈来展示商品的细节。

2. 快门

快门是相机用来控制感光片曝光时间的装置,快门速度的单位是"秒",一般用 s 表示。数码单反相机常见的快门速度范围是 30s～1/8 000s,即 30s、15s、8s、4s、2s、1s、1/2s、1/4s、1/8s、1/15s、1/30s、1/60s、1/125s、1/250s、1/500s、1/1 000s、1/2 000s、1/4 000s、1/8 000s。相邻两挡快门速度的曝光量相差一倍。

快门的主要功能是控制相机的曝光时间，数值越小，曝光时间越短，相机的进光量就越少，反之则越多。在光线较差的环境下进行拍摄时，使用低速快门可增加曝光量，但最好使用三脚架进行稳定，防止快门速度较低时可能会引起的相机抖动。在拍摄移动速度快的对象时，使用较快的快门速度可对移动瞬间进行抓拍，而使用较慢的快门速度则会拍出具有动感的画面。

3. 感光度

感光度（ISO）是指感光元件对光线反映的明暗程度，常用 ISO 表示。ISO 数值越小，感光度就越低；ISO 数值越大，感光度则越高。感光度可以根据拍摄环境的光线进行设置。

在光源充足的情况下，如阳光明媚的户外，可将感光度 ISO 数值设置为 100 左右；在户外阴天的环境下，最好将感光度 ISO 数值设置为 200 ～ 400；在室内有辅助灯的环境下，建议使用 100 ～ 200 的感光度。

4. 景深

在聚焦完成后，焦点前后的范围内所呈现的清晰图像的距离，这一前一后的范围，便是景深。在镜头前方（焦点的前、后）有一段一定长度的空间，当被摄物体位于这段空间内时，其在底片上的成像恰位于同一个弥散圆之间。被摄体所在的这段空间的长度，就叫景深。换言之，在这段空间内的被摄体，其呈现在底片面的影像模糊度，都在容许弥散圆的限定范围内，这段空间的长度就是景深。

景深（DOF）是指在摄影机镜头或其他成像器前沿能够取得清晰图像的成像所测定的被摄物体前后距离范围。光圈、镜头、聚焦平面到拍摄物的距离是影响景深的重要因素。光圈越大（光圈值 f 越小），景深越浅，光圈越小（光圈值 f 越大），景深越深；镜头焦距越长，景深越浅，反之景深越深；主体越近，景深越浅，主体越远，景深越深。

5. 景别

景别是指由于摄影机与被摄体的距离不同，而造成被摄体在摄影机录像器中所呈现出的范围大小的区别。景别的划分，一般可分为五种，由近至远分别为特写（指人体肩部以上）、近景（指人体胸部以上）、中景（指人体膝部以上）、全景（人体的全部和周围部分环境）、远景（被摄体所处环境）。

4.1.3 拍摄方法

在拍摄照片时，正确的持机姿势能够保证相机的平稳，防止出现手抖的现象，有助于拍摄出更加清晰的画面。一般来说，可以通过横向或纵向的方式进行拍摄，其具体操作如下。

右手抓住相机机身的右侧部分，右手食指轻放于快门上，左手托住镜头下部，左手手肘靠近身体做稳固支撑。将相机贴紧面部，双臂和双肘轻贴身体，两脚略微分开站立，保持稳定的姿态，图 4-2 所示为相机的横向握法。

右手将相机竖起，食指轻放于快门上。左手从底部托住相机镜头，让相机的重心落于左手上。拍摄时，注意不要挡住镜头，图 4-3 所示为相机的纵向握法。

图 4-2

图 4-3

把相机腕带挂在脖子上，或将腕带缠在右手手臂上，再通过横向或竖向持机的方法握住相机进行拍摄，可以起到一定的防摔和稳定作用。

在相机底部的螺丝孔安装一个快装板，将三脚架稳定地放在地面上，调节到适当的高度，然后将相机固定在三脚架上，这样拍摄时更加平稳，如图4-4所示。

图 4-4

4.2 在室内拍摄商品

美观的图片是网店商品销售的关键，而清晰的原图则是图片美化的基础。对于网店商品而言，要拍摄出优秀的照片，不仅需要一个合适的相机，还需要为商品搭建或选择一个最佳的拍摄环境，人为地创造出场景优势，提升商品图片的质量。

4.2.1 室内摄影

室内摄影是网上商品十分常用的一种摄影方式。为了在室内拍摄出清晰美观的照片，需要同时考虑光影、色彩、角度、摆放、搭配等多个因素。

由于室内空间限制，拍摄者通常需使用广角镜头进行拍摄，因此室内摄影对摄影者的要求较高。在进行室内摄影时，为了布置出适合拍摄的环境，一般需要借助遮光罩、三脚架、静物台、柔光箱、闪光灯、无线引闪器、照明灯、反光板、反光伞、背景纸等辅助工具对光影进行控制。下面主要对室内摄影的一些基本要求进行介绍。

补光和布光：补光是室内拍摄的主要工作之一，室内补光的手段比较多，如闪光灯、照明灯、反光板、反光伞等都可以用于补光。反光板是室内和室外摄影必备的摄影配件之一，主要用于对被摄物在外部光源难以涉及的部分进行光线补偿，使被摄物整体受光均衡。室内摄影主要有顺光、逆光、侧光、顶光和底光之分，摄影者需根据不同的光线变化进行补光。闪光灯能在短时间内发出很强的光线，可用于在光线较暗的场合下瞬间照明，也可用于在光线较亮的场合下给拍摄对象进行局部补光。布光是指通过主光线和辅助光有效地配合应用，营造出有质感的光影效果，完美呈现商品的材质和细节。

室内背景：室内背景主要是指对背景色进行选择，不同的背景色呈现出的拍摄效果也会存在很大的差异。一般来说，室内拍摄背景主要分为单色背景和题材背景。对于单色背景而言，背景色要与被摄物有颜色上的对比，增强被摄物的光感。为了达到良好的拍摄效果也可通过灯光辅助拍摄出明暗、虚实对比明显的图片。此外，背景色的选择最好能与被摄物的风格接近。

相机设置：室内摄影的快门速度一段是1/125s；ISO的感光范围一般设置为低感光度，或者统一ISO值为100；曝光方式设置为M挡手动；光圈则根据摄影灯的闪光系数，以及与被摄物的距离远近来进行调整，光圈范围为f5.6～f11。

镜头：进行室内摄影时，如果没有广角镜头则难以拍摄出全景角度的照片，因此采用标准广角变焦镜头比较合适。

4.2.2 不同角度的光线变化

光线在立体空间中的变化非常丰富,是室内景物造型的主要条件,要拍摄出光影充分、清晰真实的照片,一定要对光线有一个基本的了解。

1. 光位

光位即光线的方向,指光源位置与拍摄方向之间形成的光线照射角度,光线的照射方位不同,所产生的画面效果也不同。根据照射的方向不同,光线大致可分为顺光、逆光、侧光、顶光和底光。

顺光:顺光是指从被摄物体的正前方打光。顺光是最常用的照明光线,光线直线投射,照明均匀,阴影面少,可将商品的色彩和表面细节非常充分、细腻地表现出来,如图4-5所示。但顺光拍摄不易表现出商品的层次与线条结构,缺乏立体感。

逆光:逆光是指从被摄物体后面打光,被摄物体与背景存在着极大的明暗反差,光源会在被摄物体的边缘勾画出明亮的轮廓线,如图4-6所示。在逆光的条件下,被摄物体大部分处在阴影之中,物体表面的细节与纹理不够清晰。

图 4-5

图 4-6

侧光:侧光是指在被摄物体的左侧或右侧打光。侧光会在被摄物上形成明显的受光面、阴影面和投影,画面有强烈的明暗对比,有利于展现被摄物体的空间深度感和立体感,如图4-7所示。在侧光光线下拍摄人像时,会产生半明半暗的效果,此时可考虑使用反光板对暗部进行补光,来减轻脸部的明暗反差。

顶光:顶光是指从被摄物体的上方打光,与相机成90°的光线。顶光会在被摄物体的下方产生较重的阴影,且阴影很短,如图4-8所示。顶光一般多用于做修饰光。

图 4-7

图 4-8

底光:底光是指从被摄物体下方打光,这种光线形成自下而上的投影,产生非正常的造型和强烈的气氛,一般用于表现透明物体或营造气氛。使用底光拍摄人像会产生诡异阴险之感。

2. 光型

光型是指各种光线在拍摄时对被摄物体所起的作用。光型主要分为主光、辅光、轮廓光、装饰光和背景光5种。

主光：主光是被摄物体的主要照明光线，对物体的形态、轮廓和质感的表现起主导作用。拍摄时，一旦确定了主光，则确定了画面的基础照明和基调。被拍摄物只能有一个主光，若同时将多个光源作为主光，那么被摄物体受光均匀，画面就会显得平淡。多个主光同时在被摄物体上产生阴影，还会使画面杂乱无章。

辅光：辅光的主要作用是提高因主光而产生的阴影部位的亮度，使阴暗部位也能呈现出一定的质感与层次，同时减小被摄物体与阴影之间的反差。辅光的强度要比主光小，否则容易在被摄物体上呈现明显的辅光投影，造成"夹光"现象。

轮廓光：轮廓光主要是用于勾画被摄物体轮廓的光线。轮廓光能展现被摄物体的立体感与空间感。逆光与侧逆光常用作轮廓光，轮廓光的强度往往比主光的强度高。使用深暗的背景有助于突出轮廓光。

装饰光：装饰光主要用于对被摄物体的局部进行装饰或显示被摄物体细部的层次。装饰光大多是窄光，如人像摄影中的眼神光，以及商品摄影中首饰的耀斑等都属于典型的装饰光。

背景光：背景光是照射背景的光线，主要用于突出被摄物体，营造环境气氛以及丰富画面的影调对比。背景光的运用要考虑到背景的色彩、距离与照明的角度，因此需对背景光进行反复调整才能得到不错的效果。

4.2.3 商品的摆放和组合

为了展现出更好的拍摄效果，在拍摄商品之前，需对商品进行合理的摆放和组合，设计最佳的拍摄角度，从而刺激消费者的视觉感受和购买欲。

1. 摆放

对于网上商品而言，拍摄时商品摆放的方式即是该商品照片的基本构图方式，也是商品表现的陈列效果。商品的摆放方式和角度不同，呈现的商品重点也不一样。为了让消费者更多地了解商品细节，拍摄者应该在拍摄前设计出最佳的摆放角度，对拍摄的构图和取景做好准备。

- 多角度摆放商品，完整拍摄商品的正面、背面、45°、内部结构、细节局部、标识、说明书、防伪标签等。
- 多角度摆放商品包装，完整拍摄包装正面、背面、45°及商品和包装的组合。
- 多件商品的组合摆放。

如果商品的摆放拍摄符合逻辑，搭配效果好，则照片的美观度也会相应提升。原则上来讲，在拍摄时应尽量做到完善，以减少后期处理工作。

2. 商品摆放设计

商品的摆放设计即在商品原有形态的基础上，美化商品的外形、线条、组合等，使商品更具有美感，如图 4-9 所示。因此，二次设计需要充分发挥拍摄者的创造力和想象力，尽可能展现出商品的特点。

图 4-9

商品的二次设计很多时候涉及商品的摆放问题,特别是小商品的摆放,更应该注意摆放的疏密感和序列感。在摆放多件商品时,需同时考虑构图的合理性和摆放的美观性,这样不仅可以使画面显得饱满丰富,具有节奏感与韵律感,还能够避免画面内容无序导致的杂乱。

3. 商品搭配

为了提高商品图片的美观性,在进行商品拍摄时,可添加一些饰品,对主体商品进行点缀和烘托,以增强视觉感染力。商品搭配不仅是商品的二次包装,在很多时候也能侧面体现商品的使用环境,更多地展示出商品的实用性。

4.3 在户外拍摄商品

为了使商品更贴近实际的使用状态,显得更真实,很多时候拍摄者都会选择户外拍摄。相对于室内拍摄的人造光而言,户外拍摄都是自然光拍摄。一般来说,对颜色要求不苛刻的商品都可以在户外进行拍摄。

4.3.1 室外拍摄

室外的自然光线十分多变,且不易把握,户外拍摄需要借助其他工具进行布光,如反光板、反光伞等都可以用于布光。在进行室外拍摄时,光线会随着时间的变化而发生变化,根据光线性质可将其分为直射光、散射光和反射光 3 种类型。

直射光:发光的光源照射到被摄物体上能产生清晰投影的光线叫作直射光。在直线光线下,受光面和阴影面之间有一定的明暗反差,很容易表现出被摄物体的立体感与质感,自然光中的太阳、人工光中的聚光灯等均属于直射光。

散射光:阴天的时候,阳光被云彩遮挡,不能直接投向被摄物体,被摄物体依靠天空反射的光作照明,这种光叫作散射光。在散射光下,物体表面不会形成明显的光面、阴影面和投影,光线效果较平淡柔和,因此也叫作柔光。

反射光:反射光的光线并不是由光源直接发出照射到被摄物体上,而是先照射到具有一定能力的辅助工具上,然后由反射光对被摄物体进行照明,反光板或反光伞反射后的光线与散射光一样,比较柔和。

4.3.2 布置拍摄场景

通过外景拍摄大件商品时,一般选择风景优美的环境作为背景,合理利用自然光和反光板对光线进行调节,拍摄出来的照片风格将更加明显,能形成独有的个性特色并营造出商业化的购物氛围。此外,室外大件商品拍摄可根据商品特性选择相应的场景,如夏威夷风格的衣服可在海边拍摄,时尚潮流的服装可在临街的商场、街道等地方拍摄,运动用品可在运动过程中拍摄,等等,如图 4-10 和图 4-11 所示。

图 4-10

图 4-11

小件商品适合在单纯的环境里进行拍摄，因此网上商店的小件商品多以室内拍摄为主。如果要通过外景拍摄小件商品，则可以为商品选择一个好看的参照物和装饰物，对商品环境进行设计，比如将商品的环境塑造成文艺风等具有特色的风格。为了凸显商品主体，背景应该尽量干净简单。此外，也可以为商品选择一些使用环境作为背景，如拍摄足球时，可以选择草地作为外景背景。

4.3.3 室外拍摄技巧

拍摄物品最重要的一点即是对光线的把握，户外自然光总是在不停地发生变化，因此在不同的时段，通常需要采用不同的拍摄方向和方式。下面以室外拍摄服装为例，讲述室外拍摄技巧。

拍摄时间：在户外自然光条件下进行拍摄时，尽量避免阳光直射的情况。阳光直射时，不仅受光面和阴影面会存在明暗反差，还可能在被摄物上形成不均匀光斑，影响商品图片的整体效果。一般来说，上午9—11时和下午3—5时这个时间段比较适合户外拍摄。

拍摄用光：室外拍摄多依靠散射光和反射光，通过自然光加反光板补光的方式拍摄出来的照片效果更好。另外，室外拍摄需要对光圈、快门、感光度进行恰当掌握，可以通过不断调整来捕捉最好的光影效果。有些人认为，阳光明媚的好天气适合拍照。这其实是个误区，即便是阳光很好也要避免阳光直射在脸上、身上。当然并不是让大家背光拍照，在任何情况下都不要尝试背光拍照。注意拍照的四周光线是否均匀，没有刺眼的感觉则拍照最适宜。所以阴天拍摄人像，是个好选择。

照片布局：因为现在的图片都可以裁切，所以布局已经没有以前那么重要了。但是，大家还要注意几个重点。例如，到景点拍照，背后是一个尖塔或者钟楼，千万不要站在尖塔下面，以免显得头上顶着塔。后面是植物也一样，不要站在植物的尖顶下面，以免拍出来好像是头上长了一棵小树。稍微岔开一点，看起来会比较顺眼。拍摄的时候，也不要把主体安排在取景器两侧。用普通相机拍摄出来的照片，左右两侧变形会比较厉害。当然裁切图片的时候也需注意，正面的人物尽可能不要安排在画面正中，以免显得过于死板，稍偏一点会更自然。

化妆和POSE：拍照时，最好是化上妆。化妆时只需突出人物的眼部、嘴唇就可以，这样拍出来的脸部会比较好看。

一般侧脸45°是女孩子最美的角度，特别是脸大者。拍照时要注意扬长避短，尽量避免正面直接拍摄，脸稍侧下会更生动。脸胖的人拍照时往往会习惯性仰头，一定要改掉这个毛病，这样会显得下巴方或者圆，要多试验几次，找出自己最美的角度。全身照切忌从上往下拍，这样会显得腿短。但是半身照或者大头照，就适合从稍高的位置往下拍了。

拍摄角度：采用模特实拍可能会碰到一个问题，就是摄影者比模特高。如果是全身照，从上往下拍就会显得腿短，这是万万不可取的。但也不能从下往上拍，这样很容易拍出双下巴，显得脸很胖，使照片失真。最好的拍摄角度是对着模特腰部左右来拍摄，这样照片很真实，且不会变形。

背景选择：商品是拍摄的主体，背景主要起到烘托装饰的作用。一般来说，户外背景的选择主要以不喧宾夺主、不杂乱无章为原则，可以选择反差相对大一些的背景，使主体更突出，也可以通过拍摄角度和方式的改变，来淡化背景的效果，还可以选择一些趣味背景，增加照片的亮点和特点。

拍摄角度：由于户外自然光的不可控，所以选择角度就更加重要。角度不同，拍摄出来的商品效果就不同。如在清晨或傍晚时分进行拍摄时，逆光拍摄的照片可以呈现出一种日式的写真风格，而顺光方位拍摄出来的照片的光影感则更加真实。

4.4 商品图片的标准与处理

将商品照片拍摄完成后，需要按照店铺中的图片标准对照片进行修饰与美化，然后才能将商品图片上传到店铺中。本节将详细介绍商品图片的标准与处理方面的知识。

4.4.1 什么样的图片吸引人

图片是网店的灵魂,而优质的宝贝图片是网店的基础。对于卖家而言,一定要让买家看到能反映宝贝实际情况及细节的照片,而且宝贝的图片应该色彩真实、细节清晰。

1. 统一尺寸标准

由于网店放置图片区域大小不同,宝贝图片可以有大有小,但最好是将同一区域显示的宝贝图片尺寸设置为统一大小,这样会使店铺整体看起来更加美观。

2. 突出商品主体

宝贝图片中的主体内容要突出显示,而且要尽可能大,尽量让图片的颜色贴近实物,还要尽可能地表现出它的材质,如图 4-12 所示。

3. 加强图片效果

使用宝贝图片时,要加强图片的画面效果,让画面具有较强的视觉冲击力,并且可以配合卡通形象、色彩搭配等方法,让图片更有吸引力,如图 4-13 所示。

图 4-12

图 4-13

4.4.2 快速复制照片到电脑

使用数码相机拍摄好商品照片之后,需要将这些照片复制到本地电脑中再进行修改与美化,处理完成后即可将照片上传到店铺中。下面介绍快速复制照片到电脑的操作方法。

Step 01 使用 USB 数据线将数码相机与电脑连接,弹出"自动播放"窗口,单击"导入图片和视频"链接,如图 4-14 所示。

Step 02 弹出"导入图片和视频"对话框,可以看到查找到的所有图片与视频文件,并显示文件数量,如图 4-15 所示。

图 4-14

图 4-15

Step 03 查找完成后,在"标记这些图片"下拉列表中,输入图片名称,单击"导入"按钮,如图 4-16 所示。

Step 04 开始导入所有视频与图片文件,并显示导入进度,如图 4-17 所示。

图 4-16

图 4-17

Step 05 导入完成后,即可在打开的文件夹中看到导入的文件,通过以上步骤即可完成快速复制照片到电脑的操作,如图 4-18 所示。

图 4-18

4.4.3 选择合适的图像优化软件

对于拍摄好的商品照片,要使用合适的图像处理软件才能实现照片的修饰与美化。目前淘宝店家常用的图像优化软件主要包括:Photoshop 图像处理软件、《美图秀秀》《iSee 图片专家》《光影魔术手》《可牛影像》等。下面分别介绍这几款软件。

1. Photoshop 图像处理软件

Photoshop,简称 PS,主要处理以像素所构成的数字图像,其强大的编修与绘图工具,可以有效地进行图片编辑工作。PS 有很多功能,在图像、图形、文字、视频、出版等各方面都有涉及,如图 4-19 所示。

2.《美图秀秀》

《美图秀秀》是由美图公司研发推出的一款免费图片处理软件,比 Photoshop 图像处理软件操作起来简单很多。《美图秀秀》拥有图片特效、美容、拼图、场景、边框、饰品等功能,界面直观,操作简单易学,如图 4-20 所示。

图 4-19

图 4-20

3.《iSee 图片专家》

《iSee 图片专家》是一款综合图像软件。强大的傻瓜式图像处理方法,支持多次撤销和重做功能,拥有"所见即所拍"的相框预览支持,可以批量转换图片的格式、添加相框、文字、水印和更名等,如图 4-21 所示。

图 4-21

4.《光影魔术手》

《光影魔术手》简单、易用,可以制作出专业胶片摄影的色彩效果,且其批量处理功能非常强大,是摄影作品后期处理、图片快速美容、数码照片冲印整理时必备的图像处理软件,能够满足绝大部分人物照片后期处理的需要,如图 4-22 所示。

图 4-22

5.《可牛影像》

《可牛影像》具有补光、柔和等六大自动修复能力,素描、黑白、怀旧等数十种另类效果,集成了超强人像美容及影楼特效智能人像柔焦美容,是一款强大的免费照片处理管理软件,如图 4-23 所示。

图 4-23

4.5 开店经验与技巧

本节将侧重介绍和讲解与本章知识点有关的实践经验与技巧，主要内容包括怎样用普通数码相机拍出好照片、如何准备好辅助拍摄器材和拍摄化妆品类商品等方面的知识。

4.5.1 怎样用普通数码相机拍出好照片

如果没有单反数码相机，用户使用普通数码相机同样也可以拍出一张完美的照片。下面介绍怎样用普通数码相机拍出好照片。

1. 暖化照片

普通数码相机默认的白平衡设置是"自动"（auto），虽然在大部分情况下都是适用的，但有时候却会让景物太冷调了。当用户拍户外景物的时候，特别是当阳光充足时，试着把用户的白平衡调档，这个变化跟在用户的镜头前加一个暖色滤镜的效果是一样的。它使得照片中红色和黄色更加丰满，从而暖化了图片。

2. 用太阳镜做偏振镜

想让照片有冲击力，偏振镜是不错的选择。偏振镜是每个摄影师都必备的滤镜，它可以过滤掉眩光和那些意外的反射光，让用户的照片更加富有饱和度，特别是对天空最有效果。如果普通数码相机不能加滤镜，可将一副质量不错的太阳镜放在镜头前就可以了。

3. 户外人像的闪亮风采

数码相机没有被发现的特性之一就是强制闪光模式。通过手动控制闪光灯，用户在拍摄户外产品的时候就会更得心应手。在强制闪光模式下，相机首先对户外背景曝光，接着会恰到好处地照亮用户要拍的物品，得到一张不错的照片。

4. 采用微距模式

打开普通数码相机微距模式，可以更加细致地探索那个微观世界，相对而言也就容易拍摄到奇妙的内容。打开微距模式，在相机允许的范围内尽量靠近用户想拍摄的物体，一旦构好图，半按快门让相机对焦，对焦完毕之后，按下快门拍照。

记住，在微距模式下，把焦距调到用户要拍摄的物体上是很重要的。

5. 设置最高的分辨率

使用普通数码相机时，一定要将照片质量设置到最高分辨率，因为如果用户拍到了一张特别完美的照片，最高分辨率可以帮助用户把照片的细节更精细地展现出来，当然使用最高分辨率时，会对相机的存储量要求特别高。

4.5.2 如何准备好辅助拍摄器材

拍摄照片的过程中，选择不同的辅助拍摄器材会展现出不同的拍摄效果。

1. 三脚架

数码相机的影像稳定系统一般都稍逊于传统相机，而且数码相机的快门速度和成像速度都比传统相机慢。有了三脚架，用户就不用再担心由于快门速度或相机抖动所造成的对焦不准的问题，这样在拍摄的时候能更加得心应手地用慢快门、小光圈来表现商品细节。

2. 摄影棚、摄影台

如果商品比较小，数量种类又比较多，并且有很多是反光商品，那么这时就可以考虑一个摄影棚。不打算花很多钱的人，可以直接利用摄影棚配合阳光进行拍摄。摄影棚配合阳光或者摄影灯具使用，能够很便捷地把太强烈的太阳光线或者附近可能造成颜色干扰的环境光源非常有效地隔离开，独立营造出一个很不错的摄影小空间。

摄影棚的作用在于它可以把入射的光线做漫散射线的折射处理，这样可以大大地削弱那些强烈的单方向投影和可怕的光斑，而且由于光线在它内部的多次折射，可以非常有效地对物品的背光部位进行补光，把商品的暗部细节也暴露无遗，亮部与暗部的巧妙配合让人赏心悦目。

摄影台，也叫静物摄影台，只要将尺寸合适的商品放在摄影台上，固定好背景纸，就能配合各种光源进行拍摄。摄影台对商品本身没有光处理功能，由此拍摄的时候对光源的要求比较高，这是静物摄影常用的较为方便的工具。

3. 灯光设备

摄影其实是对光与影的综合使用，可以说，能否拍出一张好的商品照片，完全取决于摄影者对光线的理解与运用。

高明的摄影师，即便是在装备极其简陋的情况下，也可以拍出赏心悦目的照片，而蹩脚的摄影者，即使有先进的设备，也拍不出让人愉悦的照片。

所以，摄影师要想拍摄出好的照片，首先要对灯光的设置有一定的了解。

4.5.3　如何拍摄化妆品类商品

以白色背景或浅色背景来呈现商品，在化妆品的拍摄中常出现，也常看到以全系列产品的组合。一般的做法是白背景或有光线变化如渐层光或晕光的白背景，再加上一长条形的玻璃板做支撑，形成一个简单而干净的产品系列照。

在拍摄化妆品的时候一定要把质感表现出来，要让产品有一种高端的感觉。这样的系列照，除了产品本身的质感、立体感、颜色之外，还有一个重要的东西要注意，就是那块玻璃板。玻璃板的厚度最少是3mm，通常是5mm才够厚，足以支撑全产品的重量，而这个5mm厚的玻璃会随着大小块造成颜色不同，要根据用户的需求进行选择。

拍摄化妆品之前，第一个要做的是清洁与整理的工作，在拍摄时最忌讳商品不干净或忽然来个灰尘，事后才发现，结果是必须修图或重拍，浪费时间和精力。因此做整理要非常细心，在正式拍摄之前也要再详细检查一次。接下来便是架上玻璃板及放置产品，产品的摆设。

由于一系列的化妆品有玻璃瓶、塑料瓶，有透明的、半透明的，也有不透明的，因此灯光就无法单独针对产品的特性做最好的打光。所以尽量兼顾到每个产品的质感及立体感即可。有时需要大面积的描图纸，才能较均匀地照顾到每个产品，才能在瓶盖上显现各种材质的质感。

4.5.4　如何拍摄饰品类商品

拍摄饰品时，光线非常重要。在没有专业的灯光设备的前提下，尽量使用自然光拍摄。同时小饰品需要用柔光，所以在自然光线下拍出的才好看，看起来也更加自然。

拍摄背景方面需要搭配拍摄的饰品，首先卖家要了解饰品的属性，从而来选择适合的背景和颜色。

每种饰品都有适合它们自己的角度，有些种类适合从上到下拍摄，有些种类适合从近到远拍摄，有些种类则需要从侧面拍摄，可以试试多个角度拍摄饰品，看看哪一种拍摄角度视觉效果更好。

4.5.5　淘宝店商品图片的标准

毫不夸张地说，图片是网络销售的灵魂，一张真实、清晰和漂亮的图片被潜在客户查看的概率会比较高，高点击率意味着高成交率。一般说来，淘宝店商品图片的标准应该具备色彩真实、图片清晰和细节表面得当三个要素。

那么，要使商品图片具备以上三个要素，用户需要努力掌握以下几个要求：

1. 统一尺寸

目前在淘宝网上传的商品图片会以三个不同尺寸来显示。用户可以把图片做成正方形或长方形，但最好使图片大小一致，这样看起来比较美观整齐。

2. 构图和拍摄方式

正方形的尺寸，可以占据最大的空间，也是应用得最广泛的构图方式。拍摄正方形的图形时，用户应遵循如下三个原则：
- 把商品放在黄金分割点上。
- 把商品放在正中间。
- 利用对角线。

拍摄长方形的尺寸，同样可以按照把商品放在正中间和利用对角线两项原则进行拍摄。

3. 主体突出

图片只需要一个主体，而且要尽可能大。背景尽可能简单，别拼凑两张或者更多小图，因为这样做，在缩略图里其实什么也看不清楚。

拍摄照片时，因为网店销售主要是靠图片来了解商品，所以，尽量让图片的颜色贴近实物，还要尽可能地表现出商品的材质。因此，拍摄的图片一般不需要装饰，只是商品本身而已。用户如果觉得一张完整的图片不足以表现商品，还可以添加一些细节图片。

4.5.6 拍摄图片为什么会模糊不清

当用户拍摄出不好的照片的时候，要从失败的照片着手研究。拍摄图片会模糊不清基本上都是出于虚焦、手抖和被摄体抖动三种问题。下面介绍这三种问题形成的原因。

虚焦指的是焦点偏离导致画像模糊。一般来说，焦点对准的地方就会被拍得很清楚，画像很锐利，而没有对准的地方就会被拍得很模糊。

为了防止虚焦问题的产生，最好在拍摄照片的过程中，先半按快门对焦，然后看准时机按下快门。一般的数码相机都是认准正中央的物体，所以先将要拍摄的物品放到中间对焦，然后再稍稍移动相机决定构图就可以了。

抖动则分为两种，一种是手抖，也就是由于按下快门时手有抖动，拍出来的照片也会模糊。实际上，一般即使发生手抖，由于快门速度较高，照片未必会模糊。但是当快门速度为1/20秒的时候，手抖在照片上就显得很明显了。

为了防止手抖，首先要注意拿相机的方法。要用右手握紧相机，然后以左手来辅持。最好不要离开身体。如果附近有东西可以支撑身体或者手肘也行，可以把手肘支在桌子上。没有支撑物体时将手肘紧贴身体也可以。然后轻轻按下快门。如果一直注意着手抖小心拍摄还是失败了，拍摄的时候就将手肘支在膝盖上，或者把手搭在桌子或椅子上，在小心的同时放松自己来进行拍摄。

还有一种抖动，就是被拍摄体抖动，也就是说在拍摄的过程中，拍摄的人或物移动了。为了防止被拍摄体抖动，最好的方法就是固定被摄物品停下来的瞬间拍摄。

要想拍出没有手抖的好照片还有两个方法：一个是利用闪光灯，闪光灯的闪光很短，抓住闪光之后的瞬间拍摄就可以了。另一个是提高快门速度，在昏暗的地方光线不足，为了捕捉到足够的光，快门速度就会降低，这样可能会发生手抖，而且在此期间被拍摄的人或物移动的概率也很大。所以，要提高快门速度。首先，要尽量在明亮的场所拍摄。此外，要提高相机的ISO感光度。提高ISO感光度的同时，快门速度也会提高。

4.5.7 平铺服装拍摄的注意事项

平铺是在所有服装拍摄中最好掌握的，适合新手卖家，关于平铺服装拍摄要考虑的第一个要素就是背景问题。那么应选择什么样的颜色、材料作为拍摄背景呢？以下介绍几种常用的背景材料：

- 背景纸是背景材料中最便宜的一种，它颜色选择较多，厚度薄，但是最大的缺点是不可重复多次使用。因为纸比较容易产生褶皱，影响拍摄效果，如果一定要选择纸来拍摄有两点要注意：一是一定要选择亚光的背景纸，这样在拍摄的过程中就不会有反光的障碍；二是背景纸一定要卷轴收藏，这样会保持它的品质。
- 无纺布是很多卖家的选择，其既便宜，又可多次重复利用，拍摄的效果也很理想，只有一点小小的不足是不适合拍高档的商品，无纺布的品质不能衬托出高档商品的品质。

- 地毯无疑是最好的选择,当然价格也是最高的,俗话说一等价钱一等货,地毯很能衬托服装的品质和档次,稍有些经济基础的卖家,建议选用地毯来做背景,一定会有很好的效果。

材料选择好后,就要考虑颜色的选择了,颜色也是至关重要的,选对了颜色可以衬托用户的商品品质,关于颜色的选择要针对于用户拍摄商品的颜色进行搭配。

卖家可以根据商品来选择背景颜色,在这里推荐米色和浅驼色,这两个颜色比较百搭,任意的深浅色都很适合,拍摄的效果也很不错,也是很多卖家的选择。

当然,平铺服装拍摄时,相机的摄影位置也很重要,卖家应该站在衣服的末端,手臂伸出,垂直于衣服,然后进行完美拍摄。而且,衣服的摆放很重要,切忌平整死板地摆放衣服,袖子部分不要平铺在两边,要做出些造型,这样衣服会更有立体感和动感,如图4-24所示。

图 4-24

4.5.8 服装挂拍技巧

挂拍相较于平铺而言要难掌握一些,首先要说背景墙的问题,原因和平铺的一样,最好选择浅色的背景墙,这样比较百搭,也比较容易突出主题。

相机的位置比较多元化,要看用户想要什么样的效果,正面拍摄会比较直观,商品的细节也会比较清楚,侧面一般则是拍摄商品细节的时候使用。

服装挂拍时,切记直接将衣服挂在衣架上拍摄,没做任何的修饰,拍出来的图片会显得很沉闷。这种图片会直接影响客户购买的欲望,如图4-25所示。

图 4-25

4.5.9 模特拍摄技巧

现在很多卖家都会用真人模特拍摄,真人模特拍摄起来会更专业,让人有购买的冲动。所以拍摄真人模特,掌握拍摄角度很重要,下面介绍几种模特拍摄技巧。

模特拍摄角度的选择包括拍摄方向和拍摄高度的选择。拍摄角度的选择在人物摄影中十分重要,拍摄角度的稍微变化就会对被摄物体产生明显的影响。拍摄方向的变化是指以被摄者为中心,照相机在水平位置上的前、后、左、右位置的变化。有时候也可以请服装模特改变方向，以获得不同方向的拍摄效果。在服装真人模特拍摄时，对拍摄方向的选择主要有正面、侧面、前侧面、背面几种，通过不同的拍摄方向，多方面地展示产品。

- 正面照：采用正面的方向拍摄人物，能很好地表现被摄者正面特征，人物的各部分都处在相等的对称位置，正面照能够完美地展现服装产品的各项特征。
- 前侧面照：这个拍摄方向不仅能表现出被摄者的正面结构和侧面结构，还能很好地表现出两个面相结合的棱线，使服装的形象、轮廓和立体效果得到充分的表现。从拍摄原理上来讲，这种方向拍摄的人物在画面中的各部分不是处在同等地位，所以，画面中的影相显得活泼，富有变化，整个画面具有动势和较明显的方向性。图片的好看程度决定了客户的购买倾向，所以说拍出好看的图片是很重要的一关。
- 侧面照：拍摄时照相机正对着被摄者的侧面进行拍摄，以表现出被摄者的侧面形象，线条结构。由于这个方向拍摄对被摄者的侧面轮廓能得到充分的表现，侧面拍摄具有强烈的动势和方向性。
- 背面照：在服装真人模特拍摄中，从被摄者的背后方向拍摄也是常见的，通常是为了展示服装的背面效果。背面拍摄能显示出被摄者的背面特征和引导观众的视线向纵深发展的作用，在选择背面方向拍摄人物时，一定要注意被摄模特的背面要整理整齐。

4.5.10 服装模特拍摄地点

一般说来，经营服装网店的卖家为了能从众多对手中脱颖而出，会使用真人展示自家的商品。那么在真人服装模特拍摄过程中，应对拍摄地有如下选择。

1. 在酒吧街拍摄

一般酒吧街装修都比较有格调，在那里可以拍出异国风，但要注意的是，背景不要过于杂乱，尽量选择比较单一的背景，比如落地窗台、咖啡厅门口、街边吊灯等地方。如果有相熟的酒吧，进入里面拍摄也是不错的选择，无形当中增加了许多时尚的元素。最好是下午前去，店里不会有很多客人，既不会影响店家，也可以获得不错的拍摄环境，但是要注意室内的光线，可以考虑在窗口附近拍摄或者使用闪光灯补光。

2. 在商场、大型超市拍摄

在商场、大型超市拍摄可以拍摄一些模特逛街的照片，十分具有都市气息。而且，商场里面拍摄的照片比较贴近生活，可给客人十足的亲近感，利于商品的销售。但是，同样这类场景，在拍摄的时候仍然要注意画面的干净简洁，尽量不要将不相关的东西拍摄进去，在这类场景中拍摄很容易犯这样的错误。最后要注意的是，在这类地方拍摄，因为周围的照明光线比较复杂，有时候因为色温的缘故使商品颜色出现偏差，所以不要选择在过于偏黄的光线下拍摄。

3. 公园拍摄

寻找一些可以免费进入的公园，最好是能开车前往，既解决了模特换衣服的困扰，也不必担心东西太多拿不了的问题。在公园里，花草植物会比较多，所以在具体选择地点的时候首先要考虑服装鞋帽以及配饰的颜色是否和背景花草相配。

让模特与背景之间保持一定的距离，将背景虚化也是不错的选择。另外，寻找一些树林，在秋天的时候拍摄，可以很好地烘托出秋天的气氛。色调方面也比较好搭配，不太容易出现不协调的色彩。

4. 在大学里拍摄

首先，可以尝试在照片背景里面加入一些学生的活动场面，很容易体现出一些具备校园风的服装鞋帽的特色。

其次，大学里的一些大型建筑（比如图书馆、主教学楼）也是不错的场景，使用镜头广角端拍摄，将大型建筑的线条和模特一并清楚地拍摄下来，也十分具有视觉冲击力。

最后，大学里面的运动球场通常都比较空旷，也是很好的拍摄场景。

4.6 案例分享——农村小伙开网店

开始创业

罗平是一名农村小伙,16岁辍学之后去过广州、河南又到过北京。期间学过美发、摆过摊位、也在工厂上过班,但做的都是普通工人。一直到2015年,在北京一家工厂上班时,罗平认识了自己的妻子王艳,经过1年多的热恋,2016年春节期间,两人在罗平老家结婚。

结婚后的罗平,意识到必须做点什么事业才有机会给家人带来更好的生活,这个时候的罗平偶然间想起自己2015年时注册了一个淘宝账号,罗平想可以利用空闲的时间,开一间淘宝店,没准是条致富的道路。

虽然决定开淘宝店了,但最让罗平头疼的是不知道该卖什么产品。罗平家乡四周都是山,连个批发市场都没有,他想过从网上批发点什么东西来卖,但是又没有那么多资金,加上危险系数也高了,所以罗平一直在犯愁,直到有一天和同学闲聊,同学无意间提了一句可以卖家里的土特产,让罗平茅塞顿开。

之后一有时间,罗平就在网上查看淘宝的成功案例,从中得到了很大的启发并产生了自己的想法。罗平觉得现在不光城里人,农村人也很讲究健康和生活的品质了。卖家乡的绿色食品,一定很有潜在市场。

定下产品种类后,罗平就到村子里去问有没有梅干菜、笋干等可以收购。然后罗平亲自看过了觉得品质可以就买个三四斤回来作为库存和拍照用。

一开始罗平没有相机,用的是一部像素不是很高的手机拍照,虽然拍得不好看,但却很真实。图片拍好了,罗平只是简单地修改了一下照片的尺寸便上传淘宝网了。罗平想把产品最真实的一面展现给大家。

但是在写商品描述的时候,罗平花了很多的精力和时间,也参考了很多卖得比较好的同类商品描述,学习了别人的长处,并结合自己的东西,以真诚可信为主的态度去写产品描述。

店铺开张

就这样罗平的店总算开起来了,耐心地等待了几天,每次听到阿里旺旺的提示音,罗平都很激动,可是一看心情马上掉入谷底,都是一些刷信用的广告。

到现在罗平还记得第一笔生意来自店铺开业第10天,紧接着第2笔,等到第6笔之后基本上每天都有一两个订单。但随之遇到的问题也出现了,因为罗平住在乡下,离县里有10千米,而且只有县里才有快递公司,所以罗平一般都是两三天发一次货,为此,顾客不少埋怨,有的还申请了退款,但也有一部分顾客对罗平表示理解,对这些顾客罗平很是感激。

订单增多以后,就是产品包装问题。有买家评价说,产品没有任何包装,用的是废旧纸箱,感觉不卫生。罗平觉得这的确是个问题,于是在镇上买了一些小尺寸的箱子,产品也用一些食品自封袋来包装,解决了食品包装的问题。

还有的顾客直接给中差评,认为罗平家的东西没有超市里的好。面对顾客的误解和中差评,罗平经常会晚上睡不着觉,对淘宝经营无精打采,失去信心。可是经过一段时间的调整,罗平后来想通了,觉得只有对自己的产品更加严格要求,无愧于心,才能始终如一用真诚的态度来面对每一位顾客的中差评。

家人的理解到事业的成功

从最开始的尝试开店到后来发现这条路是可行的,罗平的家人也从刚开始的不理解、不支持变成了理解和支持,罗平用实际行动证明了在网上创业也可以发家致富。如今,罗平经营4年的网店信誉度已经达到1个皇冠级别,每天的订单量也稳定在100单,平均一个月的收入也在2万元左右,而此时,罗平的孩子也出生了。罗平希望网店生意更加红火,让自己和家人过上更好的生活。

第 5 章
修饰商品照片

本章要点

- 认识图像处理软件
- 快速处理图片
- 调整图片效果
- 美化照片效果
- 开店经验与技巧
- 案例分享

本章主要内容

本章内容主要介绍图像处理软件、快速处理图片、调整图片效果、美化照片效果和开店经验与技巧方面的知识,在本章的最后还针对实际的工作需求,介绍了淘宝开店的成功案例。通过本章的学习,读者可以掌握修饰商品照片的知识,为深入学习淘宝精准运营、策略营销与客户服务知识奠定基础。

5.1 认识图像处理软件

拍摄产品照片后,选择一款性能优良的后期处理软件处理产品照片是非常有必要的,这样可以起到事半功倍的效果,也可以快速达到卖家所要求的艺术效果。下面介绍选择后期处理软件方面的知识。

5.1.1 选择合适的图像处理软件

Adobe Photoshop,是由 Adobe Systems 开发和发行的图像处理软件,也是 Adobe 公司旗下最为出名的图像处理软件之一,Photoshop 是集图像扫描、编辑修改、图像制作、广告创意,图像输入与输出于一体的图形图像处理软件,深受广大平面设计人员和电脑美术爱好者的喜爱。

从功能上看,该软件可分为图像编辑、图像合成、校色调色及特效制作部分等。可以对图像做各种变换如放大、缩小、旋转、倾斜、镜像、透视等操作,也可以进行复制、去除斑点、修补、修饰图像的残损等操作。

图像合成则是将几幅图像通过图层操作、工具应用合成完整的且传达明确意义的图像,这是美术设计的必经之路。该软件提供的绘图工具让外来图像与创意很好地融合。

校色调色可方便快捷地对图像的颜色进行明暗、色偏的调整和校正,也可以在不同颜色之间进行切换以满足图像在不同领域如网页设计、印刷、多媒体等方面的应用。

特效制作在该软件中主要由滤镜、通道及工具综合应用完成。包括图像的特效创意和特效字的制作,如油画、浮雕、石膏画、素描等常用的传统美术技巧都可借由该软件特效完成。Adobe Photoshop 图像处理软件工作界面如图 5-1 所示。

图 5-1

5.1.2 后期处理辅助软件介绍

除了 Adobe Photoshop 图像处理软件外，用户日常遇到的后期处理辅助软件还有很多种，下面介绍几种常见的后期处理辅助软件。

1.《Picasa 软件》

Picasa 是 Google 的免费图片管理工具，可以通过简单的鼠标单击来进行高级的图形修改，让用户只需动动指尖即可获得震撼效果。而且，Picasa 还可让用户迅速实现图片共享，可以通过电子邮件发送图片、在家打印图片、制作礼品 CD，甚至将图片分享到自己的博客或朋友圈中。

2.《美图秀秀》

《美图秀秀》由美图网研发推出的一款免费图片处理软件，不用学习就会使用，比 Adobe Photoshop 操作简单。具有图片特效、美容、拼图、场景、边框、饰品等功能，加上每天更新的精选素材，可以让用户 1 分钟做出影楼级照片。

3.《光影魔术手》

《光影魔术手》是国内受欢迎的图像处理软件之一，是一个对数码照片画质进行改善及效果处理的软件。《光影魔术手》具有高速度、实用、易于上手等特点，能够满足绝大部分照片后期处理的需要，批量处理功能也非常强大。

4.《iSee 软件》

《iSee 软件》是一款功能全面的数字图像浏览处理工具，除了看图软件常有的功能以外，还有改变图片大小，转换图片格式，查看 dll、exe 中 ico，生成图片说明，多画面浏览等功能。不但具有和 ACDSee 媲美的强大功能，还针对中国的用户量身定做了大量图像娱乐应用，让用户的图片更加生动地展示出来。

5.2 快速处理图片

拍摄产品照片后，用户可以使用 Adobe Photoshop 图像处理软件调整拍歪的照片，还可以放大与缩小图片、自由裁剪照片、把照片中的产品抠出来、快速更换图片的背景和调整图片符合淘宝发布的要求等，下面介绍简单的照片处理方面的知识。

5.2.1 调整拍歪的照片

用户拍摄出来的照片如果被拍歪了，仍然可以使用 Adobe Photoshop 快速地将该照片转正，下面介绍如何调整拍歪的照片。

Step 01 启动 Adobe Photoshop，打开拍歪的照片，按组合键 Ctrl+J，将拍歪的照片复制一个图层，如图 5-2 所示。

图 5-2

Step 02 复制图像图层后，选择准备旋转图像的图层，按组合键 Ctrl+T，图像出现边界框、中心点和控制点，右击图像文件，在弹出的快捷菜单中，选择"旋转"菜单项，如图 5-3 所示。

Step 03 将光标定位在定界框外靠近上方处，当光标变成 形状时，单击并拖动鼠标对图像进行旋转操作，然后按 Enter 键，如图 5-4 所示。

图 5-3

图 5-4

Step 04 旋转图像后，按组合键 Ctrl+E，合并图层，通过以上方法即可完成调整拍歪的照片的操作，如图 5-5 所示。

图 5-5

5.2.2　放大与缩小图片

用户可以通过使用 Adobe Photoshop 来调整照片的缩放比例，以便得到满意的展示效果，下面介绍放大与缩小图片的知识。

Step 01 启动 Adobe Photoshop，打开准备放大的照片，按组合键 Ctrl+J，将准备放大的照片复制一个图层，如图 5-6 所示。

Step 02 复制图像图层后，选择准备放大图像的图层，按组合键 Ctrl+T，图像出现边界框、中心点和控制点，单击鼠标左键拖动任意一个控制点向外拉动，然后按 Enter 键，这样即可放大图片，如图 5-7 所示。

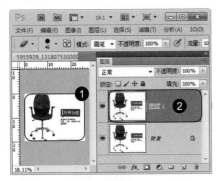

图 5-6

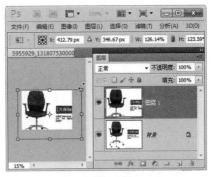

图 5-7

Step 03 启动 Adobe Photoshop，打开准备缩小的照片，按组合键 Ctrl+J，将准备缩小的照片复制一个图层，将"背景"层填充成指定的颜色，如"白色"，如图 5-8 所示。

Step 04 复制图像图层后，选择准备缩小图像的图层，按组合键 Ctrl+T，在图像中，出现边界框、中心点和控制点，单击鼠标左键拖动任意一个控制点向内拉动，然后按 Enter 键，这样即可缩小图片，如图 5-9 所示。

图 5-8

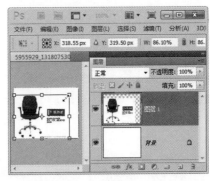

图 5-9

Step 05 放大或缩小图像后，按组合键 Ctrl+E，合并图层，这样便于保存放大或缩小的图片，如图 5-10 所示。

图 5-10

5.2.3 裁剪照片

在 Photoshop 中，用户运用裁剪工具可以对拍摄的图像进行快速裁剪，下面介绍裁剪照片的操作方法。

Step 01 打开图像文件后，在"工具箱"中，单击"裁剪工具"按钮；在"裁剪"工具选项栏中，设置裁剪的高度和宽度值；在文档窗口中，绘制出裁剪区域，然后按 Enter 键，如图 5-11 所示。

Step 02 复制图像图层后，选择准备裁剪图像的图层，按组合键 Ctrl+T，图像出现边界框、中心点和控制点，单击鼠标左键拖动任意一个控制点向外拉动，然后按 Enter 键，这样即可裁剪图片，如图 5-12 所示。

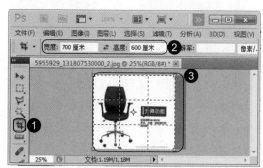

图 5-11

图 5-12

5.2.4 把照片中的产品抠出来

卖家经常需要将拍摄出的照片中的某一个物品抠出来，替换到其他照片中，下面介绍把照片中的产品抠出来的操作方法。

Step 01 打开图像文件后，在 Photoshop 工具箱中，单击"魔棒工具"按钮；在文档窗口中，在准备选择的图像上连续单击，创建选区，如图 5-13 所示。

Step 02 选中准备抠出的衣服选区后，按组合键 Ctrl+C，将选区内的衣服图像复制，如图 5-14 所示。

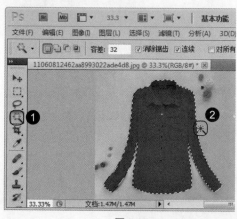

图 5-13

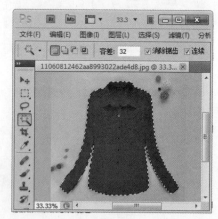

图 5-14

Step 03 打开准备粘贴复制的衣服图像的背景文件，按组合键 Ctrl+V，将选区内的衣服图像粘贴，如图 5-15 所示。

Step 04 运用缩小图像的知识调整粘贴后的图像大小，按组合键 Ctrl+E，合并图层，这样即可完成把照片中的产品抠出来的操作，如图 5-16 所示。

图 5-15　　　　　　　　　　　　　　图 5-16

5.2.5　调整图片符合淘宝发布的要求

在淘宝网上传图片时，根据不同的类型需要不同的发布要求，下面介绍淘宝发布图片时的相关要求。

- 商品图片的尺寸：500px（宽）×500px（高），大小在 120KB 以内，要求 .jpg 或 .gif 格式。
- 店标图片的尺寸：100px（宽）×100px（高），大小在 80KB 以内，支持 .jpg 或 .gif 格式，动态或静态的图片均可。
- 宝贝描述图片的尺寸：没有特殊要求，可根据需要 500px（宽）×500px（高），大小在 100KB 以内，这样图片的打开速度会较快。要求 .jpg 或 .gif 格式，静态或动态的图片均可。
- 公告栏图片的尺寸：宽不超过 480px，长度不限制，大小在 120KB 以内，要求 .jpg 或 .gif 格式，动态或者静态的图片均可。
- 宝贝分类图片尺寸：宽不超过 165px，长度不限制，大小在 50KB 以内，要求 .jpg 或 .gif 格式，动态或者静态的图片均可。
- 旺旺头像图片尺寸：120px（宽）×120px（高），大小在 100KB 以内，格式为 .jpg 或 .gif，动态或者静态均可。
- 论坛头像图片尺寸：最大为 120px（宽）×120px（高），大小在 100KB 以内，要求 .jpg 或 .gif 格式，动态或者静态图片均可。
- 论坛签名档图片尺寸：468px（宽）×60px（高），大小在 100KB 以内，格式为 .jpg 或 .gif。

了解淘宝发布的图片要求后，以调整宝贝描述图片的尺寸为例，介绍调整图片符合淘宝发布要求的操作方法。

Step01 打开图像文件后，单击"图像"主菜单，在弹出的下拉菜单中，选择"图像大小"菜单项，如图 5-17 所示。

Step02 弹出"图像大小"对话框，在"像素大小"区域中，在"宽度"文本框中，输入图像像素大小的数值，然后单击"确定"按钮。通过以上方法即可完成调整图片符合淘宝发布要求的操作，如图 5-18 所示。

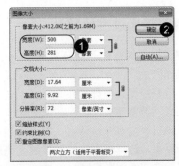

图 5-17　　　　　　　　　　　　　　图 5-18

5.3 调整照片效果

拍摄产品照片后，使用 Adobe Photoshop 图像处理软件不仅可以简单地处理照片，还可以进行调整曝光不足的照片、调整曝光过度的照片、调整模糊的照片和调整对比度突出照片主题等操作，下面介绍调整照片效果方面的知识。

5.3.1 调整曝光不足的照片

有时候用户拍的照片会产生曝光不足的现象，使整张图片有些发暗，下面介绍调整曝光不足的照片的操作方法。

Step 01 打开需要调整曝光不足的照片，在 Photoshop 中，单击"图像"主菜单。在弹出的下拉菜单中，选择"调整"菜单项，在弹出的下拉菜单中，选择"色阶"菜单项，如图 5-19 所示。

Step 02 弹出"色阶"对话框，在"输入色阶"区域中，向左拖动"中间调"滑块，这样可以将图像调亮，然后单击"确定"按钮，如图 5-20 所示。

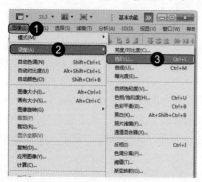

图 5-19

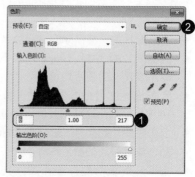

图 5-20

Step 03 此时，返回文档窗口中，图像文件的明暗度已经得到调整，通过以上方法即可完成调整曝光不足的照片的操作，如图 5-21 所示。

图 5-21

5.3.2 调整曝光过度的照片

面对曝光过度的照片，使用 Photoshop 图像处理软件也可以轻松解决，下面介绍调整曝光过度的照片的操作方法。

Step 01 打开需要调整曝光不足的照片，在 Photoshop 中，单击"图像"主菜单。在弹出的下拉菜单中，选择"调整"菜单项，在弹出的下拉菜单中，选择"曲线"菜单项，如图 5-22 所示。

Step 02 弹出"曲线"对话框，在"曲线调整"区域中，在"高光"范围内，向下拉伸曲线，设置第一个调整点，这样可以降低图像高光亮度；在"阴影"范围中，向下拉伸曲线，设置第二个调整点，这样增强图像阴影亮度，单击"确定"按钮，如图 5-23 所示。

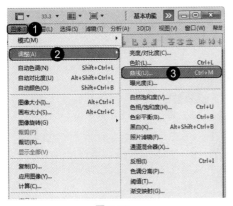
图 5-22

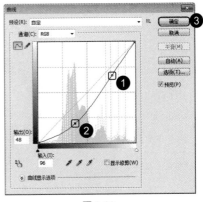
图 5-23

Step 03 此时，返回文档窗口中，图像文件的曝光度已经得到调整，通过以上方法即可完成调整曝光过度的照片的操作，如图 5-24 所示。

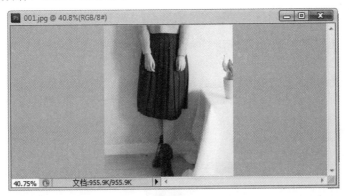
图 5-24

5.3.3 调整模糊的照片

在 Photoshop 软件中，使用"智能锐化"滤镜，可以有效地调整模糊的照片，让照片变得清晰，下面介绍调整模糊的照片的操作方法。

Step 01 在 Photoshop 中打开照片，单击"滤镜"主菜单，在弹出的下拉菜单中，选择"锐化"菜单项，在弹出的下拉菜单中，选择"智能锐化"菜单项，如图 5-25 所示。

Step 02 弹出"智能锐化"对话框，在"数量"文本框中输入锐化数值。接着在"半径"文本框中，输入半径数值，单击"确定"按钮，如图 5-26 所示。

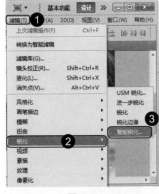
图 5-25

图 5-26

Step 03 此时，返回文档窗口中，图像文件的模糊已经得到锐化，通过以上方法即可完成调整模糊的照片的操作，如图 5-27 所示。

图 5-27

5.3.4 调整对比度突出照片主题

如果用户想突出照片主题，可以使用 Photoshop 软件的"亮度/对比度"功能，下面介绍调整对比度突出照片主题的操作方法。

Step 01 打开需要调整对比度的照片，在 Photoshop 中，单击"图像"主菜单，在弹出的下拉菜单中，选择"调整"菜单项；在弹出的下拉菜单中，选择"亮度/对比度"菜单项，如图 5-28 所示。

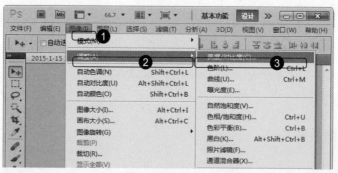

图 5-28

Step 02 弹出"亮度/对比度"对话框，向左拖动"亮度"滑块，向右拖动"对比度"滑块，这样可以将图像对比度增强，单击"确定"按钮，如图 5-29 所示。

Step 03 此时，返回文档窗口中，图像文件的亮度和对比度已经得到调整，通过以上方法即可完成调整对比度突出照片主题的操作，如图 5-30 所示。

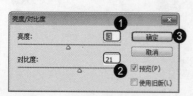

图 5-29

图 5-30

5.4 美化照片效果

拍摄产品照片后,用户还可以进行美化照片效果的操作,包括为照片添加水印防止盗用、为照片添加相框、调整图片色调、给图片加圆角和制作闪闪发亮的图片等操作。

5.4.1 为照片添加水印防止盗用

利用 Photoshop 软件制作水印,不仅可以使图像更加美观,还可以防止他人盗用自己拍摄的图片,下面介绍为照片添加水印防止盗用的操作方法。

Step 01 打开需要添加水印的照片后,单击"工具箱"中的"横排文字"按钮 。在横排文字工具选项栏中,在"字体"下拉列表中选择字体,如"隶书",在"字体大小"下拉列表中设置字体大小。在文档窗口中,在指定位置单击并输入文字,如图 5-31 所示。

Step 02 输入横排文字后,按组合键 Ctrl+Enter,这样可以退出文字编辑状态,如图 5-32 所示。

图 5-31

图 5-32

Step 03 打开"图层"面板,选择"文字"图层,在"不透明度"文本框中,设置文本不透明度为 50%,如图 5-33 所示。

Step 04 按组合键 Ctrl+E,合并图层,这样即可完成为照片添加水印防止盗用的操作,如图 5-34 所示。

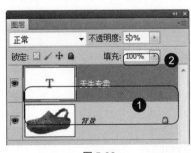
图 5-33

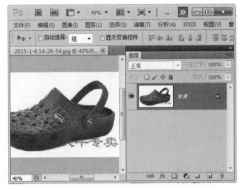
图 5-34

5.4.2 为照片添加相框

利用 Photoshop 软件,用户可以为照片添加相框,这样可以使拍摄出的照片更加美观,下面介绍为照片添加相框的操作方法。

Step01 打开图像文件后,单击"图像"主菜单,在弹出的下拉菜单中,选择"画布大小"菜单项,如图 5-35 所示。

Step02 弹出"画布大小"对话框,在"新建大小"区域的"宽度"文本框中输入宽度数值,如输入"11";在"高度"文本框中输入宽度数值,如输入"11.5"。在"画布扩展颜色"下拉列表框中选择"前景"菜单项,最后单击"确定"按钮,如图 5-36 所示。

图 5-35

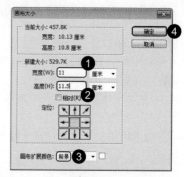

图 5-36

Step03 返回绘图窗口中,程序自动为照片添加了一个白色相框,通过以上方法即可完成为照片添加相框的操作,如图 5-37 所示。

图 5-37

5.4.3 调整图片色调

在 Photoshop 图像处理软件中,用户可以使用"色彩平衡"命令调整图片色调方面的问题,使用"色彩平衡"命令可以整体更改图像的颜色混合,下面介绍调整图片色调的操作方法。

Step01 打开图像文件后,单击"图像"主菜单,在弹出的下拉菜单中,选择"调整"菜单项。在弹出的下拉菜单中,选择"色彩平衡"菜单项,如图 5-38 所示。

图 5-38

Step 02 弹出"色彩平衡"对话框,向右滑动"红色"滑块,向左滑动"洋红"滑块,向右滑动"蓝色"滑块,然后单击"确定"按钮,如图 5-39 所示。

Step 03 通过以上操作方法即可完成使用"色彩平衡"命令调整图片色调的操作,如图 5-40 所示。

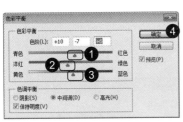

图 5-39

图 5-40

5.4.4 给图片加圆角

为拍摄的图片添加圆角,可以使拍摄的图片看起来比较柔和,让人不易产生压迫感,下面介绍给图片加圆角的操作方法。

Step 01 打开图像文件后,单击"工具箱"中的"圆角矩形工具"按钮,在圆角矩形工具选项栏中,在"半径"文本框内,输入圆角弧度的半径数值,如输入"30"。在文档窗口中绘制一个矩形,如图 5-41 所示。

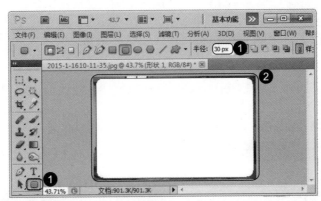

图 5-41

Step 02 按组合键 Ctrl+Enter,将绘制的圆角矩形路径转换成选区,如图 5-42 所示。

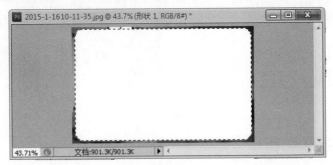

图 5-42

Step 03 打开"图层"面板,选择"背景"层,如图 5-43 所示。

Step 04 按组合键 Ctrl+Enter+I,将创建的选区反选,如图 5-44 所示。

图 5-43

图 5-44

Step 05 选区反选后，单击"编辑"主菜单，在弹出的下拉菜单中，选择"清除"菜单项，将反选的选区区域内的图像清除，如图 5-45 所示。

Step 06 清除图像后，按组合键 Ctrl+D，将创建的选区删除，如图 5-46 所示。

图 5-45

图 5-46

Step 07 选区删除后，在"图层"面板中，选中"形状层"，按 Delete 键，将创建的圆角矩形路径删除，如图 5-47 所示。

Step 08 圆角矩形路径删除后，照片圆角已经制作成功，如图 5-48 所示。

图 5-47

图 5-48

5.4.5 制作闪闪发亮的图片

使用 Photoshop 图像处理软件，用户还可以制作动态图片，使卖家的宝贝图片可以闪闪发亮，下面介绍制作闪闪发亮的图片的操作方法。

Step 01 打开图像文件后，在"图层"面板中，双击"背景"层，如图 5-49 所示。

Step02 弹出"新建图层"对话框,在"名称"文本框中,输入新图层的名称,单击"确定"按钮,如图 5-50 所示。

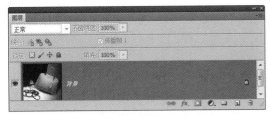
图 5-49

图 5-50

Step03 将"背景"层转换成普通图层后,在工具箱中单击"画笔工具"按钮,单击"窗口"主菜单,在弹出的下拉菜单中,选择"画笔"菜单项,如图 5-51 所示。

图 5-51

Step04 调出"画笔"面板,选中"画笔笔尖形状"选项,在"画笔样式"区域中,选择准备应用的画笔形状样式。在"大小"文本框中,设置画笔的大小值。通过以上方法即可完成设置画笔的大小和形状,如图 5-52 所示。

Step05 设置画笔的大小和形状后,在"图层"面板中,单击"创建新图层"按钮,新建一个图层,如图 5-53 所示。

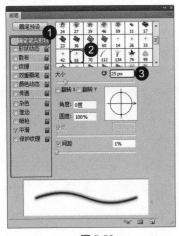
图 5-52

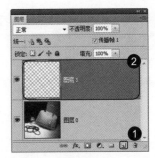
图 5-53

Step06 新建图层后,在打开的图像中任意位置单击,绘制第一个形状,如图 5-54 所示。

Step07 多次重复 Step05 和 Step06 的操作,在打开的图像中绘制多个形状。应注意的是,每一次绘制一个形状时,务必新建图层,以便后面步骤做出动态效果,如图 5-55 所示。

图 5-54

图 5-55

Step 08 绘制多个形状后,单击"窗口"主菜单,在弹出的下拉菜单中,选择"动画"菜单项,如图 5-56 所示。

Step 09 弹出"动画"面板,连续单击"复制所选帧"按钮 ,将第一帧复制出 9 个,如图 5-57 所示。

图 5-56

图 5-57

Step 10 在"动画"面板中,选择第 1 帧,在"图层"面板中,只保留图形所在的"图层 0"和第一个形状所在的"图层 1"显示效果,单击其他形状所在的图层前的"眼睛"图标 ,将显示效果隐藏,如图 5-58 所示。

Step 11 在"动画"面板中,选择第 2 帧,在"图层"面板中,只保留图形所在的"图层 0"和第二个形状所在的"图层 2"显示效果,单击其他形状所在的图层前的"眼睛"图标 ,将显示效果隐藏,如图 5-59 所示。

图 5-58

图 5-59

Step 12 运用相同的方法在"动画"面板和"图层"面板中,设置其他帧和形状显示效果。应注意的是,"图层 0"作为照片图形所在层,在设置帧的过程中,不要隐藏显示效果,如图 5-60 所示。

Step 13 帧动画设置完成后,单击"文件"主菜单,在弹出的下拉菜单中,选择"存储为 Web 和设备所用格式"菜单项,如图 5-61 所示。

Step 14 弹出"存储为 Web 和设备所用格式"对话框,单击"存储"按钮,如图 5-62 所示。

图 5-60

图 5-61

图 5-62

Step 15 弹出"将优化结果存储为"对话框,在"保存在"下拉列表框中,选择文件保存的位置,单击"保存"按钮,如图 5-63 所示。

Step 16 双击创建的 .gif 格式的图片,用户可以查看创建的效果,通过以上方法即可完成制作闪闪发亮的图片的操作,如图 5-64 所示。

图 5-63

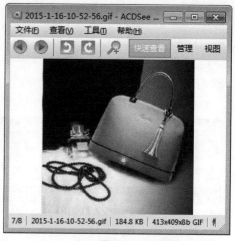

图 5-64

5.5 开店经验与技巧

通过本章学习，用户学会了处理商品图片的知识，并运用所学知识，用户可以对商品照片进行简单的处理，本节将重点介绍一些处理商品图片方面的经验与技巧。

5.5.1 主图创意设计需要注意的细节

网店不同于实体店，图片是网店传递商品信息的主要元素之一。在各类图片中，主图是核心，不仅是店铺商品服务经营的类目呈现，也是店铺经营动态的传播形式。主图创意设计要注意以下3个细节。

1. 明确淘宝网店主图的表现形式与功能

淘宝店铺所说的主图是指发布商品时放在第一位置的图片，在产品发布以后，在买家搜索时首先看到的图片，以及打开宝贝页面后显示的第一张图以及左边的四张图。商品详情页第一屏左侧商品图的第一个位置，叫商品主图，在这个位置出现的视频，即主图视频。由于商品主图是买家进入详情页第一眼见所，所以主图的呈现效果在整个详情页中显得尤为重要。主图是决定一个商品转化率的重要因素之一。

2. 主图制作的主要元素与注意事项

主图是决定一个商品转化率的重要因素之一，最重要的贡献就是提高商品的转化率。主图至少应该包括以下3方面的内容：一是网店的经营类目；二是商品或服务的卖点；三是商品或服务的交易属性和动态信息。

因此，主图的制作至少应注意3个方面内容：一是卖点明确；二是具有创意；三是细节精准。

3. 主图创意设计制作如何体现创意

主图创意设计要体现其创意价值，必须注意以下几方面的细节：

- 主图可以是商品图片，使用模特图片时，要尽量选择有故事情节和视觉冲击力的图片做主图。
- 主图图片内容要与商品标题相吻合，促销信息尽量简单。以图片语汇衬托文字标题关键词。
- 主图要考虑宝贝不同的展示角度，模特的穿着搭配，标新立异或许能收到意想不到的效果。
- 店铺内可以用放大镜看的主图，可以不用添加店铺 Logo，以免影响图片的创意展示。
- 主图颜色不仅要与店铺颜色保持一致，还要结合经营与促销环境，使经营与促销完美统一。

5.5.2 如何将拍大的照片调小

如果上传淘宝网的照片尺寸过大，用户可以使用 Photoshop 调整图片大小，下面介绍如何将拍大的照片调小的操作方法。

Step 01 在 Photoshop 中打开准备调小的图片后，单击"图像"主菜单，在弹出的下拉菜单中，选择"图像大小"菜单项，如图 5-65 所示。

Step 02 弹出"图像大小"对话框，在"文档大小"区域中，在"宽度"文本框内，输入准备调整的图像宽度值，单击"确定"按钮，保存改变图像大小的图像，这样即可完成如何将拍大的照片调小的操作，如图 5-66 所示。

图 5-65

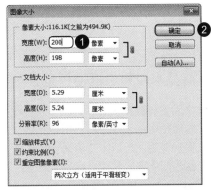
图 5-66

5.5.3 怎样压缩图片

如果上传淘宝网的照片尺寸过大，用户可以使用 Photoshop 压缩图片，下面以上一个实例调小的图片为例，继续介绍压缩图片的操作方法。

Step 01 将图像尺寸调小后，选择"文件"主菜单，选择"存储"菜单项，如图 5-67 所示。

Step 02 弹出"存储为"对话框，在"保存在"下拉列表中选择图像文件保存的位置；在"文件名"文本框中，输入图像文件的文件名；在"格式"下拉列表中，选择准备应用的保存格式；最后单击"保存"按钮，如图 5-68 所示。

图 5-67

图 5-68

Step03 弹出"JPEG 选项"对话框，在"品质"文本框中，输入图书压缩的品质数值，单击"确定"按钮，这样即可完成压缩图片的操作，如图 5-69 所示。

图 5-69

5.5.4 商品水印和边框模板是否可以同时使用

商品水印是向数据多媒体中添加某些数字信息以达到文件真伪鉴别、版权保护等功能。嵌入的水印信息隐藏于宿主文件中，不影响原始文件的可观性和完整性。而边框模板主要是为了使商品照片看起来更加美观，所以，二者是可以同时使用的，也可以使用其中一种。应该注意的是，如果边框模板已经添加店铺的名称、商品信息等，就不用添加商品水印了。

5.5.5 添加水印是否会影响商品的效果

水印应能为受到版权保护的信息产品的归属提供完全和可靠的证据。水印可以用来判别对象是否受到保护，并能够监视被保护数据的传播、真伪鉴别以及非法拷贝控制等。所以，在商品照片中添加水印是非常有必要的。

当然，随意添加水印肯定会影响商品的美观，所以在对商品照片添加水印之前，用户应对添加的水印进行精美的设计制作，这样可以对添加水印的照片加分，从而起到既可以美化商品照片又可以宣传店铺的作用。

5.5.6 淘宝宝贝图片处理技巧

在处理宝贝图片时不能盲目地去修改、装饰，适当使用一些技巧可以达到事半功倍的效果。下面介绍宝贝图片处理技巧方面的知识。

1. 选好宝贝的背景图

宝贝的背景图片不能随意搭配，要选择适合产品的背景来拍摄图片。真实自然的背景能够把宝贝显示得更清晰自然，同时也为后期图片处理节约时间，在拍摄时经常需要消除图片的距离感，这时则可以选择例如水果、树叶、鲜花等来做宝贝的陪衬品，这样会使宝贝看起来有萌萌的感觉。图 5-70 为干果类商品的背景。

图 5-70

2. 搭配精美的文字

优美的文字总能轻易引起人们感情的共鸣，文字对于人们来说，天生就有一种无法形容的魅力，在宝贝图片上添加一些文字上去，是图片处理中很重要的部分。宝贝图片上的文字内容可以是一些产品宣传语、产品价格或广告语之类的文字，这样做能够更吸引顾客眼球，精彩的文案不仅是对产品的绝佳阐述，也是从文学的美感上为产品加分，如图 5-71 所示。

图 5-71

3. 宝贝图片加上水印

在处理图片时，可以添加水印，这样不仅能给人专业的感觉，还能起到宣传的作用。

4. 图片的细节处理

所谓"细节决定成败"，在处理图片时，一定要注意细节上的问题，可以从以下几点来对图片进行细节处理：

- 提高宝贝图片的色彩对比度。
- 提高宝贝图片的黑白对比度。
- 提高宝贝图片的色彩饱和度。
- 对宝贝图片应用怀旧风格。
- 对宝贝图片进行过度锐化。

5.5.7 去除模特脸上的斑点

在需要搭配模特进行的商品照片拍摄中，模特脸上有斑点则会影响出片效果，这时需要祛除这些斑点。下面介绍使用《光影魔术手》祛除模特脸上斑点的操作方法。

Step 01 启动《光影魔术手》软件，打开要祛除斑点的图片。在右侧的面板中，单击"数码暗房"选项卡，选择"人像"选项卡，单击"祛斑"选项，如图 5-72 所示。

Step 02 在"祛斑"选项区域，拖动滑块设置半径范围，拖动滑块设置力量范围，如图 5-73 所示。

图 5-72

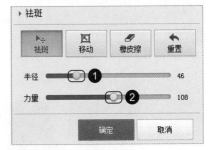

图 5-73

Step 03 在图片编辑窗口中，指定祛斑位置并单击鼠标左键，释放鼠标，如图 5-74 所示。

Step 04 返回"祛斑"选项区域，单击"确定"按钮，这样即可完成祛除模特脸上斑点的操作，如图 5-75 所示。

图 5-74

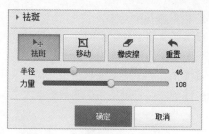

图 5-75

5.5.8 为图片添加文字说明

拍摄的产品照片，如果配以详细的文字说明，会使产品更具说明力，这时可以使用《光影魔术手》软件的文字功能来给图片配文字说明。下面介绍使用《光影魔术手》为图片添加文字说明的操作方法。

Step01 启动《光影魔术手》软件，打开要添加文字说明的图片，在右侧的面板中，单击"文字"选项卡，如图 5-76 所示。

Step02 在"文字"选项区域，在文本框中输入文字说明内容，设置字号大小和字体，然后再设置字体颜色，如图 5-77 所示。

图 5-76

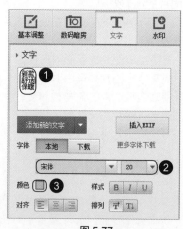

图 5-77

Step03 返回图片编辑窗口，单击并移动文字至合适位置，释放鼠标，如图 5-78 所示。

Step04 在空白处单击鼠标左键退出文字编辑状态，这样即可完成为图片添加文字说明的操作，如图 5-79 所示。

图 5-78

图 5-79

5.5.9 制作背景虚化照片效果

照片虚化背景具有非常重要的作用，能够使照片的宝贝更加突出，让买家一眼就可以看清。下面介绍使用《光影魔术手》制作背景虚化照片效果的操作方法。

Step 01 启动《光影魔术手》软件，打开要制作背景虚化的图片，在右侧的面板中，单击"数码暗房"选项卡。在"数码暗房"区域，选择"全部"选项卡，如图5-80所示。

Step 02 在"全部"选项区域，单击并拖动滚动条，找到"对焦魔术棒"选项并单击，如图5-81所示。

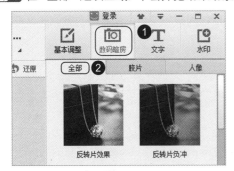

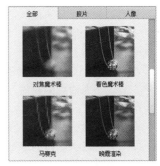

图 5-80　　　　　　　　　　　　　　　图 5-81

Step 03 打开"对焦魔术棒"选项，单击"对焦"按钮，拖动滑块设置对焦半径，拖动滑块设置虚化程度，如图5-82所示。

Step 04 在图片编辑窗口中，指定对焦位置并单击鼠标左键，如图5-83所示。

Step 05 返回"对焦魔术棒"选项，单击"确定"按钮，这样即可完成制作背景虚化照片的操作，如图5-84所示。

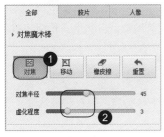  

图 5-82　　　　　　　　　图 5-83　　　　　　　　　图 5-84

5.6 案例分享——退伍军人开网店

终于找到自己的路

2009年，何照决定将自己的工厂从单一的木板生产转型到家具设计生产上。同时，由于对家具线下市场不是很了解，何照决定将家具生意发展到电商平台上试试。

何照是军人出身，做了几年工厂，对电商一无所知，后来，一个做服装电商的朋友告诉他，可以去一些电商聚会学习交流，不仅能学到东西，还能认识很多朋友。于是，何照经常到一些电商聚会、培训班学习交流，终于知道怎么开店了。

2010年年初，何照的天猫商城店铺正式上线。上线初期，在竞争策略上，何照决定经营多种家具产品，包括床、沙发和衣柜等。但是，何照很快就发现，多种商品经营模式，买家似乎并不买账，反而使买家对何照店铺留下"多而不精"的印象。于是何照改变策略，重新回到只售卖实木床的经营模式，并打造多款精品，这样不到两个月，店铺销售额达到月销500多万元，很快实现何照预定目标。

月销 500 万元的业绩，是怎么做到的

在产品方面，何照给自己定了两条竞争力。

（1）价格战。

在家具行业内，产品的平均单价是 2000 元，何照就将自己产品的单价定位在 1500 元。同时何照用自己的制造实力和没有渠道的负担，发起了大规模的价格战。当然价格战不是何照最终的目的，在第一阶段只是为了获取用户和建立初步规模，好让自己的供应链条运转起来。同时，建立一个月销上万件的爆款，对于店铺成长大有裨益，而对于何照家这个家具新品牌，也是重要的第一步。

但是，只有这一步，还不能构成竞争优势，所以，同样的价格，还要做到更好的质量，一定要让消费者感知到这种价值的存在。

（2）树立品牌，提升竞争力。

何照提出，将产品送达消费者的楼下。于是他签约了大型物流公司，利用其在全国 2500 多家网点的优势，实现了点对点的物流，大幅度提高了客户体验，而且可以在天猫后台实现物流跟踪，让客户购买得放心、开心。

何照说，他这么做的目的，是因为新品牌是要通过提升客户体验来找到竞争力的，从而建立良好的口碑。而要做到这一点点的进步，却要付出真金白银的成本。当时每件家具的配送成本增加了 150～200 元。所以，前两年，同行都赚取了利润，何照只赚到了口碑。但是，何照家的这个家具品牌，在天猫却树立了强大的品牌效应。

逆势提价，销量翻倍的秘诀

2013 年，媒体曝光了家具市场甲醛严重超标的新闻。此事被曝光后，引起业内很大反响。一直头疼如何提价的何照突然眼前一亮，行业的危机从来都是新品牌的机会，何照决定借势提升自己产品价格。

何照将自己的产品主打一个概念，"0 甲醛"，而且给每一个消费者送一个 50 多元的甲醛检测仪，让消费者学会自己检测产品。何照说，只要用户检测安全，才能安心使用产品，而且通过增加一个体验环节，教会消费者一个标准，顺利实现自己在消费者心目中的优势地位。自然地，价格也就不成为问题了。这样既建立了品牌信誉，也赢得了口碑和销量。

做成大品牌

从消费者的角度思考，床类商品需要用户体验，图片拍得再好，消费者也想躺一躺这个床，体验舒适，才放心购买，这是消费需求。所以，何照打算开设一百家线下体验店，现在已经洽谈了 20 多个城市的经销商，北京与上海两地的体验店效果还不错。

从当初想做线下，到现在真的去做线下，何照绕了一个大圈，但是这个圈绕出了何照自己的品牌，绕出了供应链的整合能力，更绕出了工厂转型可实现路径。

何照的工厂转型，经历 4 年时间，销售额突破 10 亿大关，何照成为天猫电商的一个传奇人物。

第 6 章
网店的设计与装修

本章要点

- 店铺装修前期准备
- 淘宝图片空间的使用
- 设计店标
- 制作宝贝分类导航
- 描述模板
- 设计商品详情页
- 店铺装修模块

本章主要内容

本章内容主要介绍店铺装修前期准备、淘宝图片空间的使用、设计店标、制作宝贝分类导航、描述模板、设计商品详情页和店铺装修模块方面的知识与技巧,在本章的最后还针对实际的工作需求,介绍了网上开店的成功案例。通过本章的学习,读者可以掌握网店设计与装修方面的知识,为深入学习淘宝精准运营、策略营销与客户服务知识奠定基础。

6.1 店铺装修前期准备

在装修网店店铺之前,用户需要做一些前期准备,包括确定商品销售类型、收集装修素材、店铺装修注意事项和网店装修常用工具等,下面介绍装修网店店铺前期准备方面的知识。

6.1.1 确定店铺类型和风格

每一个网店在装修之前,都要确定好装修风格。淘宝网店的装修风格可以在买家进入网店之后给其以最直观的感受,买家可以通过网店的装修感受到商品的品位。因此,卖家在确定网店装修风格时,除了要充分体现自身特色之外,还要充分考虑大众的审美观念,以获取买家的良好印象。

淘宝网店的装修风格由商品类型和商品消费人群定位来决定。装修网店首先要确定网店的主题,装修色彩的搭配要符合整个网店的主题,要学会用图文展示说明,并能够体现出网店的品牌文化及正面形象,达到加深买家记忆的目的,以此来定位商品特色和网店装修的风格。然后,要根据网店商品的特色进行素材的搜集、图片的处理以及网店招牌、促销区、分类导航区的设计,这样即可完成整个网店的装修。

6.1.2 搜集装修素材

网店装修用到的所有图片都需要图片素材,因此需要提前搜集大量的图片素材。这些图片素材可以在网络上搜集,如在百度中搜索"素材",就会在网页中显示很多素材网站,如图 6-1 所示。在不涉及版权的情况下,这些素材可以下载使用。

图 6-1

打开可提供图片素材的网站,即可看到很多图片素材,如图 6-2 所示。找到合适的图片保存在本地计算机中,方便设计网店图片时使用。此外,也可以购买一些素材图库,图库越丰富,素材越全面,设计就越容易。

图 6-2

6.1.3 文案的策划与写作

电商文案是服务于电子商务的广告语言,通俗地说,就是品牌或产品的广告宣传语或介绍说明。淘宝中的文案主要包括品牌文案、商品文案、主图文案、商品详情页文案、推广文案等,经常和商品图片搭配出现。好的文案可以更好地宣传店铺或品牌,提高品牌形象,增加买家对品牌的好感和信任度。

1. 文案策划的要点

满足买家的需求是营销的基本目的,当买家不了解商品时,就需要通过文案对商品进行介绍。在创作文案之前,首先需要对文案进行策划。一般来说,策划网店文案时主要从以下几方面着手:

(1)分解商品属性。

分解商品属性即明确商品功能,突出商品优点。要策划出好的文案,必须充分地了解商品有文案价值的属性。例如,某户外帐篷的特点是安全牢固、便于安装,那么"安全牢固、便于安装"就是该户外帐篷较有文案价值的属性,在文案中突出这一点,即可吸引不会搭建帐篷或懒于搭建帐篷的买家。

(2)明确顾客群。

准确定位目标人群是文案策划的基础。由于职业、收入、性格、年龄、生活习惯、兴趣爱好等不同,买家的消费习惯也不一样。因此,需对买家的消费行为进行具体分析,了解消费的原因和目的,才能更贴切地针对产品的属性写出具有较强针对性的文案。例如,经调查发现,一部分年轻的手机用户对手机摄像头的像素要求比较高,卖家推出这类手机时就可以在时尚、外形、摄像头像素等方面做文章。

(3)分析利益点。

买家在选择某个商品时,会考虑该商品的多个属性,如实用性、便利性、操作感、安全性等。为了让买家在层层考量后选择商品,卖家就需要直白地将利益点分析给买家。分析利益点也是强调商品优点的一种手段,能清楚地告诉买家这个利益点可以带给他什么,比长篇大论地描述商品功能更有效果。

(4)定位使用场景。

定位使用场景是指给买家指明商品的使用场合。很多时候,商品不仅仅具有通用功能,在某些特殊时期或场景中使用时,可能会有意料之外的效果。所以在做文案策划时,可以对这些特殊场景突出介绍,这样不仅可以增加商品的隐性价值,还可以使买家产生商品非常实惠贴心的想法。例如,某上班族衬衫的抗皱性比较好,那么在文案中则可以描述"精选舒适抗皱面料,不怕挤公交和地铁"。

(5)明确"竞争对手"。

商品的竞争对手并不仅指经营同类商品的经营者,还可以是环境、习俗、职业、场合等。例如,对于电力稳定充足的地区而言,太阳能电器的稳定性不如电力电器,因此,太阳能电器的竞争对手不宜是电力电器,策划太阳能电器的文案时,就需要突出"不依赖电力、随时可用"的特性。

2. 主图文案

对于网上商品而言,文案总是与商品搭配出现的。文案起到展现商品价值,突出商品卖点的作用,其重要性不言而喻。但文案并非适合所有场合,比如重在商品外观展示的主图中通常就不会添加文案。

一般主图文案都字数精练,一目了然。好的主图文案需要做到3点:目标明确、紧抓需求、精炼表达。

目标明确:一般来说,主图的作用是吸引买家深入查看、点击或收藏。

紧抓需求:明确买家希望从主图文案中得到的信息,买家希望知道什么,主图文案中就要包含什么,如价格、品质、活动等。

精练表达:精确地表达买家希望了解的信息。买家在网上商店选择商品时,通常最先看到的是主图,如果主图文案过多,买家难以抓住重点提取自己所需的信息,就会直接放弃阅读转而查看下一个商品。因此,主图文案一定要精练,让买家可以快速直接地初步了解商品,如图6-3所示。

图6-3

3. 详情页文案

详情页文案与转化率息息相关，卖家在出售商品时，不仅要吸引买家查看商品，还需要促成买家的购买行为，而详情页文案就是促成买家购买的有效手段。

与主图文案一样，在制作详情页文案时，首先应明确制作该文案的目的。详情页文案的目的包括以下几种：

引发买家兴趣：引发买家兴趣是吸引买家关注的第一个环节，一般可从品牌介绍、焦点图、目标客户场景设计、产品总体图、购买理由、使用体验等方面进行考虑。图6-4为产品总体图及相关文案。

图 6-4

激发买家需求：激发买家需求是引发买家兴趣的进一步延伸。当买家在是否购买之间摇摆不定时，通过激发买家的潜在需求，可以巩固其购买行为。简而言之，激发买家需求就是给买家一个购买的理由。

获得买家信任：买家购买商品的过程事实上就是对该商品的信任过程，只有获得买家的信任，才能更顺利地卖出商品。商品的细节、用途、产品的参数展示、好评展示等都是获取买家信任的有效手段，如图6-5所示。

打消买家顾虑：打消买家顾虑是获取买家信任的一种延伸，向买家传递出购买后没有后顾之忧的信息，可以进一步奠定买家的购买欲望。商家品质保证、商品证书、商品价值展示、售后服务等都可以打消买家的顾虑，如图6-6所示。

图 6-5

图 6-6

激发买家购买：通过优惠活动、促销活动等进一步激发买家的购买欲望，表达出物超所值的信息，甚至可以诱导买家购买，帮助买家做出购买决定。

6.1.4 网店装修常用工具

网店装修准确来说属于网页设计的范畴。网店装修与网页设计是一样的，就是通过对文字、图像、音频、视频、动画等文件的创意组合来设计出漂亮迷人的页面，从而来吸引顾客，创造网店视觉销售力。因此店铺装修目前使用最多的是工具，即网页和图像编辑工具。下面介绍几款网店装修常用的工具。

1．Fireworks 简介

Fireworks 是第一个完全为网店页面制作者设计的软件。作为一个图像处理软件，Fireworks 能够自由地导入各种图像，甚至是 ASCII 的文本文件，而且 Fireworks 以辨认矢量文件中的绝大部分标记以及 Photoshop 文件的层。而作为一款为网络设计而开发的图像处理软件，Fireworks 能够进行自动切图、生成鼠标动态感应的 Javascript 等操作，而且 Fireworks 具有十分强大的动画功能和一个几乎完美的网络图像生成器。

2．Dreamweaver 简介

Dreamweaver 是 Macromedia 公司的一款"所见即所得"的网店页面编辑工具，或称网店页面排版软件。

Dreamweaver 对于 HTML 的支持特别好，可以轻而易举地做出很多炫目的网店页面特效。插件式的程序设计使得其功能可以无限的扩展。Dreamweaver 与 Flash、Firework 并称为 Macromedia 的网页制作三剑客，由于是同一公司的产品，因而在功能上有着一个非常紧密的结合。

3．Frontpage 简介

Frontpage 是 Microsoft 公司出品的，可能是最简单、最容易，却又功能强大的网店页面编辑工具。采用典型的 Word 界面设计，只要用户懂得使用 Word，就差不多等于会使用 Frontpage 了。就算用户不懂 Word 也没关系，"所见即所得"的操作方式会让用户很快上手，而且用户无须学习 HTML 语法。

6.2 淘宝图片空间的使用

在装修网店店铺的过程中，用户经常需要将素材文件上传到存储空间，以便可以经常调用，常用的存储空间包括使用免费空间相册、使用博客存储图片、租用图片空间和租用虚拟主机等。下面介绍获得图片的存储空间方面的知识。

6.2.1 关于淘宝图片空间

淘宝图片空间是用来储存淘宝商品图片的网络空间，淘宝空间官方会赠送用户 1.0G 的空间容量，可以合理地利用这些空间来上传商品的相关图片。但如果商品较多，可以选择一部分重要的商品上传相关图片，切记不要将所有的商品都上传相关图片，否则会造成图片空间不足，无法继续上传的现象，如图 6-7 所示。

使用淘宝图片空间，有以下几点好处：淘宝图片空间是淘宝官方的产品，比较稳定、安全；管理方便，可以批量操作，价格便宜；使用淘宝图片空间，可以使宝贝详情页图片快速打开，提升成交量。

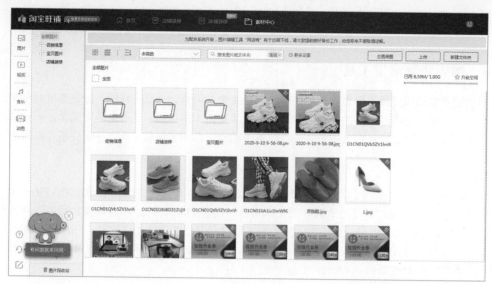

图 6-7

6.2.2 打开图片空间

只有申请成为淘宝卖家,才能使用淘宝图片空间,买家是没有这个权限的,下面介绍打开淘宝图片空间的操作方法。

Step 01 登录淘宝,在千牛卖家中心页面单击"店铺装修"链接,如图 6-8 所示。

图 6-8

Step 02 进入店铺装修页面,单击"素材中心"选项,即可打开图片空间,在该空间可以查看已经上传的图片,如图 6-9 所示。

图 6-9

6.2.3 上传图片

在淘宝图片空间中,上传图片有两种方式,包括高速上传和普通上传,文件夹中的图片可以使用高速上传进行上传。打开淘宝图片空间页面后,卖家就可以将准备好的宝贝和店铺图片上传到空间中。下面介绍上传图片到图片空间的操作方法。

Step 01 登录淘宝,在千牛卖家中心页面单击"图片空间"链接,如图 6-10 所示。

Step 02 进入淘宝旺铺页面,选择"素材中心"选项,单击"上传"按钮,如图 6-11 所示。

Step 03 打开上传图片页面,如图 6-12 所示。

图 6-10　　　　　　　　　　　　　图 6-11

图 6-12

Step 04 将本地计算机中的图片拖曳至页面中,确认上传成功后单击"确定"按钮,如图 6-13 所示。

Step 05 可以看到图片已经上传到图片空间中,如图 6-14 所示。

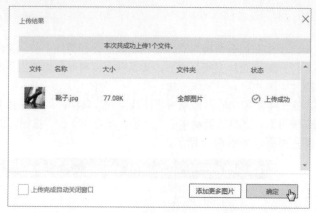

图 6-13

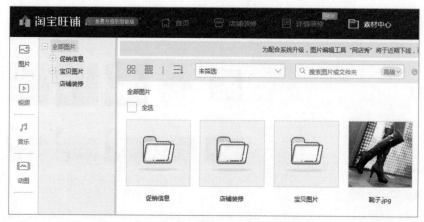

图 6-14

6.3 设计店标

对于一家网店而言,店标有着相当重要的地位。淘宝店标可以代表经营店铺的风格,店主的品位,产品的特性,也可起到宣传的作用,本节将介绍设计具有视觉冲击力的店标方面的知识。

6.3.1 店标设计原则

店标是传达信息的一个重要手段,店标设计不仅是图案设计,最重要的是要体现店铺的精神、商品的特征,甚至店主的经营理念等。一个好的店标设计,除了给人传达明确信息外,还在方寸之间表现出深刻的精神内涵和艺术感染力。

1. 富于个性,新颖独特

店标并非是一个图案那么简单,它代表一个品牌,也代表一种艺术。店标的制作可以说是一种艺术创作,需要设计者从生活中、从店铺规划中捕捉创作的灵感。

店标是用来表达店铺的独特性质的,要让买家认清店铺的独特品质、风格和情感,因此,店标在设计上除了要讲究艺术性外,还需要讲究个性化,让店标与众不同、别出心裁。设计个性独特店标的根本性原则就是要设计出可视性高的视觉形象,要善于使用夸张、重复、节奏、抽象和寓意的手法,使设计出来的店标达到易于识别、便于记忆的功效,如图 6-15 所示。

2. 简练明确,信息表达

店标是一种直接表达的视觉语言,要求产生瞬间效应,因此店标设计要求简练、明确、醒目。

图案切忌复杂,也不宜过于含蓄,要做到近看精致巧妙,远看清晰醒目,从各个角度、各个方向上看都有较好的识别性,如图6-16所示。

图 6-15

图 6-16

3. 符合美学原理

店标设计要符合人们的审美观点,买家在观察一家店标的同时,也是一种审美的过程。在审美过程中,买家把视觉所感受的图形,用社会所公认的相对客观的标准进行评价、分析和比较,引起美感冲动。这种美的冲动会传入大脑而留下记忆。因此,店标设计就要形象并具有简练清晰的视觉效果和视觉冲击力。

6.3.2 店标制作的基本方法

淘宝店标在设计的过程中,按照其显示的效果可以分为静态店标和动态店标两种,下面介绍这两种店标制作的基本方法。

1. 制作静态店标

一般来说,静态店标由文字、数字、图像构成,其中有些店标使用纯文字表示,有些店标使用图像表示,当然也有一些店铺的设计既包含文字也包含图像,如图6-17和图6-18所示。

图 6-17

图 6-18

在设计静态店标的过程中,卖家可以使用Photoshop软件编辑处理自家的店标设计,从而达到用户的设计要求。店主如果没有设计能力或绘画技巧,建议找有绘图基础的专业设计人员设计店标,这类设计人员可以利用自身的绘图技能,在计算机中进行店标绘制和颜色填充,从而达到卖家的要求。

2. 制作动态店标

对于网店而言,动态店标就是将多个图像和文字效果构成gif动画,可以使店标生动地展示买家面前。动态店标一般用PS做好背景渐变,渐变的颜色要根据网站的颜色去调,找好素材,然后用Ulead GIF Animator 5 或 PS 中的动作调板,制作动态店标也可以使用gif制作工具完成,如Easy GIF Animator、Ulead GIF Animator等软件都可以制作gif动态图像。实际上静态和动态在图片上并没有本质的区别，如果是做动态的最好用 Flash 做那些动态效果。

6.3.3 将店标发布到店铺

制作完店标后，需要将其发布到淘宝网店铺上，才能让买家看到并加深对店标的印象。下面介绍将店标发布到店铺的操作方法。

Step 01 进入"卖家中心"界面，在"店铺管理"区域中，单击"店铺基本设置"超链接项，在页面中的"基础信息"区域中，在"店铺标志"区域单击"上传图标"按钮，如图 6-19 所示。

Step 02 弹出"打开"对话框，选择图片，单击"打开"按钮，如图 6-20 所示。

Step 03 店标已经上传完成，如图 6-21 所示。

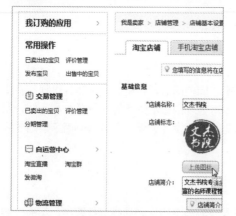

图 6-19

图 6-20

图 6-21

6.4 制作宝贝分类导航

宝贝分类是淘宝店铺提供的一项重要功能，用于帮助卖家对各种各样的宝贝进行分类，宝贝分类设置的操作包括宝贝分类制作注意事项、制作宝贝分类图片和上传分类图片等操作，本节将详细介绍制作漂亮的宝贝分类按钮方面的知识。

6.4.1 分类导航制作规范

宝贝分类管理有两方面：一方面是录入宝贝时的类目，这个是由开店平台提供的；另一方面是在网店装修时的宝贝分类，这个是卖家根据宝贝的特点自行设置的。这两个分类如果选择不正确，客户就无法搜索卖家的产品信息，所以如何选择准确的类目显得非常重要。下面介绍宝贝分类管理的注意事项方面的知识。

- 根据自身的行业经验进行选择，先选择大行业类目，再选择二级类目，最后选择三级类目。
- 使用类目自动匹配功能：这是一个非常方便、实用的功能，它可以帮助用户在几千个类目中查找最合适的类目。但很多客户不会用或没有用好这个功能，主要问题在于设置的产品名称不准确或加了太多修饰词，用户使用该功能时，应注意简单准确的产品名称更容易匹配到正确的类目。

- 一些不常见的生僻产品需要到淘宝网首页，在搜索框中输入产品名称进行搜索，然后查看同行所使用的类目，作为参考。
- 宝贝分类设置尽量与淘宝提供的类目相符，如果店家经营的产品有男装、女装和童装，那么，宝贝分类就要按照男装、女装和童装来分。
- 如果网店产品较多，还可以按照服装的款式来设置二级分类。如可以将童装分为"男童装"和"女童装"两个二级分类。
- 为了方便顾客查找，可以将产品按照颜色、花色等分类。如可以将连衣裙分为"粉色连衣裙"和"印花连衣裙"等。
- 尽量为宝贝多提供一些入口。如一件印花三件套游泳衣可以放在多个分类下。如可以将其放置在"印花泳衣""三件套泳衣"和"游泳衣"三个分类中。这样，买家在寻找不同样式的游泳衣时都会看到这件游泳衣。

6.4.2 制作宝贝分类图片

在淘宝店铺中，卖家可以根据自身销售产品的类型，自定义宝贝分类图片的样式，这样既可以美化店铺细节，又可以让顾客对卖家商品分类一目了然。下面介绍使用 Photoshop 制作宝贝分类图片的操作方法。

Step 01 启动 Photoshop 软件，在菜单栏中，选择"文件"菜单，在弹出的下拉菜单中，选择"新建"菜单项，如图 6-22 所示。

Step 02 弹出"新建"对话框，在"宽度"文本框中，输入宽度值，在"高度"文本框中输入高度值，然后单击"确定"按钮，如图 6-23 所示。

图 6-22

图 6-23

Step 03 新建一个文档，在"工具箱"中，单击"矩形选框"按钮，当鼠标指针变成"十"后，单击并拖动鼠标左键，选取准备绘制矩形的区域，如图 6-24 所示。

Step 04 绘制矩形选区后，将前景色填充成指定的颜色，如"蓝色"，按组合键 Alt+Delete，在矩形选区内填充前景色，如图 6-25 所示。

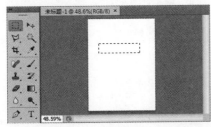

图 6-24

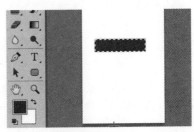

图 6-25

Step05 重复 Step03 与 Step04 的操作，在已填充颜色的矩形下方，再绘制一个同等大小的矩形，并填充成其他颜色，如"绿色"，如图 6-26 所示。

Step06 绘制矩形选区后，在工具箱中，单击"自定义形状工具"按钮 ，在工具选项栏中单击"自定形状"按钮 ，在弹出的下拉菜单中，选择要应用的形状，如图 6-27 所示。

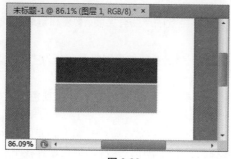
图 6-26

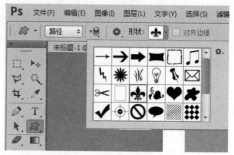
图 6-27

Step07 返回文档窗口，在创建的矩形上，绘制选择的形状图形，并将其填充成白色，如图 6-28 所示。

Step08 绘制形状图形后，在工具箱中，单击"横排文字工具"按钮 T，在绘制的矩形上，输入文字信息，这样即可完成制作宝贝分类图片的操作，如图 6-29 所示。

图 6-28

图 6-29

6.4.3 设置分类导航按钮

制作宝贝分类图片后，用户即可将制作的图片上传到淘宝网并进行设置，下面介绍上传图片并设置宝贝的分类的操作方法。

Step01 将宝贝分类图片存放到图片空间中，进入千牛卖家中心页面，在"店铺管理"区域中，单击"宝贝分类管理"超链接项，如图 6-30 所示。

Step02 页面跳转至"宝贝分类管理"界面，单击"添加手工分类"按钮，如图 6-31 所示。

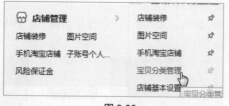
图 6-30

图 6-31

Step03 创建一个新分类，使用输入法输入分类名称，如图 6-32 所示。

Step04 单击"添加图片"按钮，如图 6-33 所示。

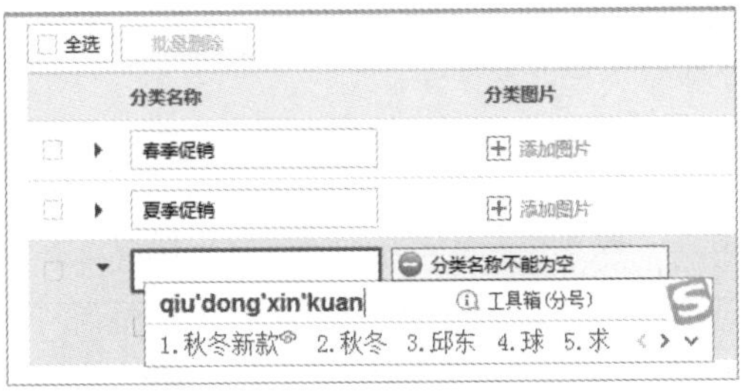

图 6-32 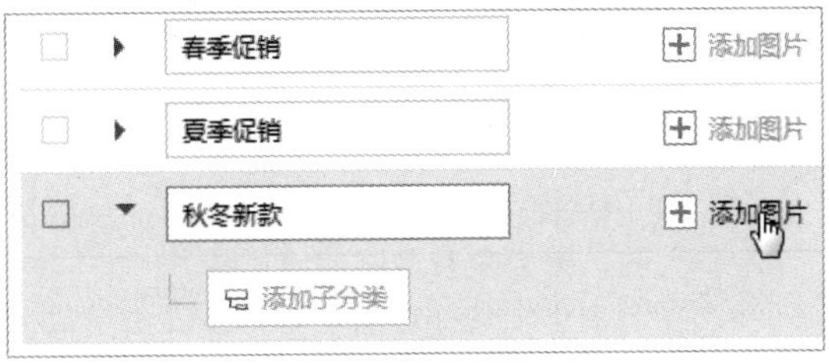　　　　　　　　　　　　　　　图 6-33

Step 05 弹出上传图片对话框，单击"插入图片空间图片"单选按钮，如图 6-34 所示。
Step 06 单击准备插入的图片，如图 6-35 所示。
Step 07 图片已经长传成功，通过以上步骤即可完成设置分类导航按钮的操作，如图 6-36 所示。

图 6-34 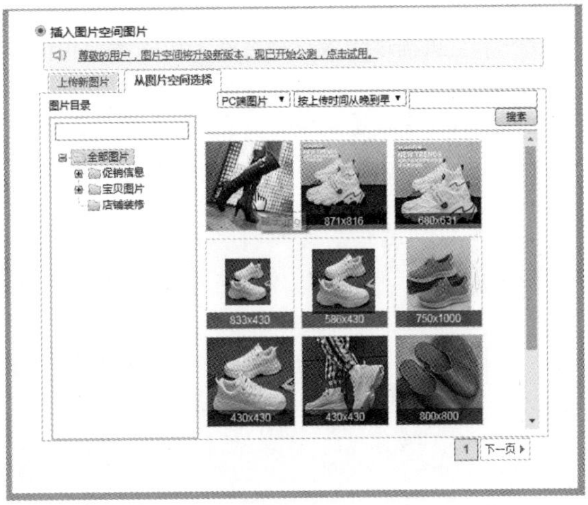　　　　　　　　　　　　　　　图 6-35

图 6-36

6.5　描述模板

描述模板就是使用在商品描述介绍中的模板，描述模板只是店铺装修的一部分，只显示在产品的介绍页面。本节将介绍宝贝描述模板方面的知识。

6.5.1　描述模板的设计要求

宝贝描述页面设计得漂亮美观，不仅能为宝贝的介绍增色不少，还能在一定程度上增加了买家的浏览时间，无形中会增加更多出售宝贝的机会。

目前淘宝网上的宝贝描述模板有很多由懂设计的卖家来出售，可以很方便地得到一个设计美观的宝贝描述模板。对于刚开店的卖家，如果资金不足，可以自己设计宝贝描述模板，在不花钱的同时，也可以随心所欲地设计出富有个性的宝贝描述页面。在制作宝贝描述模板和进行设计前，需要了解并注意一些设计要求。

- 宝贝描述模板就是店铺的形象页面，其他设计例如公告栏、店标、签名等也会根据宝贝描述模板的风格展开设计，所以宝贝描述模板的设计风格非常重要。
- 宝贝描述的设计需要符合 HTML 语法的要求，因为宝贝描述页是应用在网页上的，卖家都是通过浏览器来浏览。
- 为了让宝贝描述页面在浏览器中尽可能快地显示，建议不要在宝贝描述模板中使用过多的大图，因为免费浏览速度过慢。
- 在宝贝店铺管理页面上直接设计宝贝描述并不方便，建议先在本地设计好宝贝描述模板，并将相关的图片上传到相册，然后将模板的 HTML 代码粘贴到店铺描述的设置上。
- 宝贝描述页上的图片地址链接必须正确，否则图片在页面上将不能显示。

6.5.2 描述模板的设计

淘宝店铺在上传宝贝的时候，需要写宝贝描述，通常很多宝贝描述内容都非常相似，这时候可以设置一个宝贝描述模板，那么在上传同类宝贝的时候，在模板的基础上修改即可，这样可以减少重复输入，提高效率。下面介绍宝贝描述模板设计的操作方法。

Step 01 打开千牛卖家中心页面，单击"宝贝管理"区域中的"发布宝贝"链接，如图 6-37 所示。

Step 02 选择宝贝类目后进入"发布宝贝"页面，下拉页面至底部的"宝贝描述"区域，选择"电脑端"选项卡，如图 6-38 所示。

图 6-37

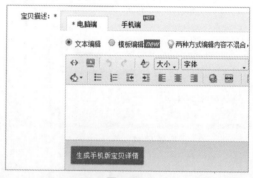

图 6-38

Step 03 在"宝贝描述"区域，单击"详情导航模块"链接，在弹出的快捷菜单中单击"新建模块"链接，如图 6-39 所示。

Step 04 页面跳转至"填写模块信息"页面，在"标题"文本框中输入模块名称，在"详情"文本框中输入模块内容，单击"新增并立即使用"按钮，如图 6-40 所示。

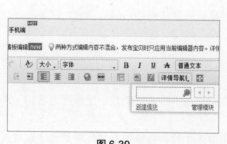

图 6-39

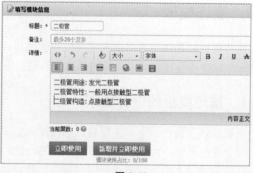

图 6-40

Step 05 返回"发布宝贝"页面，下拉页面至底部，单击"发布"按钮，这样即可完成宝贝描述模板设计的操作，如图 6-41 所示。

图 6-41

6.6 设计商品详情页

商品详情页是由文字、图片、视频构成的,用于向买家介绍宝贝属性、使用方法等详细情况,是卖家向买家推荐商品的关键页面,它的主要作用是完成订单,关乎着店铺的转化率。

6.6.1 商品详情页制作规范

产品详情页也称页面的引导页、明细页、产品介绍页等。网络是一个大型市场,里面的页面信息会有很多,可以结合产品不同的细节点或是说明项在线设置或拼接不同的页面信息。商品详情页应包含以下有效信息。

1. 产品参数

产品参数一般是在产品详情页最顶部的位置,这个是在编辑详情页窗口上方,分为选择项、输入框还有多选框以及新增项等,可根据产品特色添加一些具有可说服力且真实的信息。

2. 产品尺寸或重要说明

有很多产品是需要有相应的尺寸说明的,或是说一些特别注意事项如数量等相关的数据。这个直接关乎着顾客在购买时选择的数量、挑选的个数、选择的方向等。建议卖家做一些详细的说明,否则会造成不必要的售后服务。

3. 产品图

除了参数、产品尺寸外,接下来的则是产品细节图。这个可以表现在对产品的各个角度与细节面的拍摄,同时这里要突出产品优势的一面,可以借助于一些外在实物或是美工方面的创意设计图去表现产品详情图。

建议在设计图的时候要多注意产品细节,同时要做好图片细节的搭配、颜色组合以及相关的文字说明,以及其他突出产品特色的拍摄等。

4. 组合图

这个组合图是指组合别的产品进行展示,更多的表现在产品的前后对比、底部细节对比、说明与文字对比等。

5. 安全使用图

这一步可以介绍快递包装与发货的说明与注意事项,或是发货过程等。也可以适当加入买家的使用图,以及使用过程中的评价图与产品使用过程的拍摄图等。

6. 联系方式

这一内容是很多商家忽略的,对于一些店铺无任何联系方式的商家或是对于新手买家来说,能看到卖家的联系方式是非常重要的。可以根据店铺需要,适当进行添加,这里建议以文字或是数字标识。

可以根据店铺产品不同、服务顾客不同、潜在顾客不同去考虑详情页的制作与细节组合,更好地让买家第一眼看清楚要表达的意思,切记不要让买家去猜测。

美观漂亮的商品详情页可以为商品增色，吸引买家关注，增加商品的售出概率，而为了使制作出的详情页规范完整，还需遵循以下注意事项。

- 商品详情页的风格应该与店标风格、店招风格等相适应，不能相差太大，以免页面整体不协调。
- 商品详情页的内容一般都比较多，为了避免买家浏览详情页时出现加载过慢的问题，建议不要使用太大的图片。
- 商品详情页主要通过浏览器进行浏览，因此要保证图片链接正确，其设计也应该符合 HTML 语法要求，防止出现浏览错误的问题。
- 在店铺管理页面中直接制作商品描述十分不方便，因此建议先通过 Photoshop 制作好商品详情页再进行上传。
- 商品详情页的宽度和高度没有具体要求，但是宽度一般在 750px 以内。
- 要注意移动端和 PC 端的差异化，还有详情页的注意事项，都有不同的页面设计。

6.6.2 制作商品详情页

商品详情页的内容较多，因此建议分开制作各屏内容，或制作好全部内容之后再进行切片。在 Photoshop CC 中制作商品详情页时，首先制作详情页的首屏海报，然后制作细节展示、参数展示等模块。

详情页的制作其实也不需要每一步都亲力亲为，现在网上有很多详情页模板，用户可以在浏览器中搜索"商品详情页模板"，在模板中挑选一个适合自己店铺的就行，然后将准备的商品图片素材替换进模板的相应位置，最后保存图片即可，如图 6-42 即为商品详情页模板网站。

图 6-42

6.7 店铺装修模块布局

布局模块可以帮助用户在装修店铺的过程中实现很多功能，包括使用图片轮播功能、添加搜索功能模块和使用宝贝推荐区等，下面介绍布局模块管理方面的知识。

6.7.1 添加人群商品榜单模块

搜索店内宝贝是旺铺的功能模块之一，此模块的添加可让进店的顾客迅速找到自己所需的产品，下面介绍添加搜索功能模块的操作方法。

Step 01 登录淘宝账户后，在千牛卖家中心的"店铺管理"区域下方，单击"店铺装修"超链接项，如图 6-43 所示。

Step 02 进入淘宝旺铺页面后，选择"店铺装修"选项，选择"手机端"选项，单击"手机淘宝店铺首页"选项右侧的"装修页面"按钮，如图 6-44 所示。

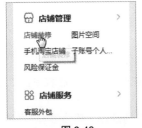

图 6-43

图 6-44

Step 03 进入"店铺装修"页面后，在左侧的"模块"下拉菜单中，在"智能人群类"区域单击"人群商品榜单"选项并拖曳至页面中，如图 6-45 所示。

Step 04 可以看到"人群商品榜单"模块已经被拖曳到页面中，进行具体信息的设置，然后单击"保存"按钮，即可完成添加人群商品榜单模块的操作，如图 6-46 所示。

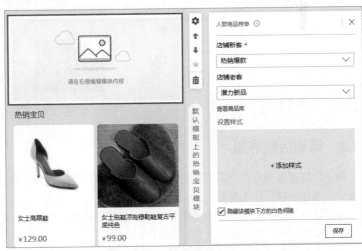

图 6-45

图 6-46

6.7.2 使用轮播图功能

在淘宝开设网店的过程中，如果店铺里设置轮动效果图片展示产品可以给店铺提高一个档次，还能给客户留下好印象。下面介绍使用图片轮播功能的操作方法。

Step 01 登录淘宝账户后,在千牛卖家中心的"店铺管理"区域下方,单击"店铺装修"超链接项,如图6-47所示。

Step 02 进入淘宝旺铺页面后,选择"店铺装修"选项,选择"手机端"选项,单击"手机淘宝店铺首页"选项右侧的"装修页面"按钮,如图6-48所示。

图 6-47

图 6-48

Step 03 进入"店铺装修"页面后,在左侧的"模块"下拉菜单中,在"图文类"区域单击"轮播图模块"选项并拖曳至页面中,如图6-49所示。

Step 04 可以看到"轮播图模块"已经被拖曳到页面中,进行具体信息的设置,然后单击"保存"按钮,即可完成添加轮播图模块的操作,如图6-50所示。

图 6-49

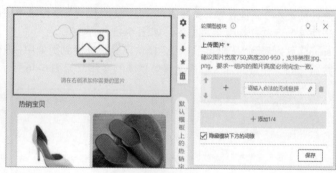

图 6-50

6.7.3 添加店铺客服

淘宝网店的客服,在网店的推广、产品的销售以及售后的客户维护方面均起着极其重要的作用。下面介绍添加店铺客服的操作方法。

Step 01 进入千牛卖家工作台页面,在左侧的导航栏中,单击"店铺管理"下拉箭头 ∨,单击"子账号个人信息管理"超链接项,如图6-51所示。

Step 02 页面跳转至"子账号"页面,单击"新建员工"按钮,如图6-52所示。

Step 03 进入"新建员工"页面,设置子账号密码,确认子账号密码,并在"姓名"文本框中设置客服名称,设置客服性别,如图6-53所示。

Step 04 下拉页面滚动条,在"部门"下拉列表框中,选择部门,在"安全信息"区域,输入手机号,在"证书允许开启"下拉列表框中,选择证书个数,如图6-54所示。

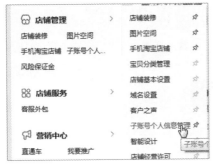

图 6-51　　　　　　　　　　图 6-52

图 6-53　　　　　　　　　　图 6-54

Step 05 上拉滚动条至页面上方,单击"确认新建"按钮,如图 6-55 所示。

Step 06 添加店铺客服操作成功,通过以上步骤即可完成添加店铺客服的操作,如图 6-56 所示。

图 6-55　　　　　　　　　　图 6-56

6.7.4　添加店铺收藏模块

店铺收藏功能可以增加宝贝的人气,提升宝贝综合排名和人气排名,而老客户是店铺销量的保证,如何增加老客户的数量就需要到访客户收藏卖家的店铺。下面介绍添加店铺收藏模块的操作方法。

Step 01 登录淘宝账户后,在千牛卖家中心的"店铺管理"区域下方,单击"店铺装修"超链接项,如图 6-57 所示。

图 6-57

Step02 进入淘宝旺铺页面后，选择"店铺装修"选项，选择"PC端"选项，单击"手机淘宝店铺首页"选项右侧的"装修页面"按钮，如图6-58所示。

Step03 进入"店铺装修"页面后，在左侧的"模块"区域，拖曳一个"自定义区"模块至页面编辑区中，如图6-59所示。

图6-58

图6-59

Step04 在"自定义内容区"模块中，单击右上角的"编辑"按钮，如图6-60所示。

Step05 弹出"自定义内容区"对话框，在"自定义内容区"文本框中，输入文字内容，选中文本，设置字体字号，单击"插入链接"按钮，如图6-61所示。

Step06 弹出"链接"对话框，在"链接网址"文本框中输入网址，在"链接名称"文本框中输入名称，单击"确定"按钮，如图6-62所示。

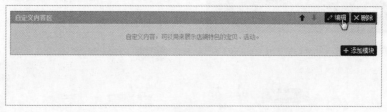

图6-60

图6-61

图6-62

Step 07 通过以上步骤即可完成为店铺添加收藏模块的操作，如图 6-63 所示。

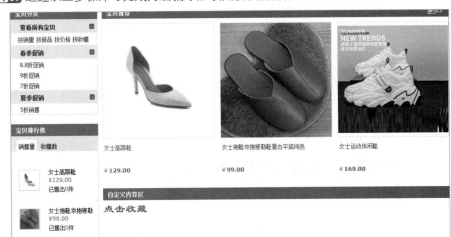

图 6-63

6.7.5 添加宝贝排行榜

买家在浏览淘宝店铺时，可以根据该店铺中的定贝排行榜，查看店铺中的热销品、打折品、新款产品等。下面介绍添加宝贝排行榜的操作方法。

Step 01 进入店铺 PC 端装修页面，在"模块"选项中单击并拖曳"宝贝排行"模块至店铺中，如图 6-64 所示。

Step 02 弹出"宝贝排行榜"对话框，设置宝贝分类，设置显示宝贝数量，单击"保存"按钮，这样即可完成添加宝贝排行榜的操作，如图 6-65 所示。

图 6-64

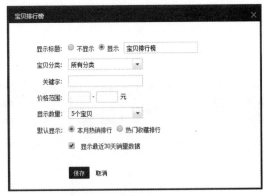

图 6-65

6.7.6 增加店铺导航分类

导航是店铺浏览的快速通道，不仅可以方便买家跳转页面，查看商品及信息，而且还可以提高页面的访问深度和宝贝转化率。目前很多店铺的导航上都有"品牌故事""促销活动"等二级页面，里面设置的都是自定义的内容，看起来非常有创意。下面将介绍增加店铺导航分类的操作方法。

Step 01 进入"店铺装修"页面后，在"页头"区域单击"编辑"按钮，如图 6-66 所示。

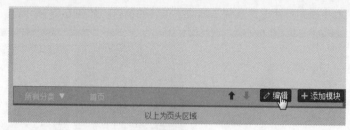

图 6-66

Step 02 弹出"导航"对话框,在对话框的下方,单击"添加"按钮,如图 6-67 所示。

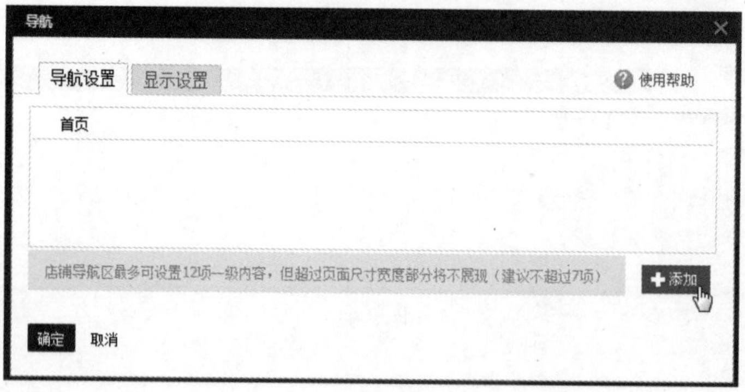

图 6-67

Step 03 弹出"添加导航内容"对话框,选择"页面"选项卡,在"请选择要添加的页面"区域,单击"添加自定义页面"链接,如图 6-68 所示。

Step 04 跳转至新建页面界面,选择页面类型,在"页面名称"文本框中,输入页面的名称,单击"保存"按钮,即可完成增加店铺导航分类的操作,如图 6-69 所示。

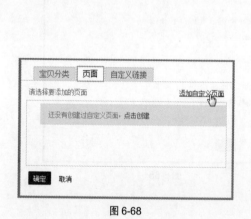

图 6-68

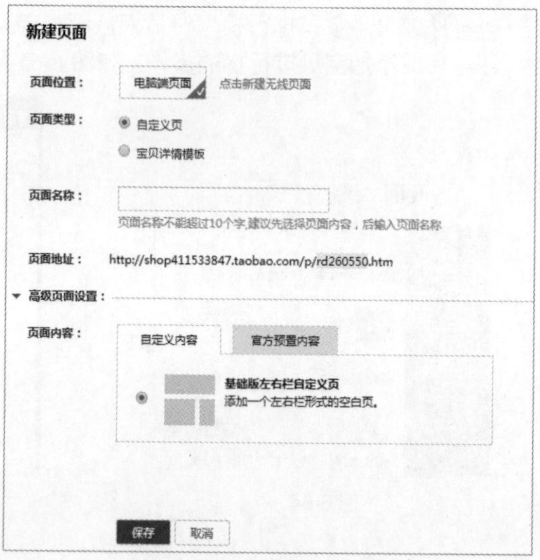

图 6-69

6.8 开店经验与技巧

通过本章的学习,用户学会了处理商品图片等方面的知识,并可以对自己的商品进行简单的图片处理。本节将重点介绍一些网店设计与装修方面的开店经验与技巧。

6.8.1 网店审美的通用原则

网页设计属于平面设计的范畴，它在遵从艺术规律的同时，色彩搭配也一定要合理，给人一种和谐、愉快的感觉，避免采用纯度很高的单一色彩，这样容易造成视觉疲劳。因此，设计者在设计网店时要遵循一定的艺术规律。下面介绍网店审美的通用原则三要素。

1. 特色鲜明

网店的用色必须要有自己独特的风格，这样才能显得个性鲜明，给浏览者留下深刻的印象。

2. 搭配合理

网店设计的过程中，设计者要着重考虑页面布局和产品展示位置摆放，页面布局搭配合理，会给人以赏心悦目的观赏效果，从而得到买家的喜爱和驻足购买。

3. 讲究艺术性

网站设计也是一种艺术活动，因此它必须遵循艺术规律。在考虑到网站本身特点的同时，按照内容决定形式的原则，大胆进行艺术创新，设计出符合要求的网店。

6.8.2 网店装修带来的收益

网店的美化如同实体店的装修一样重要，因为只有独具心裁的网店装修才能打动顾客，增加网店的销售。具体来说，网店装修至少能够带给卖家以下四个方面的收益：

- 增加顾客在卖家的网店停留时间、增强网店的形象和打造网店强势品牌。
- 漂亮的网店装修，会给顾客带来美感，顾客浏览网页时不易疲劳，自然就会细心察看卖家的网店的产品。
- 好的商品在诱人的网店装饰的衬托下，会使人更加不愿意拒绝。
- 装饰精品的网店，不仅是传递商品信息，同时传达店主的经营理念、文化等，这些都会给卖家的网店形象加分，同时也有利于网店品牌的形成。

6.8.3 设置店铺公告的位置

通过"自定义内容区"功能，在淘宝店铺中设置的店铺公告位置是可以更改的，只要编辑"自定义内容区"模块的摆放位置即可。

6.8.4 店铺主色调的选择

不同的商品，对应网店的主色调都是不一样的。所以每位卖家都需要选择一种属于自己店铺的色彩。下面介绍选择店铺主色调方面的知识。

1. 黄色系

黄色本身具有一种明朗愉快的效果，所以能够得到大部分人的认可，通过结合紫色、蓝色等颜色可以得到温暖愉快的效果。高彩度的黄色与黑色结合可以得到清晰整洁的效果，这种配色实例在网站中是经常可以见到的。

黄色是明亮的且可以给人甜蜜幸福感觉的颜色。黄色多用来表现喜庆的气氛和富饶的景色，同时黄色还可以起到强调突出的作用，所以经常使用于特价标志或者想要突出的图标的背景色。

2. 白色系

白色又称为全光色，是光明的象征色。在网店设计中，白色具有高级、科技的意象，通常需要和其他颜色搭配使用。在使用白色时，都会掺一些其他的色彩，如象牙白、米白、乳白、苹果白等。

另外，在同时运用几种色彩的页面中，白色和黑色可以说是最显眼的颜色。在网店设计中，当白色与暖色（红色、黄色、橘红色）搭配时可以增加华丽的感觉；与冷色（蓝色、紫色）搭配可以传达清爽、亲快的感觉。由于白色常用于传达明亮、洁净感觉的产品，所以比较适合结婚用品、卫生用品、女性用品等。

3. 橙色系

橙色通常会给人一种朝气活泼的感觉,它通常可以使原本抑郁心情豁然开朗。橙色象征着爱情和幸福。充满活力的橙色会给人健康的感觉,所以橙色常用于食品类和卡通玩偶类产品。

4. 红色系

红色是强有力、喜庆的色彩,具有刺激效果,容易使人产生冲动,是一种雄壮的精神体现,有愤怒、热情、活力的感觉。

在网店中大多数情况下,红色都用于突出颜色,因为鲜明的红色极容易吸引人们的目光。高亮度的红色通过与灰色、黑色等非色彩搭配使用,可以得到现代且激进的感觉。低亮度的红色通过冷静沉着的感觉营造出古典的氛围。

5. 绿色系

绿色本身具有一定的与健康相关的感觉,所以也经常用于与健康相关的网店。

绿色还经常用于某些公司的公关站点或教育站点。当搭配使用绿色和白色时,可以得到自然的感觉;当搭配使用绿色和红色时,可以得到鲜明且丰富的感觉。

6. 蓝色系

高彩度的蓝色会营造出一种整洁轻快的印象,低彩度的蓝色会给人一种都市化的现代派印象。主颜色选择明亮的蓝色,配以白色的背景和灰色的辅助色,可以使网店干净而简洁,给人庄重、充实的印象。

6.8.5 提高网店店主的电子商务技能

卖家亲自装修网店,必然牵涉一些软件的应用,诸如,网页设计软件、图像设计软件、文字编辑等。这些软件的使用技巧,原本就是电子商务技能的一部分,掌握好这些软件使用技能基本上就掌握了电子商务技术核心部分。

对于卖家来说,不仅要懂得网络商务技巧,同时也要对电子商务的技术有所了解,这样才能够有利于网络生意的发展壮大,特别是有利于把握电子商务的发展趋势,让网络生意不至于落后。

6.8.6 提高网店店主的审美情趣

网店装修是艺术和技术的完美结合,一个好的网店装修作品原本就是一件优秀的艺术品。网店装修能够带给卖家和买家一种美的享受,如果能够自己亲自设计装修,则是提高网店店主审美情趣的重要途径之一。

亲自动手设计网店,虽然不是什么大工程,但设计者得熟悉一些美术基础知识,例如,色彩、构成、艺术流派等,这样也无形中提升了卖家的审美情趣。

6.8.7 如何创建子分类

在已有的商品分类下,不能创建子分类。需要先将分类中的商品移出,创建子分类以后,再将商品移到相应的子分类中。

6.9 案例分享——大学生卖婴儿用品,月销额百万元

正在某知名大学艺术学院上大三的小何,已经是一家儿童用品公司的总经理,其公司经营一家月销售额超 100 万元,利润达到约 30 万元的网店。下面一起走进小何的大学生创业历程。

前两次创业没赚到钱

小何是一名大学生,刚上大学那会儿,他就通过一家家教中介公司找到一份家教工作,在双休

日给家住市区的一位高三学生补课，每小时 30 元。后来，他又找了另外两份家教，双休日一家接着一家去上课，最多的时候，他双休日要上 16 个小时的课，赚 500 元钱。

这种"疯狂"的家教生活大约持续了一年，小何发现做中介赚钱更轻松。于是上大二后，他在大学附近租了一间房子，办起了中介所。为了扩大中介所的影响力，小何还在报纸上、墙体上发布过广告。做了半年后，他发现自己基本没赚钱，开始淡出这个行业。

小何的第二次创业，是倒卖书籍。有一次，他发现一家书店的武侠小说很畅销，而且价格很便宜，便以很低的折扣进了一大批，闲暇时在大学附近摆起了书摊，但最终由于利润太薄也没赚到钱，因为网络很发达，许多同学都会从网上购书，而网上的书很便宜。

赚钱从第三次创业开始

2015 年 6 月，小何在淘宝网上注册了自己的店铺，刚开始卖一些名牌服装的尾货，生意并不好。无意中，他听一位做婴幼儿饰品批发生意的网友说，现在网上最好卖的是婴幼儿产品，一块小小的三角布，上面绣着孩子们喜欢的图案，围在脖子上，既可以擦口水，也可以当装饰品，只是这样的三角巾就能卖上几十元甚至上百元。

于是，小何便试着进了一批婴幼儿三角布，口水巾的产品在网店一上架，立即吸引了许多年轻爸妈的目光，生意异常红火。进价每条 10 元的口水巾，他在网上可以卖到 30 元，一下子赚了一大笔钱。

小何从中总结出一条规律，网上卖得好东西，一定是实体店里很难能买到，并且是爱上网群体有购买需求的产品。

慢慢地，小何除了卖口水巾外，还卖婴幼儿衣服、玩具等。为了让自己的货物有吸引力，他开始设计婴幼儿产品，然后打上自己的品牌，直接找加工厂下订单，生产自己品牌的产品。

2016 年 10 月，为了方便批量生产，小何开始专门做起婴幼儿用品批发生意，不再零售，产品销量大增。生意做大后，小何经常早上 6 点多起床，亲自前往代加工厂查看产品质量和产量，以便可以及时出货。

如今，他的客户主要是开婴幼儿用品网店的零售商。小何自信地说，在全国婴幼儿用品网上批发商中，他的销售量已经进入前 10 名，产品甚至开始销往国外。

租下一间 1000 平方米的工厂开网店

如今，小何的网店已经开在一间面积达 1000 多平方米的办公楼中，由于地理位置位于市中心，这间办公楼的每年租金都在 20 万元左右。小何并不担心房租价格，他说，选择在这里办公，一是给自己的员工创造更好的办公地点，上下班也方便；二是因为公司的业务在不断扩大，在这里和客户洽谈业务也会给客户更好的印象。

跟随小何进入办公楼，笔者发现客厅四周全是货架，架子上放着各式各样的婴幼儿用品，有动物造型的小玩具，有印着卡通图案的婴幼儿衣服，还有婴幼儿爬行垫等。小何说，这些产品都是自己公司设计开发的畅销产品，放在这些货架上，不仅是荣誉产品的展示，更是激励自己可以开发设计出比这些产品更优秀的产品。

客厅的正中间是办公区，十几个员工正在电脑桌前忙得不可开交，小何对着笔者指着其中一个女孩说，这是他的女朋友晓梅。与自己休学办网店不同，他的女朋友是兼职来帮小何打理业务的，平时还是要去学校上课。

说到自己的女朋友，小何无不开心地说，当初开办网店，家里人都不支持，觉得这是浪费精力浪费钱的工作，都希望他能继续完成学业，不要休学，只有自己的女朋友，一直在支持着自己，从开办网店的初期，女朋友就一直陪在他身边，帮他打理业务，默默为他打气。

小何说，如果没有女朋友这几年的帮助和关心，也许他早就放弃网店的生意了。所以，他一直觉得，应该对自己的女友说声对不起，让她跟着自己度过了一段艰难的时光。同时，也要感谢她，陪着自己终于朝着成功走近了一大步。

关于将来

看到自己的公司和网店已经走向了正轨,小何说,是该回到学校读书完成学业的时候了。他需要在学校里更加地充实自己,为公司将来良好的发展,储备下丰富的知识资源,同时也要好好享受一下最后的校园时光,和自己的女友晓梅好好谈一场唯美浪漫的校园之恋!

关于未来,小何憧憬的还有很多,他希望将来无论自己的事业有多么成功,都不要忘记自己的初心,不要忘记自己白手起家的艰辛和困苦,更不要忘记陪他创业并帮助过他的每一位亲朋好友。

他说:"开创自己的事业,要不怕吃苦、不怕困难,只有坚定地走自己的路,未来广阔的天地才会为你敞开。"

第 7 章
商品的包装和发货

本章要点

- 发货方式
- 商品的包装
- 库存管理
- 开店经验与技巧
- 案例分享

本章主要内容

本章内容主要介绍发货方式、商品的包装、库存管理的知识与技巧,在本章最后还针对实际的工作需求,讲解了淘宝开店的成功案例。通过本章的学习,读者可以掌握商品的包装和发货的知识,为深入学习淘宝精准运营、策略营销与客户服务知识奠定基础。

7.1 发货方式

在经营网店的过程中,卖家选择哪种发货方式,将直接影响卖家的发货速度和服务质量,而发货方式的选择,也会影响卖家的发货信誉,本节将详细介绍发货方式的知识。

7.1.1 网上商品的主要发货方式

邮递货物的方式有很多种,包括平邮、快递、EMS 和物流托运等,下面介绍这四种邮递货物方式的特点。

1. 平邮

平邮是邮政中一项寄送信与包裹业务的总称。包括普通的寄信(也就是平信)和普通的包裹,寄送时间都比较慢。平邮是所有邮政递送业务中速度最慢的业务。

邮政的包裹分为国内普通包裹和国内快递包裹,国内普通包裹最慢,国内快递包裹稍快。国内快递包裹根据各地区的规定不同及物品的不同,有的投递包裹单,有的投递包裹。

2. 快递

快递又名速递,是兼有邮递功能的门对门物流活动,即指快递公司通过铁路运输、公路运输、空运和航运等交通工具,对客户货物进行快速投递,是邮政业的重要组成部分。在很多方面,快递要优于邮政的邮递服务。除了较快送达目的地及必须签收外,现在很多快递业者均提供邮件追踪功能、送递时间的承诺及其他按客户需要提供的服务。

快递行业具有带动产业领域广、吸纳就业人数多、经济附加值高、技术特征显著等特点。它将信息传递、物品送递、资金流通和文化传播等多种功能融合在一起,关联生产、流通、消费、投资和金融等多个领域,是现代社会不可替代的基础产业。

3. EMS(邮政特快专递服务)

EMS 是邮政特快专递服务,它是由万国邮联管理下的国际邮件快递服务,是中国邮政提供的一种快递服务。该业务在海关、航空等部门均享有优先处理权,它以高质量为用户传递国际、国内紧急信函、文件资料、金融票据、商品货样等各类文件资料和物品。

EMS 特快专递业务于 1980 年开办，业务量逐年增长，业务种类不断丰富。除提供国内、国际特快专递服务外，EMS 相继推出省内次晨达和次日递、国际承诺服务和限时递等高端服务，同时提供代收货款、收件人付费、鲜花礼仪速递等增值服务。

相比其他快递，EMS 拥有以下优势：
- EMS 是目前中国范围内最广的快递，到全国各大中城市为 10 天，到县乡 20 天。
- 网络强大，全国 2000 多个自营网点，任何地区都能到达。
- EMS 限时速递非常快。100 个城市之间的速递，能送货到手。
- EMS 的货物丢失损坏率一直维持在百分之一以下，安全性较高。
- EMS 为了保证客户服务质量，法定节假日均保持营业，天天配送（农村地区节假日除外）。

相比其他快递，EMS 劣势在于：
- 定价灵活性不足，在民营快递价格战面前竞争力不强。
- EMS 网站查询有待进一步改善。
- 资费比普通民营快递稍高。
- 航空件可能比普通件还慢。

4. 物流托运

托运是物流的一种形式，是托运人委托具有托运资质的公司将货物运输到指定地点，交给指定收货人的服务。根据托运方式不同，可分为海运托运、陆运托运、空运托运三种。

（1）海运托运。

海洋货物运输虽然存在速度较低、风险较大的不足，但是由于它的通过能力大、运量大、运费低，以及对货物适应性强等长处，加上全球特有的地理条件，使它成为国际贸易中主要的运输方式。我国由于集装箱运输的兴起和发展，不仅使货物运输向集合化、合理化方向发展，而且节省了货物包装用料和运杂费，减少了货损货差，保证了运输质量，缩短了运输时间，从而降低了运输成本。

（2）陆运托运。

陆运托运，在贸易中是客户最常使用的一种，陆运托运可分为汽车运输和铁路运输两种。汽车运输的特点是适应性强、运输方便快捷和运送速度较快等；而铁路运输的特点是运输能力大、运输成本低、受自然环境影响小和连续性好等，用户应根据不同的发货需要，选择不同的陆运托运方式。

（3）空运托运。

空运托运是指用飞机或其他航空器运送人员、物资和邮件等的一种运输方式，一般是比较急用的货物或者公路运输不能符合客户要求的时效的情况下才会选择空运。空运以其迅捷、安全、准时的超高效率赢得了相当大的市场，大大缩短了交货期，对于物流供应链加快资金周转及循环起到了极大的促动作用，但空运相对海运、陆运成本较高。

7.1.2 选择适合自己的物流

电子商务的快速发展带动了物流行业的发展，现在物流服务的服务范围越来越广，加入这个行业的企业也越来越多，难免出现良莠不齐的情况。在复杂的物流环境中，卖家初期选择快递公司时一定要十分慎重，快递安全、快递价格、发货速度和服务质量等因素都需优先考虑。

1. 快递安全

物流安全是卖家必须考虑的问题，丢件、物品破损等情况会严重损害店铺的服务质量，引起买家的强烈不满。为了保证商品的安全，对于贵重物品，卖家可以选择 EMS，并进行保价，从而保障货主的利益。在选择其他快递服务时，卖家要有购买保险的意识，同时需要了解理赔服务。

此外，卖家还可对物品进行保护包装，在包装箱上标注易碎、轻放等字样，叮嘱快递公司注意保护等。

2. 快递价格

快递价格与成本息息相关，为了降低成本，很多卖家都愿意优先选择价格更低的快递服务，这当然无可厚非，但也绝不能一味盲目地以低价为标准。如果低价的物流服务是以物流质量低为代价，那么卖家将得不偿失。因此，卖家需对快递公司进行详细对比。首先，了解想要选择的快递公司，通过每个快递公司的官方网站查询快递公司的基本资料、联系方式等，筛选出综合质量良好的快递公司。其次，选择负责自己所在地的各个快递公司的网点，与负责该区域的快递员沟通价格，可以在对比多家之后再做决定。最后，如果合作愉快，可以适当地进行沟通，尽量拿到比较低的友情价格，降低自己的成本。

3. 发货速度

在网上进行购物的买家，通常对物流的速度快慢非常在意，物流速度快，会非常容易赢得买家的好感，反之，则容易引起买家的不满甚至投诉。卖家一定要注意快递的发货速度，首先，自己发货的速度要快；其次，快递揽件并发货的速度也要快。由于快递公司在不同地区的网点一般都采用独立核算的方式，因此不同地区的快递网点其服务质量、速度等可能都不一样，卖家最好亲自考察并对比自己所在区域的快递发货速度，选择比较优秀的网点。

4. 服务质量

服务质量也是卖家挑选快递服务的标准之一。快递行业作为服务行业之一，应该具备服务行业的精神，遵守服务行业的准则。质量好的快递服务会给买家带来舒适的服务体验，从而增加买家对网店的好感度。

7.2 商品的包装

网店要经营得好，产品包装也很关键。在包装方面有着独特且完善的方法的卖家不一定成功，但一个成功的卖家在包装方面一定下了功夫。一个成功卖家的衡量指标之一就是包装细节。

7.2.1 常见的商品包装方法

在网店经营时，卖家在包装商品的过程中，包装商品的技法与包装的各种功能密切相关，特别是与保护商品关系密切，只有将商品包装精美而结实，不易损坏，买家收货的时候才能安心，下面介绍两种常见的商品包装方法。

1. 一般包装技法

一般情况下，商品的包装方式有以下几种：

- 对内装物的合理放置、固定和加固：在运输包装体中装进形态各异的产品，需要具备一定的技巧，只有对产品进行合理放置、固定和加固，才能达到缩小体积、节省材料、减少损失的目的。
- 松泡产品进行压缩包装：对于一些松泡产品，包装时所占用容器的容积太大，相应地也就多占用了运输空间和储存空间，增加了运输储存费用，所以对于松泡产品要压缩体积。
- 包装物的捆扎：外包装捆扎对包装起着重要作用，有时还能起关键性作用。捆扎的直接目的是将单个物件或数个物件捆紧，以便于运输、储存和装卸。此外，捆扎还能防止失盗而且保护内装物，能压缩容积而减少保管费和运输费，能加固容器，一般合理捆扎能使容器的强度增加20%～40%。捆扎的方法有多种，一般根据包装形态、运输方式、容器强度、内装物重量等不同情况，分别采用井字、十字、双十字和平行捆扎等不同方法。对于体积不大的普通包装，捆扎一般在打包机上进行，而对于集合包装，用普通捆扎方法费工费力，一般采用收缩薄膜包装技术和拉伸薄膜包装技术。

2. 特殊包装技法

对于一些特殊的宝贝，可以使用以下几种方式来包装：

- 缓冲包装技法：该法又称防震包装，是将缓冲材料适当地放置在内装物和包装容器之间，用以减轻冲击和震动,保护内装物免受损坏。常用的缓冲包装材料有泡沫塑料、木丝、弹簧等。缓冲包装方法则分为全面缓冲、部分缓冲和悬浮式缓冲三类方法。全面缓冲包装方法是将产品的周围空间都加缓冲材料衬垫的包装方法。部分缓冲包装方法是指仅在产品或内包装的拐角或局部地方使用缓冲材料衬垫。这样既能达到减震效果,又能降低包装成本,如家电产品、仪器、仪表等通常采用此类包装。悬浮式缓冲包装是用绳索、弹簧等将产品或内包装容器悬吊在包装箱内,通过弹簧、绳索的缓冲作用保护商品,一般适用于极易受损、价值较高的产品,如精密机电设备、仪器、仪表等。

- 防潮包装技法:是为了防止潮气侵入包装件,影响内装物质量而采取的一定防护措施的包装。防潮包装设计就是防止水蒸气通过,或将水蒸气的通过减少至最低限度,其中金属和玻璃的阻隔性最佳,防潮性能较好;纸板结构松弛,阻隔性较差,但若在表面涂抹防潮材料,就会具有一定的防潮性能;塑料薄膜有一定的防潮性能,但多由无间隙、均匀连续的孔穴组成,并在孔隙中扩散造成其透湿特性。
- 防霉包装:防霉包装是防止包装和内装物霉变而采取一定防护措施的包装。除防潮措施外,它还要对包装材料进行防霉处理。防霉包装必须根据微生物的生理特点,改善生产和控制包装储存等环境条件,达到抑制霉菌生长的目的。
- 防锈包装:防锈包装是为防止金属制品锈蚀而采用一定防护措施的包装。防锈包装可以采用在金属表面进行处理。如镀金属镀层不但能阻隔钢铁制品表面与大气接触,且电化学作用时镀层先受到腐蚀,保护了钢铁制品的表面;也可采用氧化处理和磷化处理的化学防护法;还可采用涂油防锈、涂漆防锈和气相防锈等方法,如五金制品可在其表面涂一层防锈油,再用塑料薄膜封装。

7.2.2 商品包装时的注意事项

卖家包装产品的过程中,注意包装的一些细节,会让买家收货时感觉更贴心,下面介绍一些卖家包装产品时应注意的细节。

1. 定义品牌风格

包装也是品牌的一部分,它可以反映出卖家的商品风格,所以卖家对包装的颜色、材质和图案的选择,是可以呈现品牌风格的重要因素,如图7-1所示。

图 7-1

2. 贴心小细节

卖家在包装商品时要换个角度思考,想想客人收到商品时,怎样的包装会让客人感到惊喜。有的时候包装并不需要砸重金才能够制造出惊喜效果,精心的巧思有时可以更胜一筹,制造出画龙点睛的效果,如图7-2所示。

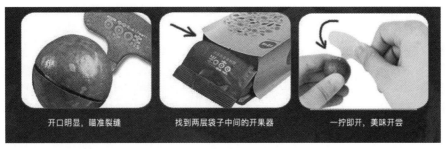

图 7-2

3. 品牌专属印章印花或装饰

制作一个独有的品牌印章或店标图案,很容易让卖家的品牌辨识度提高,这点无疑对包装来说是一个优势,只要增加自身创作的特殊性进去,就可以让包装的特殊性更上一层楼。包装的每一个小细节,其实都是紧紧扣住客人心门的钥匙,让客人从心里觉得购买得开心并放心,如图 7-3 所示。

图 7-3

4. 赠送小礼品

卖家也可以制作有品牌店标的小赠品,例如,装饰小徽章、设计款邮票贴纸、明信片和贴纸等小物,都可以加强品牌的印象,也可以让商品印象在买家的生活中有延续性和传播性,如图 7-4 所示。

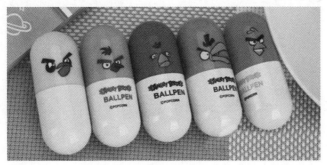

图 7-4

7.3 库存管理

仓储管理即对仓库和仓库中储存的物资进行管理。仓储管理是物流管理中非常重要的一个部分,仓储不仅是商品的保管场所,还是仓库物资的流转中心。卖家需对仓储管理有一个基本的了解。

7.3.1 商品入库

商品入库是网店日常运营工作中的一部分,一般包括商品检查、货号编写和入库登记 3 个步骤,下面分别进行介绍。

商品检查：指对入库的商品进行检查，一般需检查品名、等级、规格、数量、单价、合价和有效期等信息。通过商品检查，卖家可以了解入库商品的基本信息，筛选出不合格的商品。

货号编写：当商品种类和数量较多时，需要对商品进行区分，一般采取编写货号的方式。在编写货号时，可以采用商品属性和名称+编号、商品属性或名称缩写+编号的方式。

入库登记：指按照不同商品的属性、材质、颜色、型号、规格和功能等，分别将其放置到不同的货架中，同时编写入库登记表格，对商品入库信息进行记录。

7.3.2 商品包装

商品包装不仅方便物流运输，同时还能对商品在物流运输过程中进行保护。商品包装一般需要根据实际情况而定，不同类型的商品其包装要求也不一样。当然，卖家也可以对商品包装进行美化，提高物流质量，增加买家好感度。

1. 常用包装材料

商品包装是商品的一部分，反映着商品的综合品质。商品包装一般分为内包装、中层包装和外包装 3 种。

（1）内包装。

内包装即直接包装商品的包装材料，主要有 OPP 自封袋、PE 自封袋和热收缩膜等。一般商品厂家已经进行了商品的内包装。

OPP 自封袋：OPP 自封袋透明度较好，材料比较硬，可以保证商品的整洁性和美观性，文具、小饰品、书籍、小电子产品等小件商品均可使用 OPP 自封袋进行内包装，如图 7-5 所示。

PE 自封袋：PE 自封袋比较柔软，主要用于防潮防水、防止物品散落等，可反复使用，明信片、小样品、纽扣、散装食品、小五金等都可以使用 PE 自封袋进行内包装，如图 7-6 所示。

图 7-5　　　　　　　　　　　　图 7-6

热收缩膜：热收缩膜主要用于稳固、遮盖和保护产品，效果类似于简单的抽真空，很多商品外覆的透明保护膜即为热收缩膜，如图 7-7 所示。

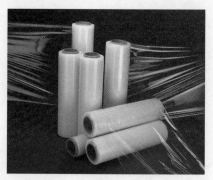

图 7-7

（2）中层包装。

中层包装通常指商品与外包装盒之间的填充材料，主要用于保护商品，防止运输过程中的商品损坏。报纸、纸板、气泡膜、珍珠棉、海绵等都可以用作中层包装。

报纸：如果商品不属于易碎品，且不容易产生擦痕等，可使用报纸进行中层包装，主要起到防潮作用。

气泡膜：气泡膜是一种十分常见的中层包装材料，它不仅可以保护商品，还可以防震、防压和防滑。数码产品、化妆品、工艺品、家具、家电和玩具等都可以使用气泡膜作为中层包装材料，如图7-8所示。

珍珠棉：珍珠棉是一种可以防刮、防潮的包装材料，也可做到轻微的防震。薄的珍珠棉可以包裹商品，厚的珍珠棉可用于填充、做模和固定商品等，如图7-9所示。

图7-8

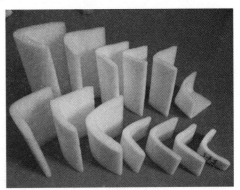

图7-9

海绵：海绵是非常柔软的一种材料，可用于包裹商品，也可以作为填充材料，如图7-10所示。

卖家在选择中层包装材料时，可根据实际情况进行选择，灵活使用各种填充材料，例如，包装水果的网格棉也可用于其他小件商品的包装或作为填充材料使用。

（3）外包装。

外包装即商品最外层的包装，通常以包装袋、包装盒和包装箱为主。下面对常见的外包装材料进行介绍。

包装袋：包装袋是一种比较柔性的包装方式，韧性较高，且抗拉抗磨，主要有布袋、纸袋等种类，一般如纺织品等柔软抗压的商品可采用包装袋进行包装，如图7-11所示。

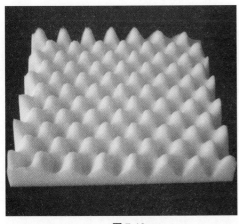

图7-10

图7-11

编织袋：编织袋主要用于包装大件的柔软商品，在邮局、快递、物流等多种场合都十分常见。

复合气泡袋：复合气泡袋是一种内衬气泡膜的包装袋，具有较好的防震效果。书籍、相框等物品均可使用复合气泡袋进行包装，如图7-12所示。

包装盒：包装盒是一种具有较好的抗压强度的包装材料，不易变形，多呈几何形状。糖果、巧克力、糕点等小件物品使用包装盒的概率较高，如图7-13所示。

图7-12

图7-13

包装箱：包装箱与包装盒类似，通常体积较大，包装量较大，使用范围比较广，主要用于固体货物的包装，非常适合作为运输包装和外包装的材料，如图7-14所示。

图7-14

2. 包装商品时的小技巧

在包装商品时，有心的卖家可在包装箱上做一些贴心小提示，不仅可以提醒快递员注意寄送，还可以宣传自己的店铺。此外，为了提升买家的好感度，还可送一些贴心卡片、小礼品，或使用具有个性特色且可以迎合目标消费群的包装箱等。

7.3.3 商品出库

商品出库是指仓库根据商品出库凭证，按所列商品编号、名称、规格、型号和数量等，准确、即时、保质保量地发给收货方的一系列工作。对于淘宝网店而言，商品出库主要包括选择物流公司、联系快递员取货和填写并打印物流信息等主要步骤。

选择物流公司：当收到出库通知时，首先需要核对出库商品的信息，并根据商品信息提取对应的商品，填写商品出库表，登记商品出库信息，选择物流公司。

联系快递员取货：根据商品所在地区联系物流公司该区域的快递网点，通知快递员前往取货。

填写并打印物流信息：填写商品的物流单，记录并打印商品的物流信息，方便对物流信息进行保存和跟踪。

7.3.4 物流跟踪

将商品包装好并交给物流公司后，卖家还应时刻关注和监督物流公司的发货和运输信息，对物流情况进行跟踪，保证商品可以在最短的时间内送达买家手中，避免因物流速度过慢而引起买家的不满。通过淘宝后台的卖家中心即可对物流情况进行跟踪，其方法是登录淘宝，在千牛卖家工作台页面中单击"物流管理"栏中的"物流管理"超链接，在打开的页面中即可查看当前所有订单目前的物流状态。

7.3.5 货物维护

在快递运输的过程中，有可能会出现货物丢失、货物破损和货物滞留等情况。此时，卖家必须及时了解货物的物流情况，与物流方取得联系，并快速实施相应的解决方案。

1. 货物丢失

货物丢失属于物流中比较严重的问题，出现货物丢失的情况时，卖家一定要与物流方进行沟通，及时对货物丢失的详细情况进行了解。一般来说，货物丢失分为人为和非人为两种情况，如果是人为原因造成的货物丢失，则需追究责任人的责任。为了防止这种情况的发生，卖家在进行商品包装时，特别是包装电子商品等贵重商品时，一定要做好防拆措施，并提醒买家先验收再签字，将风险降至最低。如果是非人为原因造成的货物丢失，那么可以要求快递公司对商品的物流信息进行详细排查，检查是否遗漏在某个网点，如果确实找不到了，可以追究快递公司的责任。

不管是何种原因造成的货物丢失，都可能延长买家收到货物的时间。为了避免纠纷，在商品出现丢失情况时，卖家应该告知买家，并与之协商好处理办法，如果买家不接受该情况，卖家则要尽快重新发货。

2. 货物破损

货物破损是一种非常影响买家好感度的情况，商品包装不当、快递运输不当等都可能导致货物破损情况的发生。为了预防这一情况，卖家在包装商品时，一定要仔细严谨，选择合适的包装材料，保证货物在运输过程中的安全；如果是运输不当的问题，则需要追究快递公司的责任。

对于买家而言，收到破损商品是一件非常影响情绪的事情，这可能直接导致差评的产生。因此，卖家一定要重视商品的合理包装，如果是易碎易坏商品，则要告知快递员小心寄送，并在包装箱上做出标识。

货物丢失和破损不仅影响物流质量，还会造成买家、卖家和快递公司等多方损失，处理起来耗时又烦琐，因此，卖家一定要注意避免，尽量选择服务质量更好的快递公司，并确保商品包装的安全。

3. 货物滞留

货物滞留是指货物长时间停留在某个地方，迟迟未进行派送。货物滞留分为人为滞留和非人为滞留两种。其中，人为滞留多由派送遗漏、派送延误等问题引起，非人为滞留则多由天气等客观原因造成。如果是人为原因造成的货物滞留，则需要卖家联系物流方了解滞留原因，催促快递公司及时进行派送。如果是非人为原因造成的货物滞留，则卖家应该及时与买家进行联系，告知物流滞留原因，并请求买家理解。

7.4 开店经验与技巧

本节侧重介绍和讲解商品的包装和发货方面的实践经验与技巧，主要内容包括产品发出买家没收到货、发货时丢件了该如何处理等知识。

7.4.1 如何让我们的包装更有价值

很多新开店的新手卖家，可能还不知道怎样包装商品是最合适的，既能让买家感到满意，也能为自己的网店起到一定的推广作用。所有的买家都希望收到一个完好无缺、看起来更具品质的商品，那么卖家如何让外包装看起来更高端、更有价值呢？下面介绍几点建议。

1. 发送店铺名片

在发送商品的时候，可以在内包装里塞上几张名片，名片上要印上自己的网店名、店铺经营范围、电话号码等联系方式。一般来说，买家如果觉得网店商品不错的话，都会留下卖家的名片以便下次购买，或是将店铺收藏并推荐给其他需要此类商品的好友。

2. 问候贺卡

现代社会通信发达，人们的沟通方式已经从信件扩展到短信、电话、电子邮件、视频等。很多人已经好多年没有收到过信件了，所以在邮寄商品的同时，附赠一张温馨的贺卡，必定会唤起很多人熟悉的感觉，增加买家对卖家的好感。

3. 赠送小礼物

许多买家都希望得到一些小赠品，即使这些东西对他们来说可能并没有多大作用，但是他们在收到小礼物的时候也一定会很高兴。一个质量好的赠品可以起到画龙点睛的作用，但是如果买家收到的是一个粗制滥造的赠品，那么他们对卖家的店铺也会大打折扣，还不如不送。

4. 热卖产品介绍

不是每个买家都会十分耐心地看完卖家店里的所有商品的，所以在快递商品时，可以送上一份店铺的产品介绍。可以把店铺里最热销的商品或新上架的商品，整理成一个小小的推荐表。不要小看这张推荐表，它对买家的作用，可比店铺里的产品介绍要强得多。

7.4.2 如何利用包装赢得买家好感

衡量一个卖家经营网店是否用心，看其发出来的商品包装就知道了。用包装赢得买家的心是最简单的一个方法。包装不会发出声音语言，但它具有很好的视觉语言。包装可使买家在无需销售人员的介绍或示范的情况下，仅凭包装上的图文介绍，就可以了解商品。

如今，产品包装所起的作用不只是简单的方便携带，好的产品包装能包装产品属性、迅速识别品牌、传递品牌内涵、提高品牌形象等。同样，这些包装上的文字、图像、色彩等都能起到宣传效果，同时还可以美化商品、促进销售。

从陈列环境着手，在包装的色彩、图案、款式等方面突出品牌的视觉冲击力，以区别于同类商品，最终脱颖而出。

从品牌定位、品牌个性化方面着手，明确针对的人群，选择合适的渠道，从而决定包装设计风格，以突出品牌及利益点等消费者关注的重要信息。

根据渠道和价格差异，设计有附加值、品质感及美感的包装。这些要素都与品牌价值相辅相成，是提升品牌美誉度的重要手段。

不同的商品需要不一样的包装。根据自家的宝贝，花一些心思，包装完全可以更胜人一筹。比如卖衣服，可以在衣服外面多套一个防水的塑料袋；卖玻璃香水，可在盒子外面写上温馨提示：请立即检查是否破损；卖陶瓷、工艺品，最好用木箱包装；卖数码产品，要填充更多填充物等。

7.4.3 如何利用包装提高销量

1. 融入文化元素，尽显品牌内涵

文化是源远流长的，它是品牌永恒的生命力，将文化融入品牌，并得以在终端展示，这是展现品牌内涵，提高品牌美誉度的极好方法。所以，将文化元素体现在包装上，产品也便有了厚重的文化底蕴，这种产品也更能经得起时间的考验。

2. 优化图文设计，巧用色彩装束

产品包装的图文设计和色彩搭配是获取消费者目光的先锋兵。图文设计精美，色彩搭配和谐，且让人赏心悦目的产品包装必然最先跃入消费者的眼里。

3. 创新包装形式，满足不同用途

包装的功能很多，例如保护产品，便于储运；吸引注意力，进行促销；方便购买、携带；提升品牌价值等。

设计良好的包装能为消费者创造更多使用价值，为生产者创造更多销售额和利润。

4. 提供必要信息，提高品牌档次

包装关键在于深入产品内核，将与品牌相关联的产品文化、名称、图案、文字、色彩、材料、造型等一系列元素激活。其中产品信息的提供和表现非常重要，包装信息与产品信息必须保持一致。品牌名称、标志等信息的设计表现要尽可能地体现品牌个性和差异性。

7.4.4 如何选择好的快递公司

找到一家快递公司不难，难就难在鉴别这家公司是否真的"价廉物美"。有一些快递公司实际上很不正规，几个人骑着电动自行车就敢到各个公司送快递，这样的公司根本无法保证时间、服务以及赔偿等相关问题。在选择一家快递公司的时候，店家可以根据以下几个标准把关。

1. 营业执照

作为一家注册的正规快递公司，都会有营业执照，在进行合作前必须要亲眼看到他们的营业执照以及批号（切记：复印件没有用）。如果涉及签订合同的问题时还要向快递公司所在的工商所求证，证明所提供的营业执照是真实的，并且可以从工商所处了解到该快递公司的口碑如何，这对于合作很重要。

2. 规模

如果公司每天发送的快件很多的话，卖家在找快递公司的时候还要注意考虑规模问题，有些快递公司确实有营业执照，但其实是规模很小的。如果同这样的快递公司合作，很容易造成快件被耽误，直接影响到发货。所以要详细了解快递公司的规模、业务、所覆盖的服务范围等，了解得越仔细，对以后的工作越有好处。

3. 诚信

快递是服务行业，诚信很重要，因为这里涉及赔偿的问题。可以先从行业内了解该快递公司的信誉怎样，也可从快递公司现有的客户处了解它的服务。快递重在短时间高效率，如果快件被耽搁，业务受影响或快件被损坏、丢失、送错等问题出现就涉及赔偿的问题，如果不选择一家信誉好的快递公司合作，很容易在送快件过程中出现纰漏，到时会使公司和业务双重受损。如果快递费是按月结算的话，信誉就更重要了，信誉好的公司可以保证按劳索酬，不会出现虚报的情况。

4. 人员素质

在考虑了快递公司的各种硬件设施之后，也要注意看看快递员的个人素质。因为快件是需要快递员直接经手的，如果快递员的个人素质不高，或者道德有问题，那很可能导致贵重物品的丢失、钱财的丢失等问题，这会直接影响到卖家的日常工作。

5. 服务

快递提供的服务讲究时效性，很多快件要求在非常短的时间里送到买家手里，这就是考验快递公司服务的时候了。建议卖家在选择一家快递公司长期合作之前，要多看几家快递公司的服务，选择服务最好的，即使多付些快递费也值得，因为当你快递现金、支票、贵重物品时会减少担心。

7.4.5 如何省快递费

在淘宝网中，如何省邮费，一直是众多卖家关心的问题，因为节约下来的是成本，省出来的就是利润。下面介绍快递省钱的技巧。

- 一定要和快递业务员好好地砍价，争取把快递价格压到最低，而且不能只是看价钱，还要找个比较有信用的快递公司，否则，因为快递公司的信用不好从而影响到网店的信用，就得不偿失了。
- 选择快递公司的时候，要看这家公司的网点多不多，有的公司虽然很便宜，但是规模很小，在一些小的城市根本就到不了，这样会影响买家选择，而且快递公司的规模越大，越能赢得卖家和买家的信赖。
- 货比三家，多找几家快递公司，因为不同的快递公司收费也不一样，可以让各家快递公司

报一份价，仔细比对。
- 直接找业务员商议价格，而不是通过快递公司的客服人员。
- 在快递公司的网站上下订单可以降低快递费用。
- 与业务员砍价时，不要一砍到底，要先说一个比较低的价格，这样业务员在抬价时就不会抬得那么高。

7.4.6 如何避免物流纠纷

在开店过程中，因为物流延误、丢件和买家等待时间过长等原因，很容易造成客户满意度下降，导致买家纷纷退款或直接给差评。那么如何避免发生物流纠纷，卖家应该注意以下几条建议。

- 当卖家卖出商品后，就一定要开始对这件商品进行认真而仔细的检查，然后再进行包装，把给客户送的赠品也要一块放进去，千万不要忘记这一点，因为当客户收到货后那一刻的心情是很高兴的。
- 在包装时，一定不要不舍得包装盒或者怕麻烦，避重就轻，能用多个包装盒尽可能的去用，这样会让商品更保险。当包装盒内部都处理好后，就要开始封胶带，这时也是要注意的，一定要封得漂亮整齐些，不要乱缠胶带，让人感觉很不专业，这样会大大降低印象的。如果卖家更细心的话，可以自己设计一个防盗封箱专用的封条粘在包装箱上，这样就会防止调包或者掉件的可能发生。
- 包装包好后，在填写发货单时，千万不能粗心大意，一定不要漏写收件人详细地址、电话、收件人姓名等，有时也会有个别客户要求到货时间的，那么一定也要在上面注明，以及商品编号、物流过程中需要注意的方面也要写明，同时也可以在备注栏里写上一些提醒的话语。做完这一些就可以打电话叫快递员上门取件了。
- 每卖出去一件商品都是要与快递公司合作才能送达客户手中，那么我们就要学会和快递员沟通。首先自己要了解清楚快递费的行情，当出货量大的时候就要求给出最优惠的价格，可以选择月结，或者联合附近的淘宝商家共同委托一家快递公司，从而取得较低的价格。
- 在分批发货时，关注物流的收纳和运送能力，及时调整选择最佳的物流公司避免快递爆仓。多几家备选物流，避免单一物流出现爆仓，导致所有货物都在途中延误。
- 关注每个订单的物流情况，针对未及时送达及路上延误的快递，能够有针对地安抚短信通知到买家，让买家能够安心等待。不要以为延误是正常现象，就忽视了消费者的心理变化。
- 关注每个订单到件情况，在快递到达买家当地，并安排派送物品时，能够用温馨的短信向买家因延误的问题而致歉，并提醒签收注意事项，努力提升客户满意度。
- 可针对有延误收货的订单做电话问询，给买家一种关心的感觉。
- 如有必要，可针对以上订单的买家赠送优惠券、包邮卡等作为补偿，而赠送这些优惠券、包邮卡，实际受益的是卖家。

7.5 案例分享——海归夫妇裸辞，淘宝卖螃蟹

海归夫妇瞒着家人裸辞，因一次宴请扎根江苏

每年9月20—23日是阳澄湖的开湖时间，也是蟹农忙碌大半年，正准备一鼓作气、大干一场的时候。"可不，辛苦了这么久，憋着这一股劲儿，就等现在。"蟹塘主的老板娘卢小珍说道。

看着面前这位妆容精致的姑娘，若不是晒黑的双臂和被蟹钳夹伤的手指，实在无法与蟹农联系起来。不过卢小珍笑称，她的老公Louis（路易斯）更具违和感，"他人很白净，还是那种只晒红不晒黑的肤质，每次下塘都不太像是能干活的。"卢小珍说，"初来乍到，大家都以为我们是去玩或者买螃蟹的，根本没想到咱俩是去养蟹卖蟹的。"可就是这样子的两个读书人，如今牛郎织女式地当起了蟹农。

时间回到2010年，卢小珍从河南郑州大学毕业，在一家银行零售部找到了一份可以说是铁饭

碗的工作。两年后，再辗转到北京某知名互联网公司管理层就职，当时的月薪除去五险一金已有15000元。与此同时，Louis在英国拿到硕士学位后，归国就业的第一站也放在了北京，就职于中关村某金融平台，薪资待遇也很不错。但租房、挤地铁疲于奔命的生活让两人觉得理想、抱负变得无所适从，便任性了一把。2016年，在毫无准备的情况下，两个人裸辞，结束了北漂生活。

"刚来到南京，我们没想过自己能做些什么事情，也没有找工作，只是一个偶然机会，我老公在英国的老师过来参加了一个学术论坛，我们也去听了。"卢小珍和Louis当天还宴请这位外国老师吃了淮扬菜，可没想到，一个外国人点的第一道菜竟然是大闸蟹。

外国人热衷于大闸蟹，这个小细节，在卢小珍脑中留下了深刻印象。当晚睡前，卢小珍就提议干脆在江苏做大闸蟹的生意。于是说干就干，便有了现在的"蟹塘主"。

组建"妇女扎蟹队"，有人最多一天赚1000元

说起来容易做起来难，门外汉卢小珍和Louis开始在人生地不熟的江苏寻找养殖基地，语言、交通甚至连住宿都成为了他们的难题。

听人说起，红膏蟹才是大闸蟹中最好吃的，于是两人来到江苏兴化。从南京到兴化，242千米，每周两次来回奔波，不过与北京不同的是，这一次他们是在为自己的学费打拼。

既然做了就要做好，夫妻俩请了专业人士协助采集了兴化水域和大闸蟹年产值的数据和资料，并对比了12块水域的水质资料后，最终选取了现在的这片区域，200亩蟹塘，作为自己的螃蟹养殖基地。

承包蟹塘，两人已拿出全部积蓄了，从选蟹苗放养到清塘巡视，每一个环节，夫妻俩都是亲力亲为。

"没想到养蟹这么苦这么难！"卢小珍说，"你知道吗？一只蟹要脱17次壳，昼伏夜出，我们基本上都要在下半夜睡觉，很多时候会累得直接钻进蟹塘上的棚子过夜。"

虽然辛苦，但相爱的两个人在一起共同努力，相互扶持，一切都是值的。为了提高蟹的品质，饲料都是选取蒸玉米、进口鱼粉等。卢小珍不喜欢鱼粉的腥味，所以喂螃蟹的活儿，都交给老公处理，卢小珍更多负责销售。

在卖蟹的过程中，卢小珍花了很多心思，这也将是文章开头提到的"妇女扎蟹队"的由来。"我们捆扎螃蟹的工具有绳子和香草两类，香草成本高。不过，我收到过很多评价说用香草捆的蟹蒸出来特别香，成本高也值了。"刚做生意，为了在客户群中留下良好口碑，卢小珍透露就连扎法都做了一番研究。她回忆，当时想着请一位村里赋闲的妇女帮忙，没想到她速度很快，三下五除二就扎好了。精益求精，卢小珍就思量着，要是来个花式扎法会不会更好。因此，两人最终也研究出了一套新花样。随着销量的增加，卢小珍需要更多人手来节约时间，提高效率。于是，她说服了那位大姐将她的手艺传播给村民，实现共赢。目前，在他们麾下已有一个五六人的团队，组成了"妇女扎蟹队"。按扎一只蟹3元的预算，一位妇女一天最多能收入1000多元。

开淘宝店扩大销售，每天发完货就很踏实

其实，在刚刚回国那会，夫妻俩就看到国内电子商务的发展势头。因此除了亲力亲为维护好蟹塘，组建"妇女扎蟹队"，他俩最终还在淘宝上开了一家店铺，扩大销售。

不光如此，夫妻俩也帮助了村里不少蟹农开起了网店，增加了营收。卢小珍说："在这里很开心，大家都很朴实。虽然头发剪短了，人晒黑了，皮肤也有了皱纹，但是我俩每天都盼着把货发完的那一刻，很踏实。"

第 8 章
手机淘宝运营

本章要点

- 手机淘宝概述
- 提高手机淘宝转化率
- 淘宝直播
- 淘宝主播的赚钱方式
- 开店经验与技巧
- 案例分享

本章主要内容

本章主要介绍手机淘宝概述、提高手机淘宝转化率、淘宝直播、淘宝主播的赚钱方式方面的知识与技巧,在本章的最后还针对实际的工作需求,分享了淘宝开店的成功案例。通过本章的学习,读者可以掌握手机淘宝运营方面的知识,为深入学习淘宝精准运营、策略营销与客户服务知识奠定基础。

8.1 手机淘宝概述

截至 2019 年 6 月,中国网民规模达 8.54 亿人,手机网民规模达 8.47 亿人,较 2018 年年底增加了 2984 万人。网民中使用手机上网人群的占比由 2018 年的 98.6% 提高至 99.1%,并在高基数的基础上进一步攀升。手机网民规模继续保持稳定增长,高于其他上网设备的使用比例,这意味着手机依然是中国网民增长的主要驱动力。

手机的技术门槛较低,是互联网向二三线城市、低收入群体渗透的重要途径。在手机上网普及的过程中,运营商的推动作用将继续存在,通过网络套餐和 4G、5G 号码的推广宣传活动,促使手机用户向手机网民用户转换。

基于移动互联网的快速扩张,网络经济取得了飞速发展。移动互联网相比于传统互联网,具有移动化、碎片化和个性化特点,全方面贴近用户生活的各个方面,带来了商业模式上的发展和改变。

随着 4G 网络、5G 网络与智能手机的普及和手机上网体验的不断改善,电子商务网站不遗余力地开发移动端商品,吸引着越来越多的买家使用移动端购物,使手机网民数量大幅增加,并逐渐养成了网上购物的习惯。

随着时代的不断发展,如今几乎人手一台智能手机,加之手机携带方便,所以人们开始偏向于手机购物。手机淘宝是淘宝网公司的手机门户网站,拥有网页版本和客户端版本。通过手机淘宝,买家可以随时随地完成相关商品的搜索、浏览、支付购买、查看物流信息等操作。图 8-1 和图 8-2 为手机淘宝 App 界面。

图 8-1

图 8-2

8.2 提高手机淘宝转化率

随着人们越来越习惯使用移动互联网购物,以手机和平板电脑等为主的移动终端成交几乎占据了整个电子商务终端的半壁江山。有很多手机店铺的流量已远远超过传统电脑端店铺的流量,但是也有很多手机店铺几乎没有流量,那么怎样提高手机淘宝的转化率呢?

8.2.1 标题关键词

手机端更加注重主图权重和详情页权重,这就要求标题更加精准。如何让自己的宝贝更容易地展现在手机淘宝卖家面前呢?优化宝贝标题是关键。

手机端宝贝标题的优化方法与电脑端大同小异,要结合属性来进行。首先应该选好类目,完善属性,选取热门关键词,据此找到相应的长尾词和相关词,然后按照"品牌+类目+核心关键词"来选择宝贝标题。图 8-3 的商品标题就使用了"品牌+类目+核心关键词"。

图 8-3

8.2.2 宝贝主图

如果卖家的宝贝主图与众不同,那么必然会将买家的视线吸引过来。现在一些类目可以上传 6 张主图,因尺寸为长方形,所以叫作长图。提高图片质量等于提高店铺流量以及订单转化率,所以卖家应该注意图片清晰度,且尽量压缩图片的大小,因为买家不会白白浪费时间去等一张图片的加载。

在手机端,建议把图片做得更加细致,在主图上适当安排一些商品促销信息。图 8-4 为宝贝主图。

将图片做好之后一定要进行对比测试,不要主观地认为已制作的图片就一定好,而要客观地进行对比测试,通过流量变化加以判断。对没达到优化预期效果、不合格的图片要果断删除,然后对剩余的图片继续优化。

8.2.3 宝贝描述

宝贝描述是网店买家决定是否购买商品的最后一站,它跟商品转化率息息相关,可以通过内在的优化来实现较高的转化率。所以,宝贝描述好不好,直接决定着商品转化率。

宝贝描述开头的作用是吸引买家的注意力,并激发他们的购买兴趣。

不管要写什么样的宝贝描述,必须全面了解潜在买家的需求,即了解他们在想什么,然后找到吸引他们感兴趣的东西,看看再怎么把商品和他们的兴趣联系在一起。

图 8-4

8.3 淘宝直播

直播是当下比较热门的一种营销形式。淘宝直播既能娱乐消遣又能进行购物,自然受到许多人的欢迎和喜爱。直播电商模式可以打造更多消费场景，通过主播与买家间的实时互动，可以提高商品曝光度并快速拉动购买人群，起到商品导购的作用。

8.3.1 淘宝直播概述

淘宝网为卖家提供了运营阵地，以直播为代表的商品和工具正帮助卖家经历着从运营"流量"到运营"人"的转变。由此，淘宝网把直播变成了最具商业价值的营销形式。

随着淘宝购物方式的改变，很多人开始边看淘宝直播边购物，因而淘宝直播已经成为大多数卖家所热衷的营销形式。由于淘宝直播的崛起，一批主播借助风口迅速实现财富自由。图 8-5 和图 8-6 为淘宝直播页面。

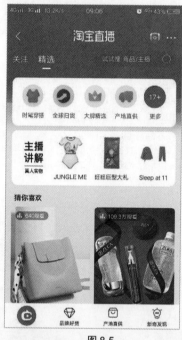

图 8-5

图 8-6

淘宝网作为中国最大的购物平台，每天有几亿人的浏览量。这里不缺少人气，不缺少买家，不缺少变现的人流量，那么，淘宝直播的优势有哪些呢？

1. 实时性强

之前网上购物的方式是根据图片和文字描述去选择商品和购买商品，而淘宝直播则可以通过直播的形式展示商品，以提高商品的真实性，从而引导买家购物。只要主播引导得当，那么直播期间带来的销量是比较可观的。

2. 互动性强

主播承载了线下导购的角色，可以将卖家和买家的关系拉近，进行更加直接的互动交流，如图 8-7 所示。

3. 获取方式多样

台式计算机、笔记本、平板电脑、智能手机等都可以实现淘宝直播内容的获取，并能使广大买家在线及时观看直播。

4. 具有趣味性

很多淘宝主播在直播的时候不仅展示商品，还会运用一些语言技巧，使买家心情愉悦地购买商品。因此，趣味性是其很重要的特性。

图 8-7

8.3.2 淘宝直播的入口

虽然淘宝直播非常火,但是有些人还不知道淘宝直播的入口在哪里。淘宝直播有手机端和电脑端两个入口,下面分别进行具体介绍。

1. 淘宝直播手机端入口

打开手机淘宝首页,通过往下翻首页内容,即可找到淘宝直播入口,如图 8-8 所示。

图 8-8

2. 淘宝直播电脑端入口

打开淘宝网首页,然后往下翻,直到找到直播入口,如图 8-9 所示。

图 8-9

8.3.3 淘宝店铺直播

淘宝店铺直播可以说是客服的升级版,很多淘宝店铺通过直播增加了 20%～30% 的转化率,有的甚至达到了 50%。店铺直播的核心在店铺,主播可以快速地带动店铺的流量和销量。聪明的卖家会通过直播带来高流量从而打造爆款,通过运营来稳定单品的流量,这样就能使直播带来的流量最大化。

开通淘宝店铺后,卖家可以直接用自己的店铺账号申请开通店铺直播,开通店铺直播后即可直播自己店铺的商品,并且直播时可以多人、一人、换人播。这也体现了店铺直播的灵活性,即没有要求固定一个人一直在直播。

8.3.4 淘宝达人直播

淘宝达人是某一领域的专家,而直播在达人体系扮演的是一个吸粉、赚取佣金的角色。淘宝达人获利的方式是通过跟卖家合作,帮助卖家在直播的时候把商品推送给自己的粉丝,成交后赚取佣金。淘宝达人直播主要是依靠淘宝达人主播个人的魅力吸引粉丝,同时淘宝达人主播也知道粉丝需要哪些商品,所以推荐的商品都是粉丝喜欢的,继而粉丝的忠实度非常高。

淘宝达人直播卖货没有限制,比较适合那种没有货源的主播,可以在淘宝 V 任务平台接单或是招商。淘宝达人直播的优势在于商品上新快,因为不是自己的货源,只需要和其他店铺进行对接即可,因此更新货品也快。

8.4 淘宝主播的赚钱方式

淘宝直播和普通的直播平台不一样,不是靠收礼物赚钱的,而主要是通过给买家或卖家提供一个商品展示的平台来赚钱的。淘宝主播主要的赚钱方法有两种:帮卖家卖货收取佣金和专场直播。

8.4.1 帮卖家卖货收取佣金

帮卖家卖货收取佣金是淘宝主播赚钱的一种方式,即主要看淘宝主播能推广出多少商品,所获得的佣金计算如下:佣金 = 客单价 × 佣金比例。

淘宝直播是为店铺服务的,目的是拉动消费,而不是像其他平台的主播为了迎合观众而制订直播的内容,毕竟其他平台的主播都是拿薪水的,且有观众送的礼物。淘宝直播则是以商品为主,卖什么商品,就以什么商品为中心,以提高店铺的销量。

一些知名度高的淘宝主播，做一场淘宝直播就能卖出近万件商品，自然赚取的佣金也就越多。

8.4.2 专场直播

专场直播主要是帮助卖家打广告，在某一时段专门介绍某卖家的商品，通常按时间收取卖家费用。

淘宝直播者要想获得更高的报酬，就必须懂得消费心理，懂得直播技巧，当然还要对商品的使用有一定的见解。淘宝直播者只有充分了解所要介绍的商品，才能让买家信赖自己，并成为自己的粉丝，最终达到帮助卖家推广商品的目的。

8.5 开店经验与技巧

在本节的学习过程中，将侧重介绍和讲解本章知识点有关的实践经验与技巧，主要内容包括手机端淘宝首页排版的特点、手机端宝贝图片的最佳尺寸、淘宝主播的定位等方面的知识。

8.5.1 手机端淘宝首页排版的特点

手机店铺首页起着强大的分流作用，所以手机店铺首页的布局好与差，就决定了店铺内流量流转是否良好。

1. 首页排版布局

首先要设计好手机店铺首页的布局框架，其次再去各个模块单独地设计修改。从整个首页布局内容上看，建议在手机端首页布置以下内容：店招、会员分享、宝贝、分类、活动、形象、优惠券和微淘。

2. 焦点图的装修

首页焦点图的设置，最好要包括店铺活动信息海报、单品爆款海报和配合大促或者活动的单品爆款。手机端焦点图的设置与电脑端不同，相同的是首页焦点图放置的都是店铺主要活动信息，但在手机店铺中建议以爆款为主。

8.5.2 手机端宝贝图片的最佳尺寸

在手机店铺中，编辑宝贝图片内容的时候，手机端的主图和电脑端的主图是共用的，而通过手机端编辑上传的宝贝图片都将会作为宝贝的细节图，在淘宝系统中也有关于这点的标准。手机端宝贝图片的最佳尺寸包括宽度和高度，通常宽度值需为 480～620px，而高度值则要小于或等于 960px。

另外，手机端的宝贝图片不需要另外去裁剪，因为电脑端的图片上传过淘宝空间之后，就能够从淘宝空间获取到一定比例的图片尺寸，并且淘宝空间每张图片都会有不同的尺寸引用链接，也可直接插入。

8.5.3 淘宝主播的定位

一家公司需要定位，一个店铺也需要定位，而作为淘宝直播的主播就更需要定位。但淘宝主播定位并不是围绕淘宝主播进行的，而是围绕目标粉丝进行的。

随着淘宝主播数量的日益增长，竞争也越来越激烈。虽然淘宝直播平台对整个平台进行了相应的栏目划分，包括精选、买全球、大牌馆、男士、生活等多个不同主题，但每个栏目下的竞争也是非常激烈的。淘宝主播该如何在这样的环境下脱颖而出呢？或者说如何能被大家所熟知、认同呢？定位就是淘宝主播的利器。

在最初定位时需要慎重，确定自己的优势和兴趣点，并坚持自己的定位，频繁地切换自身类目会让自己的直播间重新洗标签，同时也舍弃了曾经积累的粉丝。

在做淘宝直播之前，淘宝主播要明确主题，根据淘宝直播目的制订分阶段的淘宝直播计划，并根据淘宝直播的商品进行准确的受众分析。找到特色鲜明、抓人眼球的主题，淘宝直播就成功了一半。另外，主题要做到简洁凝练、一针见血、深入人心。

8.5.4　如何提高淘宝直播排名

淘宝直播的一切都是凭实力说话，淘宝直播排名规则是根据淘宝直播间的内容质量、访客数量、客人到店数量、成交转化率、淘宝直播点赞ID等综合进行的。

那么如何提高淘宝直播排名呢？

（1）巧妙利用淘宝直播的时间段，错开淘宝直播高峰，选择淘宝直播人数少的时间段去增加人气，先把排名冲上去，再去吸引更多的粉丝。

（2）根据淘宝直播排名规则来看淘宝直播赞数会影响淘宝直播排名，淘宝主播和卖家要在淘宝直播期间引导买家点赞。根据淘宝直播点赞数量制订一个计划去发福利、发红包、发优惠券，这是最基础的玩法。

（3）淘宝直播观看人数也与排名有关，因此淘宝主播和卖家都要学会吸粉，在淘宝直播前为自己进行宣传造势。

（4）目前在做淘宝直播的店铺很多，在这个以内容为王的时代，必须有优秀的内容。可以观察买家对哪些商品需求大，他们期待在淘宝直播上看到什么内容。对于同样的商品，淘宝直播的内容要不定期地变换，因为淘宝直播的时间太多就会让粉丝觉得很无聊，并结合商品跟买家的需求不断地优化淘宝直播内容。

（5）淘宝直播最重要的一点就是引导买家去店铺收藏并购买宝贝。不同于其他直播平台，淘宝直播最主要的目的是销售商品。因此不要生硬地做广告，而要真真实实地展示商品的优点。

8.5.5　淘宝主播怎样吸粉

淘宝主播吸粉的技巧有如下几点。

1. 多渠道推广

多渠道推广不仅可以让更多的人看到，而且还能提高淘宝主播的人气和知名度，这样就会吸引更多的粉丝。

2. 展示主推商品

如果是服装主播，可以穿上主推款的衣服，然后把衣服的突出亮点展示出来，如颜色、材质及试穿感觉等，再用其他商品进行搭配。这样就等于同时做了两件商品的宣传，能够更加吸引粉丝购买。

3. 将买家变成粉丝

有些淘宝新手买家对于淘宝直播规则还不是很了解，要想留住粉丝，就需要手把手地教买家。

4. 提前安排忠实粉进行直播互动

一位淘宝主播或多或少都拥有自己的粉丝，在淘宝直播前可以提前跟几个忠实粉丝说好，让他们积极评论互动，如咨询商品或下单。

5. 给粉丝发放一些福利

淘宝主播可以给自己的粉丝赠送礼品和发红包，还可以发放优惠券，这样不仅能调动粉丝的积极性，也能提高自己的人气。

6. 回复评论，关联销售

对于粉丝的提问，主播需要一条一条地进行回复，同时也可以做一些关联销售，这样有利于帮助淘宝直播提高整体销售额。

7. 重视淘宝直播后的维护

淘宝直播后的维护可以最大化地留住用户，实现再次或多次营销。每次淘宝直播后淘宝主播都可以把淘宝直播中好玩风趣的内容和商品在微淘、社区里进行二次沉积。另外，平常也要记得时常在淘宝直播间里给粉丝送送福利、发发红包。

8.5.6 淘宝直播间人气较低的原因

虽然淘宝直播能吸引大量的人气，但这并不代表卖家开通直播后，一下子就会有很高的人气。那么，是哪些原因导致淘宝直播人气较低的呢？

1. 淘宝直播封面图没有吸引力

买家是否会看店铺的淘宝直播，在很大程度上取决于淘宝直播的封面图。一张精致、吸引人的淘宝直播封面图，肯定能大大吸引买家点击，让他们情不自禁地进入店铺的淘宝直播。图 8-10 为吸引人的淘宝直播封面图。

图 8-10

在设计淘宝直播封面图时，一定要与淘宝直播内容相符，否则即使淘宝卖家将买家吸引进去了，一旦他们发现淘宝直播内容与封面图不一致，也不会停留太长时间。

2. 淘宝直播标题不符合买家喜好

淘宝直播标题是淘宝直播的主题，能让买家快速知道卖家这次淘宝直播是要干什么、能为他们带来什么。因此，淘宝直播标题要围绕粉丝人群进行，只有符合购买人群的喜好，他们才会进入卖家的淘宝直播间观看并长时间地停留。

3. 淘宝直播缺少与买家互动

淘宝直播的目的是销售商品，但如果卖家与买家缺少互动，将无法达到这一目的。在淘宝直播时要设计一些互动环节，如抽奖送红包、发放优惠券、解答问题等，让买家积极参与其中，增加他们的黏性，这样才能让自己淘宝直播间的人气更高。

4. 淘宝直播内容一成不变

这也是决定淘宝直播成败的一点。淘宝直播毕竟属于内容营销，所以它的核心在内容。卖家需要设计一些有新鲜感的活动，或是不断优化组合商品去满足买家的需求，这样才会让他们观看每一期淘宝直播，进而带来更多新买家。

5. 淘宝直播前没做好宣传

在淘宝直播前，卖家一定要通过各种渠道做好宣传，让更多的买家看到、知道卖家的淘宝直播，这样才能增加淘宝直播间的人气。

8.5.7 找好爆款选题的原则

找好选题是打造爆款视频的第一步。那么，如何才能找到一个好选题呢？一个视频选题好不好，主要看其是否符合以下原则。

第一，选题受众范围广。运营抖音号，先要选择细分领域，确定好内容定位以及目标受众，而目标受众的细化程度决定了视频产出的内容方向、运营策略。但是对爆款视频来说，定位细分领域也限制着视频的覆盖面，缺乏大众元素将很难成为爆款。

第二，选题角度能引起共鸣。共鸣越大，产生的传播效果就越大，因此要让视频激发共鸣，如观念的共鸣、遭遇的共鸣、经历的共鸣、身份的共鸣。如感人瞬间和正能量事件，就会引起不少人情感上的共鸣，使他们自然而然地点赞，甚至关注并转发。

第三，选题节点足够巧。只有把握好热点的时间节奏与切入角度，才能避免内容同质化。

8.5.8 直播互动的技巧

互动不是简单地回复粉丝的评论，也不是简单地和粉丝在评论区瞎聊，而是需要掌握一定的技巧。

1. 表情动作丰富

淘宝直播是一种互动，可以很好地维系粉丝和淘宝主播的关系。淘宝主播在直播中与粉丝互动时，一定要表情丰富。表情细节可以让粉丝受到感官刺激，感受到淘宝主播的积极与热情，从而增加对淘宝主播的黏性。

2. 多说感谢的话

当粉丝对淘宝主播有所表示时，不管是购物还是给予言语的赞扬，都要一视同仁，向对方表示感谢，让粉丝感受到淘宝主播的诚意与热情，并有意愿继续互动。

3. 多积累段子

不管是淘宝直播时和粉丝互动，还是在评论和粉丝互动，都要保持一定的幽默感。但是，许多主播自己本身不够外向，也没有幽默的潜质，那么怎么办呢？这就要建立"段子库"，平时多积累些幽默语言，学会灵活运用幽默语言去与粉丝互动。

8.5.9 与粉丝互动需要注意的问题

在与粉丝互动时，需要注意如下问题。

第一，多发起讨论和投票。这种类型的互动方式，可以帮助淘宝主播多角度分析问题，从而更多地了解粉丝的想法。同时也能活跃直播间气氛，提高粉丝的参与感，使粉丝更加喜欢主播。

第二，在视频结束后问一个问题。这样很容易引起粉丝的兴趣，从而使粉丝参与讨论。

第三，做好监督工作。既然粉丝问了问题，那么就一定负责任地查看每一个回复和评论，并积极地参与讨论。

第四，保持互动时的情绪。有时候有些粉丝可能会出言不逊，或者质疑淘宝主播，但是不要生气，也不要仇视对方，更不要刻意删除他们的评论。

8.5.10 淘宝直播怎样介绍商品

在淘宝直播的时候，可以介绍商品特性、展示360度外观、商品基本信息、细节、大小、手感、后续的维修方法等。同时也可以和粉丝互动，解答买家疑问并发放福利。

8.6 案例分享——淘宝代理创千万财富

当自带千万粉丝的红人融进电商直播带货场，会产生多大的化学反应，2019年8月29日红人雪梨的淘宝直播首秀生动地诠释了这个问题。

当晚，雪梨直接卖空了 27 万片来自韩国的面膜，单价 1899 元的美容仪卖出 5000 多台；单价超过 2500 元的海参预售款都一抢而空时，见惯了大场面的淘宝直播店铺小二也激动地跟小榜君说，"爆了，这场又要爆了！还有超划算的美心月饼，快去抢"。

2019 年 8 月 30 日凌晨 2 点，雪梨直播首秀的战果最终定格在了 6100 万元，再次打破了淘宝直播上红人带货的纪录。

2019 年，直播不仅仅成为了电商的标配，也成为了红人们实现商业价值的重要通路。

众所周知，大多数红人都有自己的店铺，并在过往探索商业化的过程中证实了自己的商业变现能力，但带得了自己的产品是否意味着一定也能赋能其他商品？要达到雪梨这样的成绩，是否仅靠红人的粉丝影响力就能百战百胜？

据淘宝榜单了解，雪梨这场直播首秀已经筹备了整整一个月，在多个平台提前预热，并且选品极其严格，从几百件商品中挑选出了这次直播的近 40 多款产品。可以说，红人影响力叠加多方面的因素才有了这样的战绩，一起来看看，雪梨直播中有哪些值得借鉴的方法。

1. 多平台预热，多平台造势

2019 年 8 月 29 日直播首秀前，雪梨团队就在多个平台进行了直播预热。不仅仅在淘宝直播平台进行预热，仅雪梨自己的微博就发文十多条进行种草。其中一款面膜在前期的预热过程中就已经有了 2 万多条的评论。这样的提前"种草"模式，才能够促成单品的引爆。当天，该款面膜的销售额达到了 550 万元。

雪梨带货直播首秀当天最大的一个特色，是淘宝直播和一直播共同开播。两个平台累计观看达 1 亿多人。

2. 结合自身定位，精准选品

红人做直播带货，一个相对明显的优势就是粉丝的高信任度和模仿效应。换句话说，就是粉丝很愿意购买喜欢的红人正在用的产品。当天，雪梨就准备了自己一直在吃的海参、一直在用的牙膏，以及生娃后拯救脱发的洗发水，等等。

和粉丝们分享变美心得，本来就是雪梨微博的日常，美妆产品在雪梨直播间也显得十分受欢迎。某款粉底液卖出 6500 瓶，洗发水售出 10 万瓶，还有 1.8 万只气垫，2 万只口红转眼售空，等等。

3. 极致低价与福利，依然是王道

宠粉被称为第一直播要素。直播美容仪时，为了给粉丝更大力度的优惠，在直播间现场，雪梨的老公亲自为粉丝补贴每个产品 100 元的优惠券。当款产品卖出 5000 件，相当于自掏腰包 50 万元。这样的亲测 + 宠粉行为，才能获得粉丝的认可。

没有谁能够随随便便成功。在一夜 6100 万元背后，我们看到的是雪梨在前期的筹备和预热、长达 6 小时的认真专业讲解，甚至还有后期的互动。直播过后，微博上很快就有粉丝晒出了当晚直播间购买的产品，还得到了雪梨亲自点赞。

随着直播越来越走进大众，也有越来越多的红人开始投入到直播带货的浪潮中，直播带货成为红人们检验自己商业影响力的一面镜子。

第 9 章
淘宝网店内推广与促销

本章要点

- 促销活动准备工作
- 店内促销活动
- 淘宝网促销策略
- 开店经验与技巧
- 案例分享

本章主要内容

本章主要介绍促销活动准备工作、店内促销活动、淘宝网促销策略方面的知识与技巧,在本章的最后还针对实际的工作需求,介绍了淘宝开店的成功案例。通过本章的学习,读者可以掌握淘宝网店内推广与促销的知识,为深入学习淘宝精准运营、策略营销与客户服务知识奠定基础。

9.1 促销活动准备工作

促销商品之前,卖家应该了解促销的基本含义和基础内容,包括卖家要了解什么是促销、促销的优势和促销的误区等。下面将详细介绍促销活动准备工作的知识。

9.1.1 促销的优势

促销就是营销者向消费者传递有关自己产品的各种信息,说服或吸引消费者购买其产品,以达到扩大销售量的目的。促销实质上是一种沟通活动,即营销者(信息提供者或发送者)发出作为刺激消费的各种信息,把信息传递到一个或更多的目标对象(信息接收者,如听众、观众、读者、消费者或用户等),以影响其态度和行为。

常用的促销手段有广告、人员推销、网络营销、营业推广和公共关系。店主可根据实际情况及市场、产品等因素选择一种或多种促销手段的组合。

店主在合适的时机进行产品促销,对提升产品的销售额,提高品牌影响力都是非常有帮助的,下面介绍促销的优势。

- 有助于企业全面占领一个大市场,扩大市场覆盖面。一个大市场是由许多具有不同期望和需求的消费者群体组成的,根据若干消费者群体的各自特点相应推出不同品牌的产品,有利于实现总体市场占有率最大化。
- 当某些细分市场产品实质差别不太明显时,赋予不同产品独立品牌有助于形成人为的产品差别。采用不同的品牌有助于突出和夸大各产品的特色,在消费者心目中形成较明显的产品差别,增强企业对市场的控制能力。
- 有助于创新企业率先抢占市场定位,取得战略主动性。人们对"第一"有特别的情感和特殊的记忆,在新细分市场中第一个出现的品牌如果得到消费者的认可,会给企业带来领先者的优势,成为人们参照的对象。
- 适合零售商的行为特性。零售商通常会按照品牌来安排商品上架,多品牌可以在网店中占有较大版面，增加销售机会。

9.1.2 促销的误区

在促销活动进行的过程中，大部分商家的促销行为都存在着各种误区，导致其促销效果并不理想，下面介绍几种常见的促销的误区。

1. 过度依赖促销

有些卖家只把促销看成是取悦消费者的手段，不断通过打折、降价、赠送等促销手段，刺激消费者购买，谈不上品牌忠诚，以促销支持销售，一旦促销停止，销售马上回落，对促销的依赖性极强。

这是典型的促销依赖症。由于没有长远的品牌规划与促销组合规划，促销手法单一，消费者很容易被竞争品牌渗透，流失速度惊人，很难有挽回的余地。

2. 随意促销

有些卖家天天想着各种各样的促销，打击对手，讨好消费者。尤其是面对销售压力时，就更渴望通过促销的形式来解决问题。

但是随意促销的最大问题是，对促销商品往往缺少整体规划，这样很难产生整体效益，却陷入了被人跟踪模仿无法自拔的困境。

3. 盲目攀比促销

有些卖家在竞争品牌促销效益不错时，往往在攀比心的驱使及产品销售的压力下，盲目出手，推出比竞争品牌更优惠的促销措施。结果大都是得不偿失，而且为此所付出的精力与成本，却无法从促销活动中得到回报。

4. 模仿其他商家促销

这类卖家做促销的最初动因只是因为其他商家都在做促销活动，因此，在没有自己的促销计划与促销目标的情况下，盲目跟随竞争品牌的促销战术。

这样做的结果往往使自己陷入促销同质化的局面，由于大家都在做，消费者也司空见惯，很难达到理想的效果。

5. 缺乏计划促销

这类卖家进行促销活动时，没有计划性与系统性，是典型的随意促销，主观意识强，竞争意识差，导致促销不会成功。

9.2 店内促销活动

网店促销活动一般都是以卖家提供优惠的形式刺激消费者购买的。常见的促销方式包括包邮、特价、赠送礼品、赠送优惠券、会员积分、抢购等。

9.2.1 包邮

包邮是一种刺激买家一次性购买大量商品的促销形式。以淘宝网中某些零食店为例，当买家在店铺里购买总价格超过一定金额的时候，即可享受包邮服务。包邮的价格设置不可过高，这样买家为了免除邮费，通常会选择足量商品。图 9-1 为包邮促销形式。需要注意的是，该方法只针对利润较少的商品，如果商品利润足够，则可以采用直接免邮的方式进行促销，这样可以留住更多的买家。

9.2.2 特价

特价是指在节假日、店庆、购物活动等时间段，定时或定量为部分产品推出的特价优惠。策划特价促销活动时，一般需要在商品价格上体现出价格的前后对比、活动时间以及商品数量等，让买家可以清楚地看到优惠，进而促进商品的销量。图 9-2 为特价产品的活动宣传图。

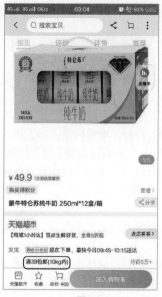
图 9-1

图 9-2

9.2.3 赠送礼品

赠送礼品是指买家在店铺消费时可获得掌柜赠送的小礼品。赠送小礼品是淘宝网店卖家常用的一种方式，其目的是维护与买家之间的关系，赢得买家好感。除此之外，卖家也可以采用达到一定消费额度就赠送某商品的方式。赠送礼品的方式多种多样，不仅可以带给买家福利，还可以推销新品。图 9-3 为购买赠送礼品促销形式。

图 9-3

9.2.4 赠送优惠券

赠送优惠券是一种可以激励买家再次进行购物的促销形式。优惠券的种类很多，如抵价券、折扣券、现金券等。优惠券中一般需标注消费额度，即消费到指定额度可使用该优惠券，同时，在优惠券下方还可以将优惠券的使用条件、使用时间、使用规则等进行介绍。优惠券必须清楚地展示在店铺中，或明确指示优惠券的领取地址，让到店消费的买家一眼就看到优惠券的信息，才能发挥更好的促销效果。图 9-4 为某品牌的优惠券。

图 9-4

9.2.5 会员积分

淘宝的会员关系管理系统为卖家提供了会员管理的功能，通过该功能可为新老买家设置会员等级和会员优惠等。当然，卖家也可将买家的消费额转化为消费积分，当积分累积到一定数量时，即可换购或抵价商品，以此刺激买家再次消费。在设计会员积分制时，需要注明积分规则，如时间范围、兑换规则、兑换方式等。

9.2.6 抢购

抢购是一种可以刺激消费者购物行为的有效方式。现在很多网店都会不定期推出商品秒杀活动，即提供固定数量的商品，在指定时间开启通道供用户抢购，如"1 元秒杀""10 元秒杀""前 3 分钟半价"等。由于抢购的优惠巨大，因此不仅会吸引老顾客，还会吸引未使用过该商品的新顾客，引起买家的广泛关注，这样既推广了品牌，又带来了更多潜在的消费者。

9.3 淘宝网促销策略

为了使网店迅速成长起来，卖家应该积极参加一些促销活动，如淘宝官方推出的淘金币营销、天天特价、试用中心和聚划算等。本节将详细介绍参加淘宝官方活动的知识。

9.3.1 免费试用

淘宝试用中心是一个由商家提供试用品供买家试用的场所，其中聚集了大量试用机会和试用商品。试用者试用商品后需要提交一份全面真实的使用报告，为消费者提供购买建议。卖家可以通过试用中心对店铺和宝贝进行宣传和推广，提高品牌影响力。

1. 试用中心报名条件

试用中心的活动可以推广品牌，提升品牌影响力，获得更多潜在买家和宝贝收藏，是比较受卖家青睐的一种推广方式，淘宝网也对试用中心不同的报名条件设置了不同要求。

（1）店铺要求。

集市店铺：一钻以上、店铺评分 4.6 分以上、加入消保。

商城店铺：店铺综合评分 4.6 分以上。

店铺无严重违规及售假处罚扣分。

（2）商品要求。

试用品必须为原厂出产的合格、全新且在保质期内的产品。

试用品总价值（报名价 × 数量）需不低于 1500 元，价格不得虚高。

试用品免费发送给消费者，消费者提交试用报告，商品无须返还卖家。

大家电入驻菜鸟仓库、天猫物流宝及天猫国际的商品会采用名单发放的形式，不会生成订单，商家需按试用后台名单发货。

凡是报名参加试用活动的商品，在无线端系统会自动设置收藏店铺申请条件，商家无须设置；PC端系统不做申请条件设置。

如报名包含多个SKU（库存量单位）的商品，系统会随机选择SKU下单，建议双方协商发货，如果协商不了，商家需按照报名的SKU发货。为避免损失，建议下架其余不期望参加活动的SKU，谨慎报名。

2. 试用中心试用流程

当店铺满足淘宝试用中心的条件后，即可申请参与试用。图9-5为试用流程。

图 9-5

3. 参加免费试用活动

根据实际情况和需要，卖家报名申请要参加的活动，申请通过后即可获得在试用中心展示的机会。下面以参加免费使用活动为例，介绍参与淘宝试用中心的方法。

Step 01 进入千牛卖家工作台页面，在"营销中心"栏中单击"我要推广"超链接，如图9-6所示。

Step 02 打开推广页面，在"常用入口"栏中单击"试用中心"选项的GO按钮，如图9-7所示。

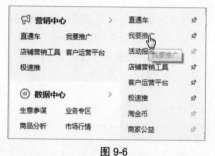

图 9-6

图 9-7

Step 03 进入商家报名页面，单击"报名免费试用"按钮即可报名，如图9-8所示。

图 9-8

9.3.2 加入淘宝直通车

淘宝直通车是由阿里巴巴集团下的雅虎中国和淘宝网进行资源整合,推出的一种全新的搜索竞价模式,是淘宝网店店主经常使用的一种推广自身店铺的方式。下面将详细介绍在淘宝直通车推广店铺的知识。

1. 淘宝直通车概述

直通车是为淘宝卖家量身定制的一款功能,是一款按点击付费的效果营销工具,实现宝贝的精准推广。淘宝直通车推广,在给宝贝带来曝光量的同时,精准的搜索匹配也给宝贝带来了精准的潜在买家。

使用淘宝直通车推广,一次点击,让买家进入卖家的店铺,产生一次甚至多次的店铺内跳转流量,这种以点带面的关联效应可以降低整体推广的成本和提高整店的关联营销效果。同时,淘宝直通车还给用户提供了淘宝首页热卖单品活动、各个频道的热卖单品活动,以及不定期的淘宝各类资源整合的直通车用户专享活动。

在"营销中心"栏中单击"我要推广"超链接,打开淘宝推广页面,在其中单击"淘宝/天猫直通车"选项下的"即刻推广"按钮,即可进入直通车页面,如图9-9和图9-10所示。

图 9-9

图 9-10

2. 直通车广告展位

直通车展位是在淘宝网上出现在搜索宝贝结果页面的右侧(12个单品广告位,3个页面推广广告位)和宝贝结果页的最下端(5个广告位)。搜索页面可一页一页往后翻,展示位以此类推,如图9-11所示。

图 9-11

3. 直通车推广方式

在淘宝网中,直通车推广方式包括宝贝推广、店铺推广、明星店铺推广和活动推广等,下面介绍几种直通车推广方式。

- 宝贝推广：宝贝推广是最基础的直通车推广方式，以关键词为基础推广宝贝，该方法运用最为广泛。宝贝推广最多可设置 200 个关键词。
- 店铺推广：推广店铺首页、系列、专题页等方式，也是以关键词为基础的，展示位置在搜索右侧 3 个位置，最多可添加 1000 个关键词。
- 明星店铺：明星店铺是以品牌展示为主，一般是品牌旗舰店可以开通，不能自主添加关键词，不能自主出价。产出投入比高，因为搜索品牌产品的顾客，都是对品牌有一定认知。
- 活动推广：活动推广，一般是以热卖单品为形式，是直通车推广中点击单价最低的，一般只要几毛钱而已。

9.3.3 钻石展位

钻石展位又称智钻，是淘宝网提供的一种营销工具，主要依靠图片创意吸引买家点击，从而获取巨大流量。智钻为卖家提供了数量众多的网内优质展位，包括淘宝首页、内页频道页、门户、画报等多个淘宝站内广告位，以及搜索引擎、视频网站和门户网等多个站外媒体展位。

1. 智钻的类型

智钻分为展示广告、移动广告、视频广告、明星店铺 4 种类型。下面分别对这 4 种类型进行详细介绍。

（1）展示广告。

展示广告是以图片展示为基础，精准定向为核心，面向全网精准流量实时竞价的展示推广平台。钻石展位展示网络推广支持按展示付费（CPM）和按点击付费（CPC）两种付费方式，为卖家提供精准定向、创意策略、效果监测、数据分析、诊断优化等一站式全网推广投放解决方案，帮助卖家实现高效、精准的全网数字营销。

展示位置：包含淘宝网、天猫、新浪微博、网易、优酷、土豆等几十家淘内淘外优质媒体的上百个大流量优质展位。

创意形式：支持图片、Flash 等动态创意，支持使用钻石展位提供的创意模板制作。

收费方式：在按展示付费的基础上，增加按点击付费的结算模式。

投放方式：选择资源位，设定定向人群，竞价投放，价高者得。

（2）移动广告。

移动广告是指通过移动设备（手机、平板电脑等）访问 App 或网页时显示的广告，其主要形式包括图片、文字、音频等。随着移动电子产品的发展，移动广告在受众人数上有了非常大的提升，可以根据用户的属性和访问环境，将广告直接推送至用户的手机上，传播更加精准。

展示位置：网络视频节目（电视剧、综艺等）播放前后插播视频。

展示形式：以视频格式展示，展示时长 15s 以内。

定向支持：除钻石展位常规定向外，还可支持视频主题定向，筛选热门动漫、影视、演员相关视频节目，精准投放。

创意形式：可自主上传视频，也可在创意实验室中制作视频贴片。

（3）视频广告。

视频广告可以在视频播放开始或结束时展现，具有曝光度强、展现力一流等优势，配合钻石展位提供的视频主题定向，能够获取更准的视频流量。

展示位置：主要展现在国内主流视频网站，如 PS、爱奇艺、优酷等大视频媒体。广告主要在视频开始前 15s 和视频播放暂停时呈现。

展现形式：以视频格式进行广告内容的展示，展现形式更新颖。

定向支持：针对视频网站提供视频主题定向，根据目前热播剧集的名称、主题进行定向。

创意形式：视频支持 FLV、MPFG 等主流视频格式。

（4）明星店铺。

明星店铺是钻展位的增值营销服务，按千次展现计费，仅向部分钻展位用户开放。开明星店铺服务之后，卖家可以对推广信息设置关键词，当有用户在淘宝网搜索框中输入特定关键词时，卖家的推广信息将有机会在搜索结果页最上方的位置获得展现，进行品牌曝光的同时赢得转化。

展示位置：在淘宝计算机端、手淘以及 UC 浏览器搜索结果页面最上方位置。

展示形式：当搜索关键字触达投放广告的词时，即可在搜索结果页最上方位置得到展示，确保获得流量的精确性。

创意形式：提供多样式创意模板，PC 模板和无线模板独立，模板的图片和多条文案构成，满足各类消费者的需求。

收费方式：按 CPM 收费，即按千次展现的方式进行收费。

2. 智钻准入要求

智钻与直通车一样，对淘宝和天猫卖家的准入资格进行了规定，只有满足要求的卖家才可申请智钻推广服务。

智钻资质管理对淘宝店铺和天猫店铺的要求如下。

- 店铺主营类目在支持投放的主营类目范围内。
- 企业商家店铺信用等级 >0，个人商家店铺信用等级一钻及以上。
- 店铺设想 DSR 在 4.4 以上（特殊类目无 DSR 要求或者可相应放宽，由阿里巴巴根据特殊类目的具体情况另行确定）。
- 未因违规被终止过钻石展位服务。
- 在使用阿里巴巴其他营销产品或淘宝服务时，未因违规被暂停或终止服务（阿里巴巴其他营销产品包括淘宝直通车、天猫直通车和淘宝客等业务）。

3. 新建智钻推广计划

智钻计划与直通车计划一样，需要卖家根据实际情况进行新建和设置。智钻计划的新建过程主要包括选择营销目标、设置计划、设置单元和添加创意 4 个步骤。在"营销中心"栏中单击"我要推广"超链接，打开淘宝推广页面，在其中单击"钻石展位"选项下的"立即登顶"按钮，即可开始钻石展位的设置，如图 9-12 所示。

图 9-12

4. 钻石展位合适的定向

使用钻石展位的过程中，卖家需要对自己的钻石展位进行合适的定向规划，下面介绍钻石展位合适的定向。

- 群体定向：群体定向的优点是可一次锁定较为广泛的人群。当店铺品牌需要提升知名度、大批量引入新客户时，适合使用群体定向。
- 兴趣点定向：兴趣点定向的优点是可以一次定向较精准的目标人群，定向直达细分类目。当店铺需要推广单品、关联性单品，或者举行单品相关活动时，非常适合使用兴趣点定向。较群体定向精准，但流量也是较群体少的，适合平时促销、店内活动等。
- 访客定向：访客定向的优点是可以一次定向较精准的目标人群，维护店铺的老客户并同时挖掘竞争对手的客户和潜在客户。访客定向非常适合日常推广和持续积累客户使用。其是精准度最高的一种定向，原则是守住自己的客户，再去抢对手的客户。

9.3.4 淘宝"天天特价"

天天特价是淘宝网为集市店铺中小卖家打造的扶持平台，用于扶持有特色货品、独立货源和一定经营潜力的中小卖家，为他们提供流量和营销等方面的支持。天天特价频道目前有类目活动、10元包邮和主题活动三大块。其中，10元包邮为特色栏目，类目活动为日常招商，在该频道中每周还会有不同的主题性活动。天天特价类目活动只展示在类目详情页面中，并随机展示到首页。

1. "天天特价"的准入要求

为了筛选优质卖家和商品，淘宝网对参加"天天特价"的店铺和商品均做了一定的要求，其主要内容如下。

（1）店铺准入要求。

淘宝网规定，报名参加"天天特价"的店铺必须符合以下要求。

- 符合《淘宝网营销规则》。
- 店铺信用等级：三星及以上。
- 开店时间≥90天。
- 已加入淘宝网消费者保障服务且消保保证金余额≥1000元，需加入"7天无理由退换货"服务。
- 实物宝贝交易≥90%，虚拟类目（如生活服务、教育、房产、卡券类等）除外。
- 近半年店铺非虚拟交易的DSR评分3项指标分别不得低于4.7分（开店不足半年的自开店之日起算）。
- 因严重违规（B类）被处罚的卖家，禁止参加活动。
- 因出售假冒商品（C类）被处罚的卖家，禁止参加活动。

（2）商品要求。

淘宝网规定，报名参加"天天特价"的商品必须符合以下要求。

- 要求商品库存≤50件，不限制下限（提示：10元包邮活动库存要求保持不变，50件≤10元包邮≤2000）。
- 最近30天交易成功的订单数量≥10件。
- 活动价格低于最近30天最低拍下价格，商品不得有区间价格（多个SKU时必须是同一价格）。
- 必须全国包邮（港澳台除外）。
- 活动结束后的30天内，不得以低于"天天特价"活动价报名其他活动或在店铺里促销。若有违反将按照《天天特价卖家管理细则》进行相应处罚。
- 特殊资质：①运动户外类目商品需要符合《淘宝网运动户外类行业标准》；②食品类商品需要有QS资质或中字标或授字标。
- 商品报名信息应清晰、规整，商品标题和图片应符合特定的格式要求，即报名商品图片为480×480px。图片须清晰规范、主题明确且美观、不拉伸变形、不拼接、无水印、无Logo、无文字信息，仅支持JPG格式，图片背景为白底、纯色或者浅色。
- 报名商品标题必须在13个汉字或者26个字符内且描述准确清晰，严禁堆砌关键字。
- 所有提交报名的商品及活动页面素材须确保不存在任何侵犯他人知识产权及其他合法权益的信息。

2. 报名参加"天天特价"

在报名参加"天天特价"之前，卖家需先对"天天特价"报名活动的相关要求进行了解。其报名方法为：在"我要推广"页面中的"常用入口"栏中单击"天天特价"选项的"GO"按钮，即可开始申请"天天特价"活动，如图9-13所示。

图 9-13

报名完成后等待淘宝审核,活动开始前 24 天,系统会发送消息通知商家审核结果。审核通过后,卖家需根据活动要求在正式活动开始前两天的下午 3 点前,对活动商品进行相关设置,包括完善商品的库存信息、恢复商品原价、取消其他平台的促销价格、对需要参加活动的商品图片进行必要的美化、设置商品全国包邮、保持商品在线状态等。

9.3.5 聚划算

聚划算是淘宝平台中爆发力最强的营销平台,汇聚了数量庞大的用户流量,具有非常可观的营销效果。商家通过参加该活动,可以打造超过店铺日销数倍的营销数据,获得更多的收益。聚划算对招商商品的要求较严格,除了基础招商标准外,还对不同类目的商品做出了不同的要求。招商商品通常需要缴纳一笔保证金和基础费用,聚划算将按照不同类目的费率进行收费。

聚划算主要包括商品团、品牌团、聚名品、聚新品和竞拍团 5 种类型,下面分别进行介绍。

1. 商品团

商品团是一种限时特惠的体验式营销模式,具有坑位数多、参聚概率相对较大、主团展示和流量稳定的特点,其最佳的爆款营销渠道和最低的用户获取成本方式,可以帮助卖家快速规模化地获取新用户。商品团的报名流程主要包括选择活动、选择商品、选择坑位、填写商品报名、商品审核、费用冻结和上团前准备 7 个阶段。

选择活动:在参加商品团之前,商家首先应该查看招商公告,了解招商要求,打开淘宝推广页面,在"常用入口"栏中单击"聚划算"选项的 GO 按钮,即可开始申请聚划算活动,如图 9-14 所示。

图 9-14

选择商品:选择符合审查规则的商品,无法提交的商品则为不符合审查规则的商品,单击"查看原因"链接可了解具体原因。

选择坑位:如果商家所选商品符合所选坑位的条件,则系统将展示 6 周内的所有坑位。如果商家的商品不符合条件,则淘宝默认不展示不符合条件的坑位,单击"显示不可报坑位"超链接即可看到具体不可报的坑位内容。

填写商品报名:在该页面,商家需对商品的标题、卖点、团购价格、描述、费用等信息进行填写,商品报名详情填写完毕后,将进入淘宝店铺小二审核的步骤。

商品审核:商品审核包括一审和二审两个阶段。一审主要是系统对商品报名价格、报名商品货值、历史成交及评论、商品 DSR 评分、店铺近 3～6 个月成交排名、店铺聚划算成交额和历史单坑产出水平等进行审核；二审主要是人工对库存、价格具有市场竞争力、商家分值择优录取、是否存在拼款和换款等信息进行审核。

费用冻结：费用冻结主要包括保证金和保底佣金两部分。保证金指聚划算为了维护买家权益，冻结商家一定的款项，确保商家根据承诺提供商品和服务，若商家出现付款后不发货，商品有质量问题等情况时，聚划算平台会将保证金赔付给买家。保底佣金是指卖家参加聚划算，当成交额未达到目标成交额（保底交易量）时，需要向聚划算承担的技术服务费；当订单总金额达到或超出目标成交额（保底交易量）时，则全额返还（解冻）保底收费预付款；当订单总金额未达到该类目的保底佣金时，则减去实时划扣的佣金之后所形成的差额部分，从保底佣金中扣除，剩余保底佣金解冻并返还卖家。

上团前准备：上团前准备包括信息变更和发布两部分。信息变更是指商品从待审核至开团期间可修改信息，信息变更提交 30 分钟后会完成审核。信息变更不影响发布，在发布状态下仍可以进行变更，待信息变更审核通过后即可生效。发布包括系统发布和自助发布两种模式。系统发布是指在展示开始时，系统自动对符合发布条件的商品进行发布。自助发布是指商家在商品审核通过后，自己选择发布时并进行发布。

2. 品牌团

品牌团是一种基于品牌限时折扣的营销模式，品牌规模化出货，可以快速抢占市场份额，提升品牌认知，品牌团的报名流程主要包括品牌报名、商品报名、上团准备 3 个阶段。

品牌报名：品牌报名包括商家报名、商家审核、素材提交 3 个流程。商家报名的时间为每月 4 日—12 日，商家选取对应类目的品牌团报名入口进行报名，并在其中填写品牌名称、期望上团日期、报名类等信息；商家审核的时间为每月 13—15 日，由系统根据商家分值进行排序，择优录取，审核内容主要包括日均店铺成交额、店铺三项 DSR 评分、历史参聚表现、旺旺响应速度等；素材提交主要包括品牌营销 Logo、品牌营销 banner、品牌入口、流量入口图、无线 banner、新版品牌入口、品牌主题、品牌故事介绍（PC 端）、品牌故事介绍（无线端）等内容。

商品报名：品牌团商品报名与商品团报名步骤相同，商品审核与商品团审类似，若商品审核不通过，则在商品审核时间截止前商家可重新补报商品。品牌团建议参团商品数为 6～80 款，以实际最终参加活动的商品数为准。

上团准备：品牌团准备工作与商品团相同。

3. 聚名品

聚名品是一种精准定位"中高端消费人群"的营销模式，以"轻奢、潮流、快时尚"为核心定位，聚集高端品牌，其佣金收费方式较灵活，具有单品团、品牌团多种玩法。聚名品的招商对象为符合聚名品规则要求的天猫旗舰店、旗舰店授权专营店、天猫国际旗舰店、全球购（需认证）、淘宝集市店铺等。

4. 聚新品

聚新品是新品营销效率最高的平台，可以快速引爆新品类及新商品，快速积累新用户群体，形成良好的口碑传播。聚新品适用于具有高潜力和高增长的新品类、国际品牌、国内知名品牌、知名淘品牌、营销能力强且具备规模化的供应链及服务能力的大中型商家，以及拥有创新设计、创意概念、创新技术、属性升级的商品。新品采用"保底＋佣金＋封顶"的收费模式，要求商品没有销售记录或在 10 件以内，且备货量为 30～40 万件。淘宝店铺小二会根据品牌影响力、店铺日常运能力、投放计划、销售预估、价格优势等指标选择商品。

5. 竞拍团

竞拍团是一种适合中小卖家快速参加聚划算的营销模式，通过市场化的竞价方式，增加中小商家参加的机会，参加拍团的卖家需要通过聚划算首页进入竞拍报名阶段，找到竞拍坑位入口，然后选择店铺优秀款提交商品，进入提交商品流程，填写价格和数量。审核通过后，商品即为待排期状态，可进入竞拍大厅参与竞拍，对商品进行出价。竞拍成功后可以在保证金页面或者宝贝管理页面支付保证金。

9.3.6 淘宝客推广

淘宝客是一种按成交计费的推广模式，是可以帮助卖家推广商品并获取佣金的人或集体。淘宝客支持按单个商品和店铺的形式进行推广，卖家可以针对某个商品或整个店铺设定推广佣金。淘宝客佣金的范围很广，佣金越高越容易得到淘宝客的关注。当交易完成后，根据佣金设置情况从交易额中扣除佣金。

1. 淘宝客准入规则

与智钻、直通车的计费方式不同，淘宝客只有产生成交量才会付费，是一种风险较低的推广方式，需要加入淘宝客的卖家，必须满足以下标准。

- 卖家信用等级在一颗心以上或参加了消费保障计划。
- 卖家店铺动态评分各项分值不低于 4.5 分。
- 店铺状态正常且出售中的商品数 ≥ 10 件。

2. 淘宝客推广类型

为了满足不同类型的店铺需求，淘宝客提供了多种推广方式，如通用计划、定向计划、如意投、淘宝客活动广场等，卖家可根据实际需求设置推广计划。

（1）通用计划。

通用计划是保底计划，不能退出，所有淘宝客都可以参加，佣金设置最高 50%，属于被动等待的合作形式，比较适合小卖家参加。通过单击"我要推广"页面中的"淘宝客"选项下的"开始拓展"按钮进入淘宝客首页之后，即可开始设置淘宝客活动，如图 9-15 所示。

图 9-15

（2）定向计划。

定向计划是卖家为淘宝客中某一个细分群体设置的推广计划，是一种自选淘宝客的计划，可以自动或手动筛选通过申请的淘宝客，佣金设置最高 70%，属于主动选择的合作形式。定向计划的流量相对较低，但精准度和转化率相对较高，可以让卖家获取较大的有效流量。其设置流程包括设置活动标题、设置计划类型和审核方式、设置计划时间、设置类目佣金和设置计划描述。在设置计划名称时，可以直接将佣金加入标题中，以吸引更多优质淘客关注。在设置审核方式时，可选择淘宝客的等级，如果佣金较低，可自动审核；如果佣金较高，可手动审核。对于手动审核的计划，可在"计划详情"的"淘宝客管理"中进行查看和审核，同时还可查看淘宝客近期的推广情况。在设置完计划的整体佣金后，也可设置单品佣金，其设置方法与通用计划类似。

定向计划的计划类型如果设置为"公开"，则所有人都可见和可申请；如果设置为"不公开"，则需手动发送链接给淘宝客。需要注意的是，定向计划设置后暂停或删除将无法恢复，可将新建的定向计划设置为长期推广。

（3）如意投。

如意投是系统根据卖家的如意投设置将产品展现给站外买家的一种推广方式，按成交计费，卖家推广风险较低。要参加如意投的商品，系统会根据综合评分进行排名，由阿里巴巴平台为卖家寻找淘宝客进行推广，而不需商家自己寻找淘宝客。如意投具有系统智能、精准投放、管理省心、渠道互补和流量可控等优点，主要展示位置包括中小网站的站外橱窗推广位和爱淘宝搜索页面。

如意投的展现排名规则以综合得分为主，综合得分等于宝贝综合质量分乘以佣金比例。而宝贝综合质量分主要受商品标题属性的相关性、如意投内点击率和转化率以及店铺质量等因素的影响。

如意投计划的设置方法与其他计划的设置方法类似，进入淘宝客首页之后，在"如意投"选项的"操作"栏中单击"查看"超链接，即可对计划进行设置。设置完计划整体的佣金后，也可对单品佣金进行设置，最多可设置100个商品。设置好如意投计划后，在淘宝客首页的"计划管理"页面中单击"自定义字段"按钮，在打开的页面中选择相关选项，可查询当前设置佣金的情况、质量评分、行业对比等。

（4）淘宝客活动广场。

淘宝客活动广场是官方为卖家和淘宝客提供的推广平台，淘宝客在该平台中推出相应活动，卖家选择合适的活动进行报名。淘宝客活动广场中每个活动的要求不一样，只有符合活动要求才可进行报名。淘宝客活动广场具有官方优选淘客资源、报名简单、效果数据可查询和可长期稳定报名等优点，其佣金比例一般较高，适合推广高利润的畅销产品。

在淘宝客首页中选择"淘宝客活动广场"选项，即可进入淘宝客活动广场。淘宝客活动广场的报名流程包括查看活动、报名、选择商品、设置佣金和优化创意。在查看活动时，卖家主要需要关注行业类目、活动权限、活动推荐等信息。选择合适的活动并报名后，可选择主推商品，并设置商品佣金，淘宝客活动广场主推商品的数目以活动方的要求为准。报名完成后，需等待淘宝客审核。淘宝客活动广场创意优化主要是对图片进行的优化，对于未设置创意优化的商品，则默认选择商品主图的第一张图片。

在淘宝客首页的活动类型中选择"活动计划"选项，在打开的页面中可查看活动效果的数据，包括点击率转化率、销量、销售金额、结算佣金等。

9.4 开店经验与技巧

通过本章的学习，用户可以学习到促销活动准备工作、店内促销活动、淘宝网促销策略的知识，下面介绍淘宝网店的促销策略开店秘籍。

9.4.1 印刷并散发广告传单

传单是广大卖家不忍割舍的广告形式之一，其特点是印刷费用低廉，宣传人员要求及佣金不高，而宣传范围广等。

1. 制作与众不同的彩页印刷传单

由于现在传单泛滥，许多人一看到传单就本能地产生抗拒心理，那是因为那种粗制的传单既达不到民众欣赏的需求也不利于企业的形象。所以印制比较精美的传单，会让大多数受众接到这样的传单后不急于丢弃，这样就增加了受众阅读传单的可能性。

当然，卖家在设计传单时，传单的宣传内容也是大有讲究的。传单广告也是广告的一种，所以传单广告的创意也应该重视。如同用户看报纸的经验，人们也不可能把整张报纸所有的文字都细细阅读，大都是先跳读大标题之后再挑选兴趣的内容细读。基于多数人的这种阅读习惯，传单的内容也要首先将商家最想传达的核心信息提炼并用大字标题表达出来，一类传单最好只传达一种信息。

最后，设计传单时应注意的是，没有创意的传单将迅速被淹没在文字排列的传单海洋里。创意不仅指传单样式的设计，更指内容的表达。只要传单内容建立在真实的基础上，宣传效果就将"润物细无声"地进入目标顾客心中。

2. 让传单不仅仅是"散发"

散发传单最常见方式是指店主随意雇佣两三个人,人手一叠传单,逢人递上一张。这种散发传单的方式主要在人流密集的地方操作,如超市、商场、集贸市场的出入口,主干道路口,各种展会会场等。虽然在这些地方宣传效果还不错,但卖家要想让传单效果发挥到最大还需注意以下几个方面。

(1) 散发传单的地点要有所选择。

这主要根据厂家产品的消费群体,所欲达成的目的而定。如某种以时尚年轻人为消费对象的衣服传单,在集贸市场派发效果就不如在步行街或夜市。

(2) 散发传单的时间也要把握好。

建议店主在派单时最好使用自己的员工,如人手不够需找临时工时,也要对临时工作人员进行严格的培训,包括散发传单时的着装和说辞要进行统一,同时要求散发传单的人员要学会如何识别目标受众等,以便散发的传单能达到最大的宣传效果。

3. 学会和顾客配合

传单最主要的功能是告知顾客卖家店铺产品的售卖信息,因而如果只有简单的传单信息是很难引发顾客购买,实现经营赢利的。传单散发出去以后,受众也阅读了传单信息,有进一步了解详情的欲望则会联系传单上所列的联系方式。而这时就需要客服人员透彻了解传单上所宣传的相关内容并做出合理且具劝诱力的解答,将顾客的潜在需求转化为实际购买。

同时要奖励凡是持单到店铺内咨询或购买的顾客。这种奖励措施力度要足够大,吸引更多潜在买家到店铺内咨询或购买。

4. 反馈和控制

发送传单的效果一般以持单前来咨询的顾客数和电话拨入数来统计。这只是量的统计。更要注重的是"质"的统计,即真正成交的顾客数。

还要根据预先对市场活动的机会来判断传单的印数,并随着活动的效果反馈调整传单的印数或者决定改变传单的样式,以免造成传单的积压或不能满足需要。

9.4.2 网络团购是网店推广的助推器

网络团购就是通过互联网平台,由专业团购机构将具有相同购买意向的零散消费者集合起来,向厂商进行大批量购买的行为,团购的产品已经涉及包括服装服饰、装修建材、家居用品、汽车、房屋、家电、电脑、生活用品等各个领域,其优势具有如下两点。

1. 有效降低消费者的交易成本

参加团购能够有效降低消费者的交易成本,在保证质量和服务的前提下,获得合理的低价格。团购实质相当于批发,团购价格相当于产品在团购数量时的批发价格。通过网络团购,可以将被动的分散购买变成主动的大宗购买,所以购买同样质量的产品,能够享受更低的价格和更优质的服务。

2. 有效改变消费者的不利地位

参加团购能够彻底转变传统消费行为中因市场不透明和信息不对称而导致的消费者的弱势地位。通过参加团购更多地了解产品的规格、性能、合理价格区间,并参考团购组织者和其他购买者对产品客观公正的评价,在购买和服务过程中占据主动地位,真正买到质量好、服务好、价格合理、称心如意的产品,达到省时、省心、省力、省钱的目的。

9.4.3 网店节日促销如何巧妙营造氛围

节假日促销,目的是利用买家节假日购买力更高的特点来定制促销活动的,这样也可以借助节日的客流量加强打造自己的品牌形象。网店的品牌形象主要通过店面装修和商品包装来呈现,下面介绍如何通过店面装修和商品包装进行节日促销。

1. 网店整体装修要突出节日氛围

在特殊节假日来临时,如国庆节、春节、元旦等,网店的招牌、导航、促销区甚至商品描述模板都有必要加入节日元素。而且在店面的主要位置要体现出店主对广大买家的节日祝福，如将网店的招牌上加上"节日快乐""合家欢乐"等字样，这会让顾客对网店产生亲切感，增强买家的购买力。

店面节假日整体装修时应注意的是，整体的装修风格要协调、统一，不然会给买家杂乱无章的感觉，导致买家不再光顾网店。

2. 主商品节日包装

在节假日销售的过程中，根据不同节日，店铺主推的商品节假日的包装也要有所区别，吸引更多顾客前来选购。所以，主打促销商品图片要加上节日元素，促销期间主推的几款商品不仅要在促销区呈现，商品图片的处理也需下点功夫。如果是主打国庆促销的主题可以加上灯笼、礼花等元素；如果是主打中秋促销主题，可以加上月饼、月亮等素材，让消费者一目了然。

同时，因为网店平时一般是不打折的，所以在节假日期间，卖家如果能巧妙地让利，就会吸引更多顾客。例如，折价促销、赠品促销、积分促销等活动，虽然优惠力度不大，但会在节假日的气氛里给买卖双方和气生财的感觉，销售氛围会更好。

最后，店主可根据自身的情况为自己量身打造一套完美的装修方案，营造出最适合目标客户群体的节日氛围。

9.4.4 借助卖点推广

在网店的经营过程中，网店经营者要对市场定位、经营方向等进行全方位策划，建立独特的卖点，借助这些独特的卖点来进行推广，才能更好地经营生意。下面介绍几种常见的卖点推广项目，供卖家参考。

- 买时尚。由于网络的特点，网店的顾客以学生和年轻白领为主，具有年轻化和时尚化的特征。因此，网上开店在组织货品时要充分考虑到这些主流顾客的消费需求。
- 卖渠道。如果有特殊的进货渠道，可以保证自己商品独一无二，就不愁商品卖不出去。
- 卖爱好。许多人开网店是出于对自身的爱好，比如一些收藏爱好者把自己的藏品拿到网上销售，与志同道合者分享收藏的快乐，那也能另辟途径，建立自己独特的优势。
- 卖服务。不售卖商品，而是替网上卖家提供后勤服务，例如，替其他卖家制作商品的图片效果，也可以拓展出一片市场。

9.4.5 让淡季变旺季

在淘宝网上，大部分商品其实都有淡季销售和旺季销售之分，为了让淡季变旺季，卖家应考虑如下两个问题：一是如何保证店铺产品淡季不淡；二是为销售旺季提前做哪些准备。下面介绍一些让卖家店铺淡季变旺季的技巧。

1. 扩充产品线

商品是网店的灵魂，没有好的商品，成就不了优秀的店铺。有些自己进货的卖家，或者新手卖家则不妨在淡季的时候，巧妙地扩充自身的产品线。一来可以帮助店铺解决淡季店铺营业额不理想的问题；二来还能提升客单价使得店铺免处于类似歇业状态。扩充产品线应遵循如下3个技巧。

- 尽量选择同一级类目下的品类，不会影响店铺主营宝贝占比。
- 添加的品类不宜太多，尽量控制在1～2个，太多会影响店铺的专业度。
- 可使用关联促销，或者满就送等活动，有利于客单价的提升。

2. 计划备货周期

自己进货的小卖家，可以根据淡季市场促销的契机，囤些便宜的货品。而有工厂生产的中大型卖家，建议根据分析前季热款优势来设计新品。随后可从采样、生产、打板等工序着手，逐步开始安排商品投入生产。对产品有了时间规划，以便商品库存能及时接轨后面的旺季，也保障了打造爆款时，避免出现断货的现象。

3. 分析爆款热款特征

卖家首先要分析旺季时主营宝贝的销售特征。虽然店铺的宝贝都同属一个类目，但细节上会因款式、颜色等不同而针对不同的人群。卖家要从旺季主推商品中，找寻下一季可以爆款的流行因素，从中上架其他商品。

同时，卖家通过分析转化率高的宝贝，得出热销宝贝的共性，人群偏好的颜色、款式等有助于卖家进行备货。利用这些特征，也便于卖家在入货量上进行把控，进货时如果有消费者青睐的款式、材质则可大比例进货。同时有条件的卖家，还能利用这些分析的结果，打造下一季的新品。

9.4.6 包邮促销的技巧

包邮促销是很多卖家在店铺运营时都用过的一种营销方式。包邮其实是和买家玩的一种心理战，只有巧用包邮方式，才能让订单销量多起来，下面介绍包邮促销的技巧。

1. 包邮的底线要求

要想能在包邮活动里赢得利润，卖家首先应当清楚自己能承受的邮费成本是多少，而且卖家在包邮活动前必须预估出一个对买家的吸引力和利润最大化的平衡点。

在制定包邮策略前，卖家可以先采集一个月未包邮时的数据，比如转化率、客单价、人均购买件数、整体成交金额等，以此作为参考并评估活动效果。一般情况下，可以在平均客单价的基础上提升20%～30%作为包邮的标准依据。

2. 满 N 元包邮

满 N 元包邮是为了提升网店的客单价而生，因此从经营角度来看，开展满 N 元包邮需要店内的各种价格数据。满 N 元包邮的最大优势在于能使得店铺低购买力人群提高客单价，因此满 N 元包邮应当尽量避开一般意义下的单品包邮。

卖家要根据商品爆款设置合理额度。因为产品包邮是一项促销活动，所以满 N 元包邮的额度应当比店内主推的套装价格要低。因为主推套装如果跟包邮额度处于同一水平线，那么套装对买家的吸引力就会下降，活动就失去了意义。

3. 创意组合冲击销量

卖家在包邮时，必须要搞清楚到底哪些商品最可能成为客户主要购买的商品，围绕商品再进行组合包邮。要想让买家多买件数，宝贝间当然要关联性比较高，产品依然是核心。搭配销售的非主推商品应当以便宜且高利润为特点。这样的组合下，可以吸引到更多购买人数，而搭配商品则消化掉部分邮费，让邮费问题不再难以解决，这样的方法就比较适合高邮费的商品。

而且如果店铺商品的单价很低，这样的包邮组合可以适当提高订单的利润率，让包邮条件不再高，适用更多卖家。满 N 元包邮不受商品单价影响，制定起来更灵活。

9.4.7 哪类产品和店铺适合做淘宝直通车推广

在淘宝网上，淘宝直通车是一个不容错过的重要宣传工具，但不是所有产品和店铺都适合做淘宝直通车推广的。下面介绍一下哪类产品和店铺适合做淘宝直通车推广。

1. 信用度在一钻以下，好评率低于 97% 的买家做直通车效果不太理想

很多新手买家，可能想通过做直通车快速提升信用，其实这样并不划算。原因很简单，前期投入很大，换回的信用度却很低，所以信用度在一钻以下，好评率低于 97% 的买家不建议做淘宝直通车推广。

2. 有累计售出记录再做直通车可达到最佳效果

有些卖家的累计售出记录为 0，这样做直通车的效果会很受影响。客户都有从众心里，谁都不愿意第一个购买不知道品质的产品，即使卖家的产品是最新上市的，也最好能先提升销售成绩，有很好的销售记录在网店页面中，客户购买时才会放心。

3. 特色产品做直通车效果更佳

所谓个性化产品，是指有独特功能或特点的大众化消费品。有些卖家推荐的产品，虽然质量好，价格低，但毫无特色，自然得不到买家的光顾。即使有销量，相比于直通车的费用，也很难实现盈利。

4. 独家经营的产品适合做淘宝直通车推广

由于网络上经营的成本比较低，如果能够取得某种商品在网上的品牌经营权，再以低于传统市场的价格出售商品，辅助相应的直通车关键词，一定可以取得不错的成绩。

9.4.8 淘宝客推广的策略

淘宝客的促销能很好地推广网店的发展。根据推广网店发展目标的不同，淘宝客推广的策略也大致可以分为以下 3 点。

1. 软文推广

软文推广方式操作轻松，但创意要求很高。软文推广可以说是效果最好的一种推广方式，只要卖家写出一篇优秀的软文，然后发表到各个网站，如人人网、QQ 空间、论坛、博客等，软文质量高，是十分容易被转载的，一旦被转载，这种病毒式的推广就会有效地转化为网店流量。

2. 微博推广

微博推广相比软文推广操作性会累一些，通常是需要先积累一定用户，至少 1000 个关注者以上，再将关注信息慢慢转变为网店流量。常见的是每日一种淘宝精品推荐的方式，如果能被粉丝们分享效果是非常好的。

3. 建站推广

建站推广，首先是把网站建设起来，其次要考虑如何提高网站转化率，每天还要坚持更新，坚持做链接。当网站建立好，优化好之后，大量的浏览信息会有效地推广网店。

9.4.9 直通车与钻石展位的区别

直通车与钻石展位虽然都是淘宝网宣传推广的重要方式，但两者有很大的不同，下面介绍二者之间的区别：

从收费方式上看，直通车是按照点击收费的，就是每有一个 IP 点击，就会扣费一次，相比钻石展位，直通车的优点在于精确、精准，避免了无效点击流量。而钻石展位是按照展示收费的，即广告所在的页面展示在用户面前一次就计费一次。钻石展位的优势就是地毯式轰炸的群体效应，覆盖面广，如果能持之以恒，效果会比直通车定点式的宣传效果要好。

从宣传形式上看，直通车和钻石展位，都是通过广告位展示的形式来展现所要推广的宝贝。直通车是按照商品的形式展现在页面搜索页的右侧和最下方；钻石展位的位置则有很多个，如淘宝首页、时尚频道首页通栏、创意站频道轮播图、我的淘宝页面等。二者的共同点是，都是用广告位的形式来展示，同样有广告轰炸的效果。但直通车侧重关键词及出价排名，这考验卖家操作时的智慧，而钻石展位更多的是考验卖家如何能做出抢眼的图片以吸引买家的注意。

同样是淘宝推广尖兵利器，钻石展位和直通车实质上是一样的。所以需要卖家经过慎重考虑后选择使用。

9.4.10 怎样做好代销

代销就是卖家拿供货商的宝贝图片数据包在网店店铺上铺货，当有买家在卖家店铺拍下时，卖家再去供货商拍下，由供货商直接发货给买家的一种销售方式。

这种销售方式的好处在于不用卖家自己进货，买家拍一件发一件，卖家自己只需在电脑上操作就好了，这对于新手卖家来说，大大地降低了投资成本风险。下面介绍做好代销需注意的事项。

1. 关于货物的品质

代销的缺点就是销售的整个过程宝贝不由卖家经手，卖家自身看不到真实的货物，只能看到宝贝的图片。这就对宝贝的质量要求要高一些，所以卖家朋友一定要充分了解供货商货物的品质，最好是实地考察下，做到心里有数。要知道买家最终收到的是真实的宝贝，宝贝质量是非常重要的。

2. 关于数据包

拿到供应商的数据包后不能盲目地上传宝贝，一定要先检查数据包里有没有与店铺冲突的地方，如价格、颜色。代销时一定要检查数据包，做好主图优化和标题优化，这样才不会影响网店的正常运营。

3. 关于发货退货

由于代销卖家要在买家拍下宝贝后再去供货商拍货，然后再由供货商发货，这中间要耽误些时间，再加上有的供货商代销商很多，一天要发的宝贝太多了，肯定会存在忘发、发错的现象，所以卖家要实时关注发货和退货进度，以免影响网店的信誉度。

4. 出售宝贝更新

作为代销卖家一定要实时检查供货商的供货链，没有货的立即下架。还要对供货商的新款产品了如指掌，要立刻给店铺上新，天天都有新款上架，顾客看着才有新鲜感，才有兴趣去购买商品。

9.5 案例分享——从零到皇冠店铺的奋斗史

背井离乡，追寻梦想

2015年，赵梦桐怀揣着无限的梦想，离开了家乡小城，坐了两天三夜的火车来到了无比繁华的大都会上海。

刚下火车，赵梦桐就开始了自己的打工生涯，去了朋友所在的公司上班，因为刚出来没有任何的工作经验，赵梦桐必须从基层开始做起。于是，赵梦桐被分配去了车间，做了流水线女工。上海的夏天非常热，赵梦桐刚开始根本无法适应，每天早上7点半开始工作到晚上8点多结束，就是在这样一种高强度的工作中，她很快就病倒了。

最郁闷的是，赵梦桐病了还不能请假，因为少了她做的这套工序，后面根本接不上来，所以最终梦桐选择了辞职。

辞职后梦桐非常迷茫，她不知道自己未来的出路在哪里。一次，在公交站点她看到淘宝网的相关信息，赵梦桐决定在淘宝网上进行创业。

坚定决心，艰苦创业

2017年，赵梦桐开始了自己的创业之路。因为没有钱，她在上海郊区找了一间非常便宜的民房，花了800元买了朋友的旧台式电脑，拉了一根网线。就这样，在这样狭小的空间中，开始了自己的全新创业之路。

赵梦桐很快就注册了淘宝，开了一家属于自己的网店。因为刚刚申请，赵梦桐对淘宝的一切都是陌生的，什么都不懂，所以在运营网店的过程中，都在摸石头过河中进行着。

和所有做淘宝网店刚起步的创业者一样，一连几个月赵梦桐都没有生意，偶有敲门进来的，都是推广广告的，赵梦桐遭受着无情的打击。对刚创业的她来说，一度准备放弃了。

就在这时，一个广州的客人需要买鞋子，但是因为没见过面，所以他选择走支付宝交易。就这样网店的第一笔生意终于开张了。

而这第一笔生意的成交，给了赵梦桐非常大的鼓励，因为那一单的成交额达到2万元以上。赵梦桐开始坚信，她一定能成功的。在这之后的日子里，她开始去各种淘宝论坛，学习前辈们的经验。

网店精巧装修，图片拍摄精美真实

看着别人的店铺装修得非常漂亮，赵梦桐觉得这是提高销售的重要方式之一，所以她决定好好装修自己的网店。因为不懂装修技术，于是赵梦桐去书店买了很多网店装修的书，慢慢学会了该如何装修网店。店铺的所有图片，她都试着自己处理好后，再上传到图片空间。然后一个一个传到店铺里，看到最后的成果，赵梦桐还是小小的骄傲了一下。

同时，赵梦桐开始明白好的图片才能吸引买家的眼球，于是她又买了拍摄的灯具，自制了一个简陋的摄影棚，开始自己拍摄商品。图片虽然拍摄出的效果不是很专业，但是绝对非常的真实可信。

经过这一系列的装修和拍照后,赵梦桐的网店终于有模有样起来,她开始思考如何吸引更多的顾客来浏览自己的网店并最终达成消费。

宝贝的推广方法

在推广自己网店的过程中,赵梦桐觉得推广首要的目的就是获取自然流量,这要依托淘宝搜索,所以,标题的关键词就非常重要。关键词可以在淘宝类目、淘宝搜索,还有关键词专区去下载,用好关键词,可以使自己的流量翻倍。

其次,赵梦桐还觉得促销活动是不错的推广方式,在活动中,她经常使用的方式是限时折扣和包邮。这也是最有效的办法了。

最后,赵梦桐最离不开的还是淘宝直通车,使用淘宝直通车后,她的网店流量发展迅速,网店人气一下子就上来了,迅速带动了其他产品的销售。

一年半的时间,赵梦桐从零做到了一皇冠,而且所有的活都是她一个人做。从打包、拍照、上图、客服、售后等一系列的活全是她一个人干,有时候累得连饭都吃不上。可是过着忙碌而充实的日子,赵梦桐反而觉得辛苦也是很快乐的。

下一步赵梦桐准备扩展自己的事业版图了,她开始招聘客服和助理,因为越来越大的业务量和淘宝订单,一个人确实有点吃不消了。赵梦桐说,等客服和助理招聘到以后,自己要好好休息一下,并且多读读营销方面的书,希望能把自己的网店越做越强,真正成就自己的一番事业。

第 10 章
对网店进行全网宣传与推广

本章要点

- 在淘宝论坛中宣传店铺
- 运用网络资源宣传店铺
- 运用站外平台宣传店铺
- 开店经验与技巧
- 案例分享

本章主要内容

本章主要介绍了在淘宝论坛中宣传店铺、运用网络资源宣传店铺、运用站外平台宣传店铺方面的知识与技巧,在本章的最后还针对实际的工作需求,介绍了淘宝开店的成功案例。通过本章的学习,读者可以掌握对网店进行全网宣传与推广方面的知识,为深入学习淘宝精准运营、策略营销与客户服务知识奠定基础。

10.1 在淘宝论坛中宣传店铺

经营网店的过程中,在淘宝论坛中宣传与推广是一项重要的推广店铺的手段,只有对外宣传,卖家才能更好地借助其他资源扩大宣传自己的店铺。下面将详细介绍在淘宝论坛中宣传与推广店铺方面的知识。

10.1.1 发帖与回帖

淘宝论坛是最具人气的淘宝店铺推广社区论坛,它以淘宝网为依托,提供论坛资讯信息,力求给用户一个简洁舒适的快速阅读门户页面。

淘宝论坛以舒适、简约、淘宝店铺营销推广、关注细节为核心理念,坚持为会员提供电商资讯与走精品路线,为会员呈上发现美与感动的电商生活哲学。淘宝论坛关注热爱生活的青年人的内心世界,期待与广大会员一起发现符合自己想象的互联网。

在这里,广大会员可以找到自己阐述观点的地方,可以发发心情,写写日志,留住生活点点滴滴。同时,社区会员发帖、回复,得到的积分可以换取免费礼品,劳有所获。同时,会员还可以进行淘宝店铺介绍、淘宝店铺推广和淘宝店铺服务等操作,提高自己店铺的流量和销售成绩。

在淘宝论坛中,用户可以在指定板块中发表帖子与众多淘宝会员交流经验,下面介绍发表帖子的操作方法。

Step 01 在浏览器中搜索"淘宝论坛",进入淘宝论坛官方网页,单击"卖家经验"选项,如图10-1所示。

Step 02 进入卖家经验页面,单击右下角的"发帖"按钮即可开始发帖,如图10-2所示。

图 10-1

图 10-2

10.1.2 精华帖题材

精华帖是论坛中的一种帖子,是被版主或管理员加为精华的帖子,一般此类帖子内容丰富,有较高的阅读价值,可以被回复,且作者可以修改原帖。

下面是精华帖标题的一些基本特征。

(1)在淘宝论坛的某一页中有几十条帖子,要想让潜在买家把注意力集中在卖家的帖子上,就需要在帖子的标题中加入一些显眼的符号。

(2)抓住人性的弱点,制造不断争论的话题。当潜在买家注意到卖家的帖子之后,还需要根据人的不同心理,使用吸引买家眼球的引爆点。

(3)总结很多人都不知道的东西,因为人们对秘密的东西总是比较感兴趣。如"为什么金冠卖家月入 300 万元""你不知道的直通车推广方法""店铺营销密码"等。

(4)标题可长可短,具体根据文章的需要设置。最好不要太长,以免超出人的视觉接受能力。

精华帖是网店推广的一种重要表现形式,是一种信息载体,是线上互动的交流手段,更是经验传播与分享的一种有效渠道。下面介绍怎样写好精华帖方面的技巧。

1. 选择题材

卖家在编辑帖子的过程中,应该发挥自己的特长来选择题材,同时也要学习和尝试写写自己不擅长的帖子。这样,就能让卖家撰写的帖子更加综合全面。

2. 内容具有创意性

帖子内容必须是对广大淘宝会员有帮助的经验分享,且不为大多数淘友所熟知的经验。因为精华帖具有导读的功能,所以很多被大多数淘宝会员所熟知的内容,一般是不能加为精华的帖子的。

帖子首先要是原创、好帖、不违反发帖规则，这是一切精华帖的共同前提，离开任何一项，都不可能成为精华帖。

一般情况下，图文并茂的帖子比纯文字说教的帖子对人家更有帮助。那些教程类的帖子图文并茂，让人很容易就能学会，所以多数被加为精华帖子。

帖子的排版要尽可能地美观。帖子要尽可能地做到字体大小适中、段落长短适中、颜色分配巧妙、表情运用巧妙这四点。只有这样，才能大大增加申请为精华帖子的筹码。

3. 内容充实具体，最好有实例举证

有些卖家常困惑：为什么大家都是写相似的内容和经验，别人的能加为精华帖子推荐，自己写的却不能呢？这个多半是因为卖家的内容不够充实具体。撰写帖子的过程中，用户必须从原创的角度出发，实事求是地进行撰写，并且具体分析自己的经验，通俗易懂地讲述自己的经验，这样才能快速提升帖子被加为精华帖的概率。

内容要尽可能翔实，即指帖子内容要详细而真实，不能胡乱编造。

内容要尽可能地符合版面的主旨。论坛的每个版面都有它的定位，虽然很多人很难做到完全切合，但至少应该做到不要完全不符合。例如，把一个纯文学性的帖子发到经验畅谈区，即便文笔再好，也不可能被加为精华帖子。所以，内容符合版面主旨是成为精华帖子的第一步。

4. 善于总结

多多总结各种问题的经验、教训和心得。在经营网店的过程中，总会碰到各种各样的问题，在处理这些问题时，总会有些心得体会，不管是成功的经验还是失败的教训，对自己对其他人都是一笔宝贵的财富。所以要多做总结，各种各样的总结帖也是精华帖的主要来源之一。

多多学习别人的精华帖。在写精华帖之前，必须经历一段漫长的学习期，要多多学习别人的精华帖，多到经验畅谈区看看、学学，特别是精华区。

5. 拟好题目

帖子题目要拟好，这对加精华帖子很重要。因为别人都是通过看帖子题目才点击进入的，而一个好的题目需要引人入胜、一目了然。

6. 主动申请

论坛管理员非常忙碌，他们自己有网店要管，还要管理论坛。写出好帖子，只是完成了第一步；要想成功加为精华帖子，还需要主动申请成为精华帖。

10.2 运用网络资源宣传店铺

运用网络资源宣传店铺是店铺推广的主要手段，而免费的网络推广手段主要是通过自媒体来实现的，如微博、微信、电子邮件、博客等形式。

10.2.1 微博推广

微博是一个公开的社交平台，通过微博可以达到实时发布和显示消息的目的。微博的用户数量非常大，因此很多人选择将微博作为推广平台。

1. 注册和关注店铺

使用微博进行推广时，首先需要注册一个微博账号，然后引导买家关注店铺微博，通过微博不时为买家推送各种活动信息，吸引其前来购买。在注册微博时，微博名称最好设置为店铺名称，也可在其中添加店铺的类目和品牌等。此外，微博的个性域名最好与店铺相关联，如店铺的全拼等。这样设置一方面能使微博粉丝一目了然地看到微博品牌，记店铺名称；另一方面，关键词对搜索引擎友好，搜索品牌的关键词排名将更靠前。

在注册微博的过程中，微博会引导用户进行个人标签设置。在设置网店推广微博的个性标签时，卖家可选择与自己的商品、行业相关的标签。设置好标签后，微博通常会主动推荐标签相同的用户，通过该推荐可拓宽社交圈，与性质相同的微博进行友好互动。

微博设置是微博注册中非常重要的一个环节，特别是对于需要推广品牌的官方微博而言。一般来说，微博设置中包括个人资料、个性设置等内容，在个人资料中可以对店铺进行简单描述，展示网店的属性和文化，为店铺建立起良好的形象，还可添加店铺的超链接，方便粉丝直接进入。

新浪、搜狐等都是现在主流的微博平台，它们提供了微博认证功能，可以针对个人、企业、媒体、网站等进行认证，通过认证的微博名称后会有一个"V"字标。认证微博不仅可以提升微博的权威性和知名度，同时也更容易赢得粉丝的信任。

2. 转发抽奖

转发抽奖是指通过店铺的官方微博与粉丝进行互动，从转发当前微博的粉丝中抽取一名或几名用户赠送奖品。转发抽奖是一种十分常见的推广方式，通过转发抽奖不仅可以将店铺或活动推广至粉丝的粉丝，扩大影响范围，还可累积更多的粉丝，吸引更多的关注。转发抽奖一般都是以"关注＋转发"的形式实现的。

3. 晒图有奖

晒图有奖是指通过店铺官方微博策划和组织的一种活动形式，其内容为通过邀请买家上传商品图片并以@官方微博的方式让买家参与到活动中来，官方再对参加活动的买家图片进行评比或投票，选出人气最高的商品图片，颁发相应的奖品。晒图有奖可以使买家体会到购买商品后的参与感，既可以宣传商品，又能培养买家忠诚度，是非常有效的一种微博推广方式。

4. 发布话题

发布话题是指在微博上发布特指某个描述对象的主题，如"2020年××上新"等。通过微博平台发布话题后，话题将以超链接的形式进行显示，单击该话题即可打开相关话题页面，当然，微博用户在搜索相关关键词时也可搜索到该话题信息。一般来说，活动、品牌名等都可以设置为专门的话题，官方微博要有意识地引导粉丝针对话题进行讨论，这样不仅可以起到醒目显示话题的作用，当话题的发送量达到一定数量时，微博官方还可对话题进行推送，展示给更多的微博用户查看。因此，店铺官方微博在发布微博时应尽量带上相关话题。

10.2.2 微信推广

微信这种广泛大众化和较强即时性的特点，使其推广具有非常大的发展空间和可观的效果。微信与微博不同，微信推广主要依靠微信朋友圈和微信公众平台等方式。

1. 微信朋友圈推广

微信朋友圈是微信推广中比较常见的一种方式。图片、活动、店铺宣传等都可以发到朋友圈进行推广，但是朋友圈中的内容一般只能由微信好友查看，局限性较大。为了扩大商品在朋友圈的影响范围，店铺可以通过策划活动、会员营销等方式，引导和邀请买家添加店铺的微信号，再通过淘宝网制作手机宣传海报，发送至朋友圈增加点击量。

无线设备的普及使无线端客户成为淘宝网店中非常重要的一类客户来源，为此，淘宝网提供了无线端装修功能，可以对无线端店铺进行装修，同时也可以制作手机海报并生成超链接，再将该超链接共享到微信中。

2. 微信公众号推广

微信公众平台是一种通过公众号推广媒体信息的平台。商家通过申请微信公众号，在该平台进行自媒体活动，如通过二次开发展示商家微官网、微会员、微推送、微支付、微活动、微报名、微分享、微名片等。微信公众平台已经发展成一种主流的线上线下互动营销方式。

按照微信公众号性质的不同，可将其分为个人号和企业号、订阅号和服务号等。但不管是哪一种类型的公众号，其目的都是为个人或者企业创造价值，而创造价值的前提则是做好推广内容。

（1）账号注册。

在微信平台注册公众号时，首先需要明确该公众号是个人号还是企业号。一般应将账号规划成一个品牌来进行运营,即在微信、微博等媒体中都使用相同的账号名称,从而更好地发挥品牌优势。

(2)内容编写。

微信推广的内容一般为图文结合的形式,文字要求排版整齐,图片要求精致美观,内容要具有可读性,可以吸引用户阅读。例如,以趣味软文的形式做推广,可引起用户的兴趣,拉近与用户的距离,同时策划的店铺活动也可通过微信公众号进行宣传。内容编写完成后,可以同时发布到其他的自媒体上。

(3)用户互动。

在微信公众号中,可以设置菜单,并在菜单中分别设置相关的子菜单,为用户提供相关查询服务等,如图 10-3 所示。此外,发布内容后会收到部分粉丝的回复,此时需要多与粉丝进行互动,对粉丝的问题进行选择性的回复,以维护粉丝关系。对于部分类似的问题,可以设置自动回复或关键词回复。在回复中将相关文章信息添加进去,粉丝阅读时可以直接回复关键字,能查看对应的文章,又能查看历史文章。

图 10-3

10.2.3 电子邮件推广

电子邮件推广常用的方法,包括邮件列表、电子刊物、新闻邮件、会员通信、专业服务商的电子邮件广告等。拥有潜在用户的 E-mail 地址是开展 E-mail 营销的前提,这些地址可以是企业从用户、潜在用户资料中自行收集整理,也可以利用第三方的潜在用户资源。

如果邮件发送规模比较小,可以采取一般的邮件发送方式或邮件群发软件来完成,如果发送规模较大,就应该借助专业的邮件列表发行平台来发送。

需要说明的是,基于用户许可的 E-mail 营销与滥发邮件不同,它是用户在事先许可的前提下,通过电子邮件的方式向目标用户提供有价值信息的同时附带一定数量的商业广告信息。未经用户许可的电子邮件,通常被归纳为垃圾邮件范畴,不但使得用户反感,而且对网店本身形象也有负面影响。

电子邮件推广营销根据客户的业务情况,进行目标受众数据的筛选,设计策划有针对性的 E-mail 方案,达到推广品牌、产品或服务的目的。这样一来既可以减少广告对用户的滋扰、增加潜在客户定位的准确度,同时又可以增强与客户的关系、提高品牌忠诚度。

在撰写邮件的过程中,邮件编辑也是非常有讲究的,注意邮件编写的方式和技巧,会吸引客户回复邮件并达成购买意向。下面介绍一些让客户回复邮件的注意事项,供广大卖家参考。

1. 邮件标题

邮件标题只能是客户求购的产品名称，而不要加其他多余的语言，因为只有精准的邮件标题定位，才能吸引客户打开邮件并查看内容。

2. 开篇语言要简洁

邮件开篇的语言要简洁得体，这样可立即拉近与客户的距离，切记不要过多地在邮件中对客户寒暄，这样不仅会引起客户的反感，同时会让客户觉得内容累赘，失去继续阅读邮件的兴趣，得不偿失。

同时，不要过多介绍自己，这样会给人一种推销的感觉，介绍自己时，语言要简练生动，让客户一目了然卖家的身份，反而会给客户一种自信、专业的印象，这种印象对卖家来说是非常重要的，对产品的销售起着积极的推动作用。

3. 直奔主题

简洁的开篇之后，卖家必须直接进入主题，因为客户最关心的无非是产品规格与价格而已，卖家如不能提供客户感兴趣的资讯，客户不会回复，只有直接阐明主题，证明卖家是专业的，且具有诚意的，客户才会回复卖家的邮件。

4. 产品报价

卖家在邮件中，所报的产品价格必须是实价，必须与现有的市场行情相吻合，价太低，客户会怀疑你是否是诈骗人员；价太高也会让客户流失，所以，切勿乱报价，这也是吸引客户回复并咨询产品的重要环节之一。

10.2.4 博客营销

博客是草根英雄辈出的地方，每个人都可在博客上发表自己的看法与见解。对于网店卖家来说，博客上这么大的一个群体，也是潜在客户的一部分。博客营销应该做到以下几点：

1. 博客内容是博客推广关键

在进行博客建设的时候需要全面做好博客内容建设，这对于卖家来说非常重要，同时对于做好博客推广也是非常有利的。一个博客能否受人关注，最大的前提就是博文质量要过关，让博友看了有一定的借鉴和启发或者是能产生共鸣。这需要博主平时多写多积累，做好博客内容优化工作，这样才能更好地做好博客推广，促进博客发展。

2. 全面运用 SEO 做好关键词推广

博客也是有关键词的，做好博客关键词推广工作，才能做好博客优化，促进博客推广。由此就需要全面运用 SEO（搜索引擎优化）来做好博客关键词推广，因为在大多数普通上网者的印象里，百度前几位的网站博客，本身就是权威。然而需要提醒大家的是，切勿为了迎合 SEO 而去做博客内容，很多人为了优化博客的关键词，往往绞尽脑汁在博文中加入关键词的锚文本，结果使博客的可读性变差，最终对写博客失去了兴趣。因此，卖家需要充分运用 SEO 手段来做好博客推广。

3. 利用第三方平台做好博客推广

充分利用第三方平台来做好博客推广，这对于卖家做好博客也是非常有帮助的。现在第三方平台的发展速度也是越来越快了，因为发布在第三方平台的文章如果审核通过，会被大量转载，而正规的网站转载时都会保留这个超链接，提升博客知名度的同时，有效给博客做了外部超链接，因此希望卖家能够充分运用好第三方平台来实现博客推广。

4. 避免商业味太浓

鉴于博客的性质，如果卖家的企业博客上发布的是企业供求信息这类内容，相信网友不太会感兴趣。博客群体是潜在的客户，是培养和影响潜在客户的地方，浏览博客不是马上就要在这里购买产品和服务，而是通过软性的文章来介绍产品和服务，这样才能影响到客户，才能在无形之中提升企业的知名度和形成网络品牌。

5. 避免流于形式，没有实效内容

如果博客没有太多内容，或东抄西拼，这样的博客不会有太大的价值，不太会吸引访问者，甚至会严重影响企业品牌和形象。企业专业博客如果没有专业的内容充实，只会降低企业的品牌形象和影响，有不如无。正确的做法应该是进行精心的编辑，将优秀的内容、行业新闻信息、行业发展动态、行业最新研究动向、企业研究课题成果等同行关心的内容进行分类和组合，使企业博客成为一个优秀的信息平台。这样就会不断吸引同行或想了解相关信息的人来访问，并不断扩大影响力，从而达到传播的效果。

6. 避免将博客当成排名工具

有很多企业或个人博客基本没有什么内容，但放了大量的无意义超链接，以达到提高排名的效果，这样功利的做法从长远看也是没有太大意义的，甚至会带来很大的危害。严重的话，有可能搜索引擎会把该博客认为是垃圾的外部超链接而删除。

7. 企业博客宜全员参与

博客的成本低廉，可以动员有兴趣的员工申请自己的个人博客，除了放置自己爱好的内容外，还可附带宣传企业，如企业文化、产品品牌等，从而使博客成为企业的重要平台。只有形成一定的规模效应，企业才会迅速提高知名度，这其实跟传统的广告一样，达到一定的规模，企业的知名度就会迅速提升，博客其实也是企业广告的一种手段。

博客可以宣传企业、产品、服务。营销得当，可以有效地提升企业的知名度，从而间接促进销售，无形之中提升企业的收益。但是做得不到位，就会使受众对产品和服务产生抵触情绪，认为产品和服务也很差，对企业产生一定的影响。所以，做博客营销一定要强调把产品宣传做到"无形"，对博客内容做到精准，具有引导性，做到宁缺毋滥，才能有效地引导潜在客户购买产品和服务。

10.3 运用站外平台宣传店铺

淘宝网站内的很多推广项目都对店铺的资质有所要求，且部分项目还需花费一定的推广资金。因此，网店经营者也可通过站外平台，如折800、返利网、卷皮网、网购等来宣传自己的店铺，累积和提升自己的资质和人气。

10.3.1 折800

"折800"成立于2011年，是一家专注商品超低折扣特卖的网站，其注册用户超过8000万，日均成交百万单，与淘宝网中的店铺合作良好，很多淘宝网店的经营者都通过参加"折800"的活动来推广宣传自己的商品。与淘宝网的活动一样，"折800"的活动也是需要申请的，参与活动的商品即可获得在网站中展示和出售的机会，图10-4为"折800"网站特卖商城的入驻流程。淘宝网的店铺经营者可以实时关注"折800"网站的活动方案，根据活动参与条件，选择具有良好竞争力的商品来参与活动。

图 10-4

10.3.2 返利网

"返利网"成立于 2006 年 11 月,是一个市场规模和用户活跃度都比较领先的"返利导购"平台,其拥有数量庞大的注册会员基础。与"返利网"合作的电商网站超过 400 家,覆盖了国内主流的 B2C 电子商务平台,包括天猫、淘宝、京东、苏宁易购、1 号店、亚马逊、聚美优品等。"返利网"的合作模式主要有超级返合作、B2C 独立网站 CPS 合作等。图 10-5 为"返利网"首页及活动分类。

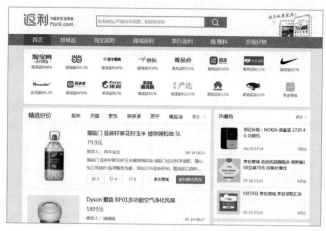

图 10-5

下面分别对"返利网"的主要合作模式进行介绍。

超级返合作:超级返是"返利网"针对品牌商户提供的一项保证 ROI 的效果营销服务,其主要合作对象为知名品牌商、运营知名品牌的 TP 公司以及品牌经销商等,如天猫、京东、1 号店等知名 B2C、POP 平台店铺和独立 B2C 网站。

B2C 独立网站 CPS 合作:"返利网"为 B2C 独立网站提供了单独的合作模式,合作网站与"返利网"签订合作协议并交纳相关费用后,"返利网"将协助合作网站完成技术接口,并提供专属页面引导会员到合作网站下订单、完成交易。同时,"返利网"会根据销售效果收取佣金,并将部分佣金返还给会员。

10.3.3 卷皮网

"卷皮网"是一家为买家日常生活所需品服务的平价电子商务平台,它倡导价格与品质的平衡,主打平价、品质、生活,以创新"平价零售"模式为买家提供服饰、居家、母婴等平价优质的商品。"卷皮网"的活动类型主要包括卷皮特卖(POP)、卷皮折扣、品牌折扣以及九块邮等。淘宝店铺经营者可以直接通过"卷皮网"首页的免费报名通道参与活动报名,从而为自己的店铺引进更多的流量和销量。图 10-6 为"卷皮网"入驻流程。

图 10-6

10.3.4 团购

团购即团体购物，从商家的角度来看，团购是一种薄利多销的营销策略，以低于零售价格的方式出售商品，不仅可以使商家赢得销售量，还能让买家得到价格折扣，实现买卖双方的共赢。现在提供团购服务的网络平台有很多，常见的包括糯米网、美团网、大众网等，这些知名团购网站中涵盖了数量非常多的类目和商品。此外，商家也可以参与一些大型电子商务平台的拼购。

不论申请活动还是申请团购，商家都需要在目标网站中寻找合作途径，而且要按照目标网站的合作要求和准则填写相关信息并提交相关材料，等待目标网站审核通过后即可参与活动。不同网站的合作方式和合作要求一般也不同。

10.4 开店经验与技巧

通过本章的学习，淘宝店铺经营者可以学习到如何通过微博、微信、博客、淘宝论坛、即时聊天工具、搜索引擎和邮件等方式推广网店的技巧。下面介绍网店的免费宣传与推广开店秘籍方面的知识。

10.4.1 投放网络广告，带来可观的流量

投放网络广告虽然需要卖家花钱，但是给网店带来的流量却也是很可观的。下面介绍如何投入最少钱投放网络广告，却能带来最多可观的流量方面的技巧。

1. 低成本，高回报

投放网络广告首先要考虑对媒体的选择，如果想获得知名度，那么就出钱到那些有知名度的网站投放。如果卖家只是为了流量，那么，选择名气不大，流量大的网站是非常有必要的，这样的网站价格一般都不贵。

2. 高成本，高收益

这个收益不是流量，而是收入。对于一个商务网站，客流的质量和流量一样重要。此类广告投放，卖家首先要了解自己的潜在客户是哪类人群，然后寻找这类人群登录频率比较高的网站进行广告投放。也许价格比较高，但是它给卖家带来的客户质量也比较高，所以给卖家带来的收益也比较高。

10.4.2 回帖顶帖的技巧

很多卖家都有发帖的经历，都想让自己的帖子流量大幅度增加，但是很多人的帖子都没有回应。这是因为卖家的帖子基本上都没有进行管理。帖子发表以后，卖家还需要不断地回复，而且有时候卖家可以用自己发帖的那个账号去回帖，但应注意的是，这种方法不宜过多使用，卖家还需要注册一两个备用的号，专门用来回帖顶帖。

在回帖的过程中，卖家可先用这些备用的账号去顶帖，再用发主帖的账号去回复，时间需要有一定的间隔。那些上万点击量的帖子都是不断地被顶帖，不断地在首页显示才获得关注的。一般这样的持续顶帖行为只需要一周左右，因为论坛中对卖家这篇帖子感兴趣的人大部分都已经看过，需要卖家重新发表其他类型的帖子，重新吸引一批人，再次刺激他们的消费欲望。

10.4.3 买家喜欢光顾什么样的店铺

在淘宝网上，商品林立，成千上万的店铺等待买家光顾，如何吸引买家光顾是一项重要议题。下面介绍买家喜欢光顾什么样的店铺方面的知识。

1. 对商品描叙要清楚

商品描叙是推广宝贝最直接的方法，描叙的越清楚越准确，越能吸引顾客前来选购。

2. 照片要自然、真实

宝贝图片就是商品的展示，所以拍摄的照片要清晰，要多拍产品细节图，这样更显真实自然，才能吸引买家的购买欲望。

3. 及时回答买家的咨询

买家对卖家的商品进行咨询的时候，卖家应及时热情地回复咨询，用耐心的服务留住每一位买家。

4. 认真查看及回复店铺的留言

查看店铺的留言是一项很重要的工作，因为这样卖家可能收获更多的交流信息，吸引更多的潜在买家。

5. 经常更新店铺的商品

有一些买家只是随意逛逛淘宝店的，并不是刻意来买东西的，但如果卖家能经常更新自己店铺的商品，那买家购买欲望也会大大的增强，无形中，增加了自己的经营收入。

6. 宝贝的性价比

卖家要经常观察同行的店铺，要学会对比自己商品与同行的商品。同样的东西，要比质量；同样的质量，要比价格；同样的价格，要比服务。

7. 店铺要有个性

店铺要有自己的特色，这样才能抓住买家的购买之心，才能吸引更多的顾客前来自己的店铺购买商品。

8. 店铺经常要有促销活动

卖家要经常搞一些促销活动，这样可以吸引众多客户前来选购，既提高了网店的人气，提升网店知名度和销售额，同时，也无形中推广了网店品牌。

10.4.4 买家收藏宝贝／店铺的考虑因素

买家会收藏宝贝／店铺，主要因为商品质量好、价格便宜、消费者评价好、卖家服务好等原因，综合来看，买家收藏宝贝／店铺的因素有如下几点。

1. 成交量

卖家的成交量不一定要高，但是必须有一定的成交量，因为成交量是宝贝受欢迎程度以及质量体现。

2. 宝贝描述

卖家的宝贝描述必须详细和真实，具有一定的参考价值，方便让买家对宝贝有全面了解，从而产生购买欲望。

3. 评价

好评率以及差评的内容，是买家关注的焦点。差评的内容有参考价值是因为买家要考虑其他买家对此商品或店铺不满意的地方，是否会影响最终的选购。

4. 卖家的信用度

卖家的信誉级别不一定要很高，但是基本的信誉级别对买家来说是一个购买的保障，会让买家买得放心和安全。

5. 卖家上新频率

上新频率是服装、鞋子、箱包等店铺被收藏的一个重要因素。如果买家收藏店铺后，卖家上新频率很低，已经满足不了买家的需求，也会被买家取消收藏。

10.4.5 影响宝贝搜索排名的因素

在淘宝网上，影响宝贝搜索排名的因素有很多，不同的因素组合起来甚至会危及卖家网店的经营，下面总结一些影响宝贝搜索排名的因素。

(1)宝贝是否遭遇降权或者处罚,如卖家是否虚假交易处理或者宝贝标题是否滥用关键词。

(2)宝贝详情页的质量影响搜索排序,在宝贝详情页面,过多的关键词或者是无相关性的关联宝贝,淘宝会根据情况给予一定的搜索降权或者是屏蔽处理。

(3)宝贝主图的质量问题会影响搜索排序,宝贝主图应该是真实地反映宝贝商品属性的。一是如果宝贝主图不美观,带给买家最直观的感觉是很不舒服;二是过多的文字图片掩盖了宝贝真实的面貌,不能很好地辨认出宝贝细节,也不利于淘宝公平的、诚信的交易。

(4)卖家服务质量会影响搜索排序,如店铺三项综合评分体现了卖家店铺宝贝描述相符度、宝贝发货速度、卖家服务态度等因素。作为卖家,是否以一个良好的心态去面对顾客就体现在这三项基本评分上面。

(5)店铺信誉度对搜索排序的影响。目前淘宝最新规则出台,对于店铺各种经营类目下的信誉度是分开计算的。所以,作为卖家应该合理调整结构,让自己店铺经营的类目集中起来。

(6)是否加入消费者保障服务,并提交保证金。消费者保障服务是对买家网购安全最基本的保障,所以在搜索排序下,优先展示加入消费者保障服务并且提交保证金的卖家。现在还可以签约保证金保险。

10.4.6 影响人气宝贝排名的因素

淘宝网搜索结果显示有两种主要的排序方式:一种是默认的所有商品排序;另一种是人气排序。因为人气排序更能够显示出商品的优越性,所以作为卖家应该去考虑如何让宝贝在人气排行当中占据更有利的位置。下面介绍一些影响人气宝贝排名的因素。

1. 交易量

淘宝一般会参考商品的交易总量和交易订单次数,时间一般以商品近 30 天的交易数据作为参考。所以卖家要想自己的宝贝能够在人气排行当中有较不错的位置,首先要考虑到的就是如何提升这个商品的销量。卖家可以给准备大力推广的产品做一些优惠促销的活动,提升商品的销量,同时也让该商品在人气排行当中有更好的表现。

2. 转化率

转化率表明这个商品以及卖家这个商品页面的吸引力,如果转化率越高,说明卖家的这个商品在同行当中越有竞争力,淘宝给出的搜索排名就会更靠前。要提高转化率,卖家需要把页面设计得更加人性和美观,商品的参数要介绍得更详细,这些对提高转化率都是有不错的帮助的。

3. 收藏量

商品的收藏量能够从侧面反映出这个宝贝的受欢迎程度,也会影响人气宝贝排名。

4. 其他主要因素

其他主要因素包括支付宝使用率、是否加入消保、产品评分、宝贝浏览量、买家评价等也都会对人气排名产生影响。

10.4.7 网店推广要明确分析目标人群

在推广网店的过程中,卖家需要明确分析自己网店的定位,然后根据定位寻找目标人群,这样推广网店时才能达到事半功倍的效果。下面介绍网店推广要明确分析目标人群方面的知识。

1. 分析目标人群聚集方向

很多卖家都是在没有分析自己网店的目标人群的情况下就开始盲目地进行推广。这样做不但花费很多的时间和精力,而且推广的效果也不好。通过网店主营的商品来进行有针对性的目标人群分析,卖家才能更好地了解到目标人群聚集的地方。

2. 制定推广方案

制定方案就是整合高效有序的推广的操作流程的过程,方案不是摆设,一定要有很好的可操作性。

3. 针对推广方案要有极强的执行能力

有了针对目标人群的推广方案，卖家就要认真执行推广的文案。推广网店的过程中，卖家要有极强的执行能力，而且做事不但要认真，还要学会在实际工作中总结经验，这样才能有利于以后推广网店的过程中取得更好的效果。

10.4.8 怎样防止客户流失

如果网店的产品款式、产品价格、服务等方面都不能让买家满意，买家就会迅速流失。为了防止客户流失，卖家应从以下几个方面入手。

1. 多维度细分会员等级

店铺的会员，因为消费习惯等诸多差异，必定有所不同，所以，建立会员关系的首要原则就是细分会员。商家可以根据会员近期是否到店消费、消费的交易额、交易量等多个维度，对店铺所拥有的会员进行筛选，挑选出店铺的忠诚会员。这么做的好处在于，加入网店会员的买家，会有一种优越感，对网店的忠诚度自然会提高。

2. 区分等级设置专享优惠

店铺细分、筛选出不同等级的会员以后，需要加强各个等级会员的等级意识。而等级意识的建立与强化，在于商家积极有效的引导。其中，发送不同条件的优惠卡券便是一个不错的方法。一张优惠券，不但可以吸引新会员二次消费，增加老会员忠诚度，更是一次让会员再熟悉店铺的机会。

同时，设置不同的门槛，引导会员产生不同的效果，为每个等级的会员发送不同的优惠卡券，让不同等级的会员享受到优惠，也增加了商家与会员间的互动。

3. 后期追踪对策及时修正

凡事都要做到有始有终，会员关系的建立、维护更是如此。前期建立的会员关系、等级划分、专享特权，这些都是不完善的测试，而准确、有效的投放，就是得益于这每一次的数据反馈。只有从庞大的数据中，筛选出有价值的信息，对优惠券的面值和类型进行及时调整，才能使店铺的客户关系得到更好的发展，使后续的会员营销呈现最佳的效果。

10.4.9 利用百度增加店铺浏览量

1. 百度空间篇

如果用户在自己的百度空间里发表一篇文章，第二天就会搜索到这篇文章，那么假如用户发表的是商品的介绍？是不是同样也会搜索到？百度空间就等于是用户的博客，在自己的博客发广告是没有人反对的，当然，也不一定全部都要发广告，也可以发一些商品的介绍，或者行业的一些新闻。根据用户店里所销售的商品发一些相关的内容，在发布的时候，标题多写几个关键字，然后记得在每篇文章结尾处加上店铺的链接，这样当别人搜索的时候，很轻易地就可以看到用户的文章。

2. 百度知道篇

百度知道在刚开始的时候人流量是相当大的，随着新浪的爱问等同类产品的出现，有了一些分流，不过现在的流量也是不容小觑的，尤其是用户有什么问题需要解决的时候，通过百度搜索第一个出现的就是百度知道的内容。和上面同样的道理，百度在推广的时候，肯定是自己家的东西优先，卖家可在百度知道上回答别人的问题，记得要有选择的回答，比如你是卖电脑的，就找电脑行业的回答，卖服装的就找服装行业的回答，其他行业也是如此。在回答问题的时候把自己店铺的链接写到答案里，记得认真回答，如果你的问题被采纳为最佳答案的话，浏览量会成倍的增长。

3. 百度百科篇

在百度上搜索某一个关键词的时候，排在首页里的一定少不了一个词条，就是和用户搜索的关键词相关的百度百科。对于微商的三个阶段"自媒体""自明星""自品牌"来说，如果你成为自明星，那么就会有大量的粉丝主动加你，所以百度百科不仅可以帮助增加微商的流量也是微商自明星系统打造的重要组成部分。

4. 百度贴吧篇

百度贴吧作为百度官方产品，具有搜索引擎优化的功能。简单地说，它也具有在百度搜索引擎中获取关键词、提升百度首页排名的能力，从而让我们在百度搜索中获取流量。除了利用百度搜索排名获取相应流量之外，还是要把重点放在如何在百度贴吧让我们发布的帖子得到更多的曝光上，进而获取更多的流量。这需要我们找到贴吧上较大的流量入口。比如我们搜索淘宝，那么它的入口先是首页，然后让你选择跳转到别的类目页面，所以它的首页流量最大，广告的曝光率也最大。那么，百度贴吧首页就是很大的流量入口，首页上展现的贴吧多数是百度贴吧官方推荐的，所以这些贴吧的帖子获取的流量会很大。

5. 百度文库篇

文库是传播信息的一大途径，除了百度、360 等搜索引擎有其自身的文库产品，还有豆丁文库、道客巴巴等其他的文库，海量的文档供网友阅读和下载，资源丰富详尽，极受欢迎。渐渐地文库也就成了品牌营销的阵地之一。百度文库不需要花费一分钱，而且推广效果非常好，只要收录就会出现排名。卖家要认清百度文库推广有哪些好处，看看是不是自己需要的。

6. 百度行家篇

百度行家即百度知道行家，知道行家是特定领域有卓越表现和高度专业能力的个人，是通过百度知道实名认证的行业专家，乐于分享知识，为广大用户答疑解惑。百度行家是百度知道为企业、个人量身定制的知识问答服务平台，通过在知道答题与目标用户进行互动沟通，提升营销效果转化，挖掘更多商业机会。知道行家全新上线后，在行家回答的每条问题的底部，都有对行家的品牌曝光，点击还可以进入行家用户指定页面，为企业及个人提供流量支持。那么成为百度行家具有什么优势呢？百度行家就是"意见领袖"的一种表现，成为行家可以提高个人或者企业的曝光率，提高社会知名度。成为行家可以被更多人认可，得到更多来自他人的推荐和评价，提高个人或者企业的品牌价值，同时在帮助到许多人的前提下形成个人影响力，会间接拉动粉丝的增长。

那么如何利用百度行家涨粉呢？一是提高曝光率，二是提高影响力。我们可以把昵称、答案内容、头像、签名等这些部分作为曝光引流的渠道。百度行家账户昵称就可以使用的联系方式如 QQ 号等来命名，巧妙之处在于利用昵称推广法来给对方留下第一印象，让他的第一反应是这就是你的 QQ 号，以后有什么不懂的地方可以请教你，所以他会加你的 QQ。因为我们的问题回答不是一对一，而是一对多，所以以后想知道这个答案的人搜索进来也会看见你的联系方式。这就形成了一种裂变推广，回答的问题越多，能沉淀的联系方式就越多，被关注的机会就越大。

7. 百度图片篇

前面介绍过百度搜索的排名比较倾向自家的产品，利用百度知道、百度经验、百度贴吧、百度文库能够占据比较好的排名，从而获得流量。那么百度图片作为百度自家的产品，它所拥有的权重自然也不会很低。

百度图片从 8 亿个中文网页中提取各类图片，建立了世界第一的中文图片库。百度图片拥有来自几十亿个中文网页的海量图库，收录数亿张图片，并在不断增加中。百度新闻图片搜索从中文新闻网页中实时提取新闻图片，它具有新闻性、实时性、更新快等特点。我们可以将百度图片当作一个很大的流量入口，可以为我们引流带来很好的效果，而不是简单去搜索、上传图片。现如今百度图片早已是各大品牌商进行网络推广的必争地之一。的确，付费的百度图片推广效果确实具有一定的号召力，但是很多品牌商却不知道如何进行百度图片推广，或者说并不知道百度图片推广的具体技巧。

10.4.10 在分类信息网站推广

分类信息又称为分类广告，将营销推广信息发表在分类信息网站相应的板块，让有需求的用户搜索到。分类信息推广适合做百度快照推广，分类信息网站收录快，权重高，好的帖子很容易在百度搜索结果中获得良好的排名。做百度快照推广中，分类信息平台是首选的推广渠道之一。

分类信息平台网站主要有58同城、赶集网、百姓网、分类168、易登网、久久信息网、列表网、娃酷网、好喇叭、今题网、站台网、志趣网等。

分类信息帖子撰写需要注意以下几个方面：

1. 选好地区和分类

选择好正确的地区和分类对于SEO很重要，前期就须对营销推广的业务进行熟悉，了解目标人群，市场范围。

2. 标题中布入搜索关键词

撰写标题要加入用户经常搜索的关键词，或者长尾关键词。信息平台的标题一般写哪个地区某某产品好，某省哪家医院好等这类问答形式的标题。以湖南企业制作门窗举例，湖南哪家企业制作得门窗好？长沙哪家企业门窗制作得好？

3. 高质量的内容

内容一定要原创，还要写得好，将要营销的信息写出来，一定不要是纯广告的信息，内容中要增加关键词密度，可以提高文章在搜索结果中获得良好的排名。内容中首段和结尾一定要加关键词，中间正文部分也要合理地布入关键词，尽可能多地布入，可以忽略关键词密度影响网站，只要自然地布入，文章通顺就可以。切忌故意堆砌关键词。

4. 增加图片或视频

在发布的文章中加入图片、视频等多角度的展示方法。图片中要做联系方式的水印，在信息平台中有些联系方式是不允许加入的，这时就得利用图片或视频。

5. 可以考虑付费广告

在营销推广预算充足的情况下或在信息平台推广渠道效果不错的情况下，可以考虑付费的推广，在分类信息平台中获得排名。

分类信息平台要做好不仅是要获得好的排名，还要获得更高的转化率。我们做分类信息平台推广时标题、内容文案一定要做好，有计划、有效果地撰写。

10.5　案例分享——从服装女工到皇冠店主

初次邂逅网店

来到小雨公司现在的库房里，500多平方米的地方，满满当当都是女装。小雨说，之所以有今天的成绩，都是因为她始终坚持女人一定要自立自强的观念。

1998年，作为一名从农村走出来的大学毕业生，小雨进入沈阳一家服装企业，成了一名女工。刚进厂的时候，曾做过缝纫师傅，脏活、累活无所不做。但对于一个农村孩子来说，一份稳定的收入，每月1000多元的工资，已使她十分满足。

只是单调的生活日复一日地重复着，在小雨的内心一直有一个念头，她时常陷入迷惘："自己是一名大学生，不能就这样过一辈子，总得有点人生追求。"因为有这样的念头，小雨从来没有停下奋斗的脚步，她报考了公务员。

考公务员，一共四关，小雨过了前三关，最后一关资格审查的时候，因为厂办的不接待，资格审查没有通过。虽然最终没有被录取，但是这次考试也验证了小雨的能力，给了她很大的自信。让她相信只要自己不放弃，就一定有希望。

2003年，她递交了辞职报告，开始重新学起计算机来。随后她又跳槽到了另一家服装企业，在这里从库房到销售到财务，不断学习，不断地进步。

一个偶然的机会，小雨第一次接触到了网店。当她看到网店有着不错的前景时，便抱着试试看的态度开了一家网店。

网店才露尖尖角

2007年，小雨的网店开张了。那时，她还只是兼职，白天上班，晚上下班才忙着照顾网店。在刚开始创业时，拍摄服装时，就一张白纸当背景，一个卡片式相机，她负责拍图片，老公处理图片，然后从单位进十几件衣服就开始了她的网店生意。

网店开起来以后，记得有一次发货，发到晚上一两点，两个人上了一天班，又忙到这个时候也觉得很辛苦，小雨和老公有点打退堂鼓，但是家庭收入太低，于是便咬牙坚持了下来。开店三个月左右，用赚的钱买了一台5000元钱的单反照相机，这让小雨又看到了赚钱养家的希望。

一次，因为工作上处理的一笔业务没能及时收回货款，小雨受到了公司的责备，虽然在这家公司，小雨付出了很多，但最终她还是选择了辞职。工作没有了，小雨一下子没了收入。还是雏形的小小网店给了她希望，于是她把全部精力都转移到网店上。

风雨过后网店迎转机

在开网店的过程中，小雨始终认为，网店的优势在于开店的成本低，同时淘宝平台，由于是第三方支付，比较有保障，货款比较到位。通过辛勤的付出，小雨的网店渐渐有了起色，回头客也多了起来，吸引了来自全国各地的客户，远的客户甚至做到了国外。

创业的道路曲折又心酸，小雨的网店也不例外。有时货来了，但是卖得不好，造成囤货，资金周转出现问题。有时货品过于畅销，持续缺货让顾客时时抱怨，给小雨很大的压力。好在小雨的坚持终于有了回报，网店开始步入正轨。

未来可期

自从辞职创业后，小雨已经成为创业成功的典型。多年的网店经验使小雨得出以下一套网店生意经：一是要有吃苦精神；二是要注意学习，与时俱进，当生意受挫时，要坚持下去，持之以恒；三是女性必须要自强、自立。

如今的小雨不再是一个人奋斗，从和老公一起创业到现在已拥有10名员工。未来小雨给自己定了一个更高的目标，要把网店做大做强，完成年收入超300万元，让自己和家人过上真正幸福的生活。

第 11 章 网店大数据分析

本章要点

- 网店经营现状分析
- 常用数据分析工具
- 网店商品分析
- 客户行为分析
- 开店经验与技巧
- 案例分享

本章主要内容

本章主要介绍网店经营现状分析、常用数据分析工具、网店商品分析、客户行为分析方面的知识与技巧，在本章的最后还针对实际的工作需求，分享了淘宝开店的成功案例。通过本章的学习，读者可以掌握网店大数据分析的知识，为深入学习淘宝精准运营、策略营销与客户服务知识奠定基础。

11.1 网店经营现状分析

卖家的数据分析能力直接影响网店的经营效果，其数据分析能力越强，把握市场动向的能力就越强，针对该分析结果做出的决策也才会越准确。因此，卖家必须对网店经营的基本流量、网店运营数据有一个详细的了解。

11.1.1 基本流量分析

电子商务网站的基本流量数据大致相同，主要包括 UV 统计、PV 统计、用户来源、关键词分析、用户地区分析、浏览路径、着陆页分析和不同时段流量统计等。各数据的含义介绍如下。

UV 统计：UV 即网站的独立访客数，只对唯一 IP 访问数量进行统计，一天内同一访客多次访问网站只计算为 1 个访客，UV 统计等同于访问网站的用户数量。

PV 统计：PV 即页面浏览量。用户每打开网站上的一个页面就会被统计工具记录 1 次 PV。用户多次打开同一页面，则对页面浏览量值进行累计，就算刷新页面，该页面的浏览量也会增加。

用户来源：用户来源指用户进入网站的路径，如来自百度、搜狐等搜索引擎，来自其他网站或直接访问等。

关键词分析：关键词分析指对用户访问关键词进行的统计，即用户是通过哪些关键词进入网站的。

用户地区分析：用户地区分析主要统计用户地区、地区用户数量及不同地区的用户比例等浏览路径。浏览路径指用户在网站的浏览路径，如浏览了什么网页、在网页停留的时间、从什么网页离开等。

着陆页分析：记录用户进入网站的第一个页面，在其中可统计出用户进入数量和比例。

不同时段流量统计：不同时段流量统计指在日、周等时间范围内分析不同时段的网站流量变化。

11.1.2 基本运营数据分析

分析店铺的运营数据,可以帮助卖家做出准确的经营决策。以短时间内的数据为基础进行分析,例如,将以周为单位的经营数据作为分析参考,则有助于卖家及时调整运营策略和产品线。

1. 基础数据分析

流量来源、关键词、访客地区、流量分布、不同时段的流量变化和访客退出率、着陆页质量等数据都是比较基本且关键的运营数据,通过对这些数据进行分析,可以帮助网店更好地找到运营方向。下面分别对这些数据的作用进行介绍。

分析流量来源:分析流量来源可以帮助卖家了解流量产生的效果,即哪些流量可以给网店带来更大收益。此外,对不同来源的流量进行单独分析,更便于卖家对不同推广渠道进行跟踪,同时通过跟踪结果选择合适的推广活动。

分析关键词:通过对不同搜索引擎、不同网站的关键词流量进行分析,可以使卖家了解不同搜索引擎关键词带来的流量情况,为搜索引擎推广方案提供准确的数据参考。

分析访客地区:了解访客的地区也有助于卖家做出正确的营销引导,如分析流量高的地区的客户特征,可以更好地寻找目标客户群,也可对高流量地区的客户提供部分优惠,进一步扩大该地区的市场。同时,在跟踪客户信息时,还可以对新老客户进行区分,回访老客户,维护新客户,协同会员管理、邮件营销、自媒体营销等方式制定更好的营销策略,从而达到更好的营销效果。

分析流量分布:分析网站中不同网页的流量情况,可以帮助卖家了解网店中的热门页面,并将此作为网店打造爆款、畅销品的依据之一,从而更精准地将营销费用用在合适的产品推广中。

分析不同时段的流量变化:对不同时段的流量和销售情况进行监测和分析,可以帮助卖家了解网店销售的活跃期,从而更合理地安排商品的上下架时间和运营人员的工作时间。

分析访客退出率:分析访客退出率即对客户离开的原因进行分析,对比客户退出率和退出页面的数据,帮助卖家了解网店产品的劣势,以便进行修正。

分析着陆页质量:分析着陆页质量即对着陆商品销售情况进行分析,着陆页效果的好坏不仅是推广效果好坏的一种体现,也是商品转化率高低的一种展示。

2. 重点指标分析

网店经营数据中的重点指标主要包括跳出率、购物车、转化率等,这些数据可以从不同的方面反映商品的各种问题,下面分别对其进行介绍。

跳出率:跳出率是指当网站页面展开后,用户仅浏览了该页面就离开网站的比例。跳出率高对网店非常不利,卖家需要及时找到跳出原因。影响网店跳出率的原因有很多,如目标客户群定位不准确、访问页面内容不吸引顾客、页面访问存在问题和广告与访问页不符等。

购物车:购物车收藏量也是反映商品情况的重要指标。购物车不仅可以反映买家选购商品的动向,还可以从侧面体现出商品受欢迎的程度。同时,将购物车信息与产品页面分析结合起来,还可判断产品的转化情况。例如,购物车指标高,但是最终的实际转化率偏低,说明产品在价格、产品描述等方面可能存在问题,需要对描述页或价格进行优化。

转化率:转化率指在店铺产生购买行为的人数与到店人数的比率,它直接体现为营销效果,转化率的分析要结合多个渠道的因素。

11.2 常用数据分析工具

数据是网店运营的强大支撑,淘宝网为卖家提供了多种数据分析和管理工具,帮助卖家对店铺的经营数据进行分析和总结,淘宝比较常用的数据分析工具是生意参谋。

生意参谋是淘宝网功能非常强大的一款数据分析工具,可以全面展示店铺经营的各项核心数据,包括店铺实时数据、商品实时排行、店铺行业排名、店铺经营概况、流量分析、商品分析、交易分析、服务分析、营销分析和市场行情等。下面介绍生意参谋主要的数据分析功能。

11.2.1 使用工具进行实时流量分析

店铺流量主要分为PC端流量和无线端流量,在生意参谋中,可以分别查看不同端口的流量情况,并可查看与同行的对比情况。流量分析主要包括流量概况、流量地图和访客分析。

1. 流量概况

在生意参谋工具首页即可对流量概况进行查看,或在生意参谋首页的导航栏中单击"经营分析"选项卡,在打开的页面中也可分别查看流量总览、流量趋势、流量排行、访客行为和访客特征等数据。

2. 流量地图

在生意参谋"经营分析"页面左侧的导航栏中选择"流量地图"选项,在打开的页面中即可查看店铺流量来源、店内路径、流量去向等数据。在查询流量来源时,可根据需要查看本店和同行的流量来源的对比。在查询店内路径时,可以分别对店铺首页、商品详情页、店铺微淘页、商品分类页、搜索结果类、店铺其他页的访客数和访客占比进行查看,还可查看页面访问排行,或根据需要分别以月、周、日为单位查询流量来源。通过对这些数据的查询,可以使卖家了解当前店铺的流量结构。对于流量不足的情况,需要通过推广方式提高店铺流量;对于转化率不高的情况,需对商品详情页、价格店铺装修、商品展示技巧、商品形象包装和促销活动搭配等因素进行分析,找到转化率不高的原因。

3. 访客分析

在生意参谋"经营分析"页面左侧的导航栏中选择"访客分析"选项,在打开的页面中可查看访客分布的相关数据,包括访问时段分布、地域分布、特种证分布、行为分布、性别等。通过对访客的相关数据进行分析,可以方便卖家更准确地开展调整营销推广活动,设置商品上架时间等工作。

在"访客分析"页面单击"访客对比"选项卡,在打开的页面中可以查看访客对比的相关数据,包括消费层级、性别、年龄、地域、偏好和关键字等。"访客分析"页面可以帮助卖家更好地掌握客户数据,从而进行会员关系管理。

11.2.2 使用工具进行实时商品分析

生意参谋的商品分析主要包括商品概况、商品效果、异常商品和分类分析等内容,用于帮助卖家实时掌握和监控店铺商品信息。

1. 商品概况

在生意参谋"经营分析"页面左侧的导航栏中选择"商品概况"选项,在打开的页面中可以查看商品信息概况、商品销售趋势、商品排行预览等信息。

2. 商品效果

在生意参谋"经营分析"页面左侧的导航栏中选择"商品效果"选项,在打开的面中可以查看商品效果明细的相关数据。此外,单击商品后的"商品温度计"超链接,在打开的页面中可以查看当前商品的转化情况。如果当前商品存在问题,生意参谋将给出可能的建议供卖家参考。

在该页面下方的"影响商品转化因素检测"栏中,可以对影响商品转化情况的因素进行检测,包括页面性能、标题、价格、属性、促销导购、描述和评价等。生意参谋将对可能影响商品转化的问题进行显示,并提醒卖家进行改进。

在"商品效果"页面中单击商品后的"单品分析"超链接,在打开的页面中可以对当前商品的来源去向、销售、访客和促销等信息进行分析。

3. 异常商品

在生意参谋"经营分析"页面左侧的导航栏中选择"异常商品"选项,在打开的页面中可以查看当前表现异常的商品,包括流量下跌、支付转化率低、高跳出率、支付下跌、零支付和低库存等。生意参谋会针对商品的异常情况给卖家提出大致的建议,帮助卖家优化商品。

4. 分类分析

生意参谋中的分类分析主要是指按照类别对商品情况进行的分析。分类分析可以帮助卖家更快捷地分析出同类型商品的销售情况,更精准地找出同类商品的共同问题,从而进行统一管理和整改。

11.2.3 使用工具进行实时交易分析

生意参谋的交易分析主要包括交易概况、交易构成和交易明细 3 部分内容,用于对店铺的交易情况进行掌握和监控。

1. 交易概况

在生意参谋"交易分析"页面左侧的导航栏中选择"交易概况"选项,在打开的页面中可以对交易总览和交易趋势的数据进行查看和分析。通过交易总览,卖家可以了解任意天数的店铺交易额、支付买家数、客单价和转化率等数据,还可在"交易趋势"栏中查看与同行的对比。

2. 交易构成

在生意参谋"交易分析"页面左侧的导航栏中选择"交易构成"选项,在打开的页面中即可查看交易构成数据。生意参谋主要从终端构成、类目构成、品牌构成、价格带构成、资金回流构成 5 个方面对交易构成数据进行分析,可以帮助卖家了解终端、类目、品牌等各方面的交易数据,以便有针对性地进行完善和优化。

3. 交易明细

在生意参谋"交易分析"页面左侧的导航栏中选择"交易明细"选项,在打开的页面中可以查看详细的交易数据,包括支付时间、支付金额、确认收货金额、商品成本、运费成本等内容。交易明细分析可以帮助卖家全面掌控店铺交易情况和收支情况。

生意参谋的功能十分强大,它不仅可以分析店铺经营数据,还可以对服务质量和物流质量进行监控和分析,在"经营分析"页面选择相应的选项即可。此外,在生意参谋上方的导航栏中选择"市场行情"选项,购买相应的数据工具,还可以对当前整个行业市场的情况进行了解和分析。

11.3 网店商品分析

商品变化直接影响网店销售情况,在网店中会对商品情况产生影响的因素非常多。卖家除了可通过基本营销数据对商品情况进行分析之外,还可以从商品销量、商品关联性和单品流量等角度对商品进行分析。

11.3.1 商品销量分析

商品销售是个需要不断完善和优化的过程。商品在不同时期、不同位置、不同价格阶段,其销售量也会不同,卖家需要根据不同情况进行实时调整。

一般来说,网店商品销量与拍下件数、拍下笔数、拍下金额、成交件数、成交笔数、成交金额、成交用户数、客单价、客单价均值、回头率、支付率和成交转化率等因素有关。卖家和客服人员需要针对不同的数据做出相应的对策。例如,拍下件数高,但支付率低,说明买家可能对商品存在质疑,要客服人员与买家进行沟通以提高支付率;回头率低,则需要进行一些必要的会员关系管理,做好老客户营销,卖家需要对每个商品的销售情况进行了解和跟踪,这样不仅可以持续完善销售计划,促进销量的增长,还可以优化库存和供应链体系,提高供应周转效率,降低成本。

11.3.2 商品关联分析

商品的关联销售多体现为搭配销售,即让买家从只购买一件商品发展为购买多件商品。例如,通过促销组合、满减、清仓、买赠和满赠等活动刺激买家消费,从而提高销售金额,最大地实现销售增长。特别是在参加淘宝活动时,适当的关联营销不仅可以对店铺进行导流和分流,还可以提高客单价,充分利用有限的流量资源,实现流量利用的最大化,降低推销成本。

1. 商品关联方法

对商品关联进行分析，实际上是分析客单价和销售的最大化，有效的商品关联营销可以极大地促进网店的持续发展。

（1）推出促销活动。

针对关联产品推出相应的促销方案或优惠方案可以有效地提高销售额。不同类目的产品其促销方式不同，需卖家自己选择。例如，对于食品类商品，一般以"食品＋食品""食品＋用具"等形式推出促销活动；对于日化用品，可对不同类型的商品进行组合，如"洗发露＋沐浴露"等形式。

（2）网店商品搭配和摆放。

通过产品关联程度大小对商品进行搭配只是关联营销的一部分，商品位置的摆放也是十分重要的一个环节。一般来说，商品的摆放以方便顾客为基础，同时也可以进行相关产品推荐，或通过部分关联产品进行精准营销。例如，在服装类目的网店中，若当前页为某热款上衣的出售页，则在该页面下方的推荐商品中可以适当展示一些与该上衣进行搭配的其他商品，这样不仅为买家提供了搭配建议，还可根据买家喜好快速推荐与其喜好相似的商品，实现商品的关联营销。

（3）发现潜在目标客户。

关联商品主要由主产品和被关联产品组成。一般来说，主产品和被关联产品的目标客户群会存在一定的差异性和共性，即购买主商品的目标客户群可能不会购买被关联商品，也可能会同时购买，目标客户群的重合即是存在潜在客户的一种体现。不会购买关联产品的客户群，可能是对关联商品兴趣不高，因此卖家可以适当地控制和调整针对该类客户的推广方案。在购买主商品的同时购买关联商品的客户群即是关联商品的潜在目标客户，在出售与关联商品类似的商品时，则可面向该部分客户进行适当推广。

2. 商品关联技巧

在监测商品销售情况的基础上对商品进行组合和关联，可以有效提高网店的整体销售额。商品的关联分析一般需要建立在一定的数据基础上，基本数据量越大，分析准确率就越高，越有利于卖家做出决策。

（1）进行商品梳理，区分商品等级和层次。

商品关联并不是盲目和随意的，必须选择合适的产品梳理规范，以提高关联分析结果的精准程度。商品梳理一般包括名称、品牌、价格、规格、档次、等级和属性等内容。一般来说，关联推荐主要应用于重购、升级和交叉销售3个方面。重购是指继续购买原来的商品，升级是指购买规格和档次更高的商品，交叉销售指购买相关商品。应用于不同方面的关联推荐，应该有不同的推荐方式，如推荐同类型商品交叉购买时，最好推荐规格、价格等相似的商品，否则若是为顾客推荐了低档次的商品，将降低销售额。

（2）合理搭配商品。

商品的搭配和位置对商品关联销售会产生很大的影响，关联分析可以为买家推荐合适的搭配商品，方便买家快速找到所需商品，购买更多关联商品。需要注意的是，对关联性比较大和关联性比较好的商品进行关联，才有不错的效果。在进行关联分析时，还应该学会发现和寻找更多的关联销售机会，搭配出新颖且更受买家欢迎的商品。

11.3.3 单品流量分析

分析网店数据可以使卖家实时对店铺经营现状进行调整。在策划营销活动时，分析单品质量也可以起到非常重要的作用，通过大量的数据信息可以获取更精准的单品引流效果，打造出更适合市场的爆款。单品流量分析一般包括来源去向分析、销售分析、访客特征分析和促销分析等内容。

来源去向：通过来源去向可以分析引流来源的访客质量、关键词的转化效果、来源商品贡献等，让卖家可以清楚看到引流的来源效果。

销售分析：通过销售分析可以清楚商品的变化趋势，从而掌握规律、迎合变化，提高店铺转化率。

访客特征：通过访客特征分析可以了解商品访客的潜在需求，从而迎合买家的需求，达到提高销售额的目的。

促销分析：通过促销分析可以量化搭配商品效果，开发和激活店铺流量，增加销售提高单价。

11.4 客户行为分析

客户数据是网店经营数据的一部分，通过对买家各项数据、行为的分析，可帮助卖家从不同角度发现不同买家间的属性特征和消费行为，了解自己的目标客户群，从而为维护买家和刺激买家回购提供有利的决策依据和实施建议。

11.4.1 客户购物体验分析

对淘宝网而言，客户购物体验主要体现为 DSR 评分，即淘宝店铺动态评分。淘宝店铺动态评分是指在淘宝网完成交易后，买家针对本次交易中的宝贝与描述相符、卖家的服务态度、物流服务质量 3 个方面进行的评分，每项店铺评分是提取连续 6 个月内所有买家给予评分的算术平均值，如图 11-1 所示。

图 11-1

淘宝店铺动态评分是自然搜索权重的重要影响因素之一，它不仅是店铺形象和综合实力的一种体现，更是获取买家信任和信赖的重要依据。如果店铺动态评分高于同行业店铺，将更容易获取买家的信任和选择，反之则容易引起买家的质疑和流失。同时，店铺动态评分也是淘宝官方活动要求的基本指标之一，店铺动态评分不达标，淘宝提供的很多推广活动都无法参与。

要做好店铺动态评分，需严格把控商品质量和店铺服务质量，在此基础上再进行一些个性化服务即可获得更好的效果。下面主要对做好店铺动态评分的方法进行介绍。

保证商品质量：商品质量是买家对商品最基本的要求，质量好的商品才能得到买家的一致认可。同时，价格作为买家偏重的购物因素之一也是卖家需要重视的，店铺商品必须定价合理，保持良好的性价比，禁止为性价比较低的商品设置高价格。

良好的服务态度：不论是在售前、售中还是售后，客服人员都必须保持良好的服务态度。要做到这一点，卖家需要对客服人员进行培训，提升客服人员的服务态度，避免出现买家因对店铺服务态度不满而给出差评和低分的现象。

提高发货速度：物流速度是买家网上购物非常重要的一个指标，物流速度慢，将容易导致中差评和低分。卖家在进行物流选择时，要尽量选择速度快、质量好的物流。

个性化提醒：为了给买家留下良好的服务体验，卖家可以设置一些个性化的物流发货提醒、物流同城提醒等，免去买家登录淘宝网查询物流信息的麻烦。

个性化的包装和赠品：在商品外包装盒上添加贴心提示，是获取买家好感的有效方式，如"快递小哥，这位客户对我们非常重要，请您加快配送速度哟"类型的提示，可以给买家被重视的感觉；此外，卖家在寄送商品时，可以赠送一些个性化的小礼品，如方便打开包裹的小物件、方便商品使用的小物件等。

售后跟踪：在商品质量、服务质量、个性化服务均表现良好的基础上，卖家需要实时对售后服务进行跟进，如评价跟进、物流跟进等，通过给买家提供一些优惠的形式请求买家好评和高分。

11.4.2 客户数据分析

客户是网店销售额的来源，客户数据也是销售数据的一种直接体现。在分析网店客户数据时，销售额、销售额与新客户比率、销售额与回头客比率，以及新老客户比例等都是需要重点关注的数据类型。

根据淘宝网的定义，半年内在某店铺仅有过一次购买行为的买家为该店铺的新客户，半年内在该店铺有两次及以上购买行为的买家则是老客户。卖家要针对新老客户的不同需求，提供不同的网站服务和运营策略，来加强客户关系管理。当然，影响客户购物行为的因素有很多，卖家首先需要对主要因素进行分析。

在分析销售额与新客户比率时，如果新客户在销售额中的占比较低，很大程度上说明店铺流量和转化率等可能存在问题。如果是流量低，则需要通过营销推广、完善关键词和参加活动等方式为店铺引入流量，发展新客户；如果是转化率较低，则需对店铺动态评分、商品描述页内容，以及商品图片等进行优化。除此之外，服务质量、商品性价比和目标客户群定位的准确度也是影响新客户比率的重要因素。

在分析销售额与老客户比率时，如果老客户在销售额中所占比重较低，说明客户关系管理效果不明显，需对老客户营销推广方案的合理性进行分析。一般来说，相比于新客户在商品图片和质量、信用保障和售后服务等方面的需求，老客户更关注商品的深层信息，如商品规格、参数和功能等。

在资源一样的前提下，当新客户所占比率更大但返购率较低时，卖家如果想将新客户发展为长期客户，可以适当降低引入新客户的流量成本，通过商品质量、保障措施、售后支持、信用承诺等形式稳固客户，促进他们的重复购买；当老客户所占比率更大时，卖家应该加强商品的全面介绍，增加商品比较信息，完善和优化购物流程，从而帮助老客户以最有效、最便捷的方式完成购买。

11.4.3 客户特征分析

网店的经营范围和经营对象比较广泛，买家通常分布于不同地区、不同职业和不同阶层，但很多商品都有较固定的目标客户群体，即使是相同的产品、相同的营销手段，在针对同一区域的不同职业或同一职业的不同地区时，都会呈现不同的营销效果。因此，卖家需对不同地区、不同职业的买家特征进行分析，制订出不同的营销方案。

1. 地域分析

对买家进行地域分析主要是指对不同地域的买家数量、回购率销售额单价和市场规模等进行分析，然后卖家根据分析结果制订不同的营销策略。

针对分析结果，卖家需制订不同的营销方案。例如，对于销售额、回购率、市场规模均高的地域，可以加大推广力度，继续投资，保持市场活跃度；对于市场规模大，但回购率不高的地域，应该找出低回购率的原因，可根据该部分买家的特殊情况或需求进行适当改进；对市场规模小，但是回购率高的地域，应该仔细评估，维护与这部分老客户的关系，在成本允许的情况下，也可适当加大推广力度；对于市场规模和回购率均低的地域，建议减小推广力度或放弃推广。

2. 职业分析

很多商品都具有一定的职业趋向性，即商品主要适用于某个职业或某部分职业。若销售职业趋向较明显的商品，则需对买家职业进行简单分析。

分析买家职业主要是对买家的职业、买家数量、消费水平和回购率等进行分析，买家职业情况的获取主要以问卷调查、客服交流和地址推导等形式为主。其中，客单价高、消费额高和回购率高的买家是商品的主要推广对象，消费额高、回购率低的买家是需要卖家进行维护和改善的对象，回购率高、消费额低的买家则是卖家需要努力发展的对象。此外，针对不同职业的客户群体，也可采取差异化营销策略，分别满足不同职业的不同需要，从而扩大客户范围，增加客户回购率。

11.4.4 客户行为分析

买家的购物行为通常受多方面因素的影响，如需求、时间、商品、动机、爱好和地域等因素都会改变买家的行为。以时间为例，购物时间不同，发生购物行为的用户数量、客单价等都会存在差异。

1. RFM 分析

RFM 分析是一种比较简单的买家行为分析方法，包含最近一次消费（Recency）、购买频率（Frequency）、购买金额（Monetary）3 个指标，用于对买家购物行为进行综合分析。

（1）Recency。

Recency 指最近一次消费，可以反映买家的回购率。Recency 等级越高，表示买家来购买的时间越接近。购买时间较近的买家，对店铺和商品还有购买印象，再购买的倾向更高，此时当网店对其进行推广时，可以得到比购买时间较远的买家更好的营销效果。

（2）Frequency。

Frequency 指购买频率，是可以反映买家亲密度的一个指标，通过购买度可以有效分析出买家的满意度和忠诚度。Frequency 值高的客户群属于网店常客；对于 Frequency 值低的顾客群则卖家需要重新策划有效的推广方法。

（3）Monetary。

Monetary 指买家的累计购买金额，是可以反映买家忠诚度的一项指标。Monetary 等级越高，说明该买家的购买力越强，可以制订专门的营销方法留住这部分买家，但仅凭 Monetary 等级无法正确判断买家的再购倾向。因此，必须通过 Recency 的值和 Frequency 的值依次进行分析和比较，先判断 Recency 等级，分析买家的最近到店日期，再通过 Frequency 等级分析买家购买频率，以此确定买家的再购倾向。

综上所述，Recency 等级越高，再购倾向越高；Monetary 等级高，但 Recency 等级较低，说明买家的再购倾向变低；Frequency 的值高，但 Recency 等级较低，说明买家的再购倾向也变低；Receney 等级较高的买家，Frequency 的值高，则再购倾向也较高；Recency 等级较低的买家，即使曾经 Frequency 的值很高，其再购倾向也较低；Monetary 等级高，Frequency 的值低，Recency 等级较低，其再购倾向也较低。

假设将客户划分为活跃期、沉默期、睡眠期和流失期 4 个生命周期，则不同的商品其客户生命周期的长短不同，必须根据店铺的实际情况进行分析。根据统计数据分析出客户的生命周期后，对于活跃期和沉默期的客户，需给予一定程度的消费刺激，保持客户对店铺的熟悉度。此外，也可根据客户的客单价和再购倾向进行分析，对于客单价高但再购倾向较低的客户，也要保持消费上的刺激，加大维护力度。

2. 购物时间分析

分析买家购物时间，主要是指根据商品的特性来分析目标客户群的常见购物时间段，从而更准确地制订相应的推广方案，如根据买家消费时间安排商品上架时间，按照买家消费时间加大推广投放力度等。

同时，卖家还可以以周为单位分析买家的消费习惯，通过对分析数据进行总结，推断出举办促销活动的最佳日期。不同地域的买家其消费时间段也会存在差异，可以适当针对消费潜力较强的区域进行专门营销。

11.5 开店经验与技巧

网店数据分析是网店经营过程中必须掌握的知识，卖家在经营初期常常对网店发展感到迷茫，此时就必须学会查询和分析网店的经营数据，及时导正网店的发展方向，抓住网店初期的黄金发展期。下面将针对网店数据分析的一些常见问题提供经验与技巧。

11.5.1 如何进行店铺健康诊断

店铺健康诊断主要是对店铺的浏览量、访客数、流量结构、成交转化率、收藏量等数据进行的平衡对比，诊断是否低于同行标准、是否需要优化、主要优化什么等。

店铺诊断一般以诊断流量结构为主，对比自主搜索进店流量、站内免费资源进店流量、站外搜索进店流量、付费进店流量的各自比例，通过结构占比来分析整个网站流量结构的合理性，从而优化店铺流量结构，提高店铺的流量质量。

店铺引入流量的根本目的是销售产品，并提高店销的经济效益，但并不能单纯通过流量结构来评价流量质量，卖家还需对各流量结构的占比、各流量带来的收益等进行分析。网店经营受多方面因素的影响，是持续发展和变化的。如随着时间的变化，某店铺主推款的流量结构也发生了变化，由于流行元素改变，该品自然搜索流量逐步下滑，不再受消费者青睐，反之其他非主推款自然流量上升幅度快，但由于店铺并未对这类商品进行合理的优化，导致转化率不高。此时，店铺必须对店铺商品的流量结构进行重新评估，关注自然搜索流量上升的商品情况，对其商品详情和流量结构进行优化。店铺健康诊断需平衡把握各个方面的流量，分析出问题的流量和流量出问题的原因，结合商品实际情况进行完善。

11.5.2 店铺动态评分低有哪些影响

销量、关键词热度和动态评分都是淘宝店铺非常直观且重要的数据，其中动态评分不仅是影响店铺商品排名权重的重要因素，还是卖家申报活动的硬性指标。若店铺动态评分过低，会对店铺的很多方面产生不良影响。

1. 影响搜索排名

淘宝网的 DSR 考核标准主要是为了对买家的购物体验进行统一的数据统计，再根据对店铺的统计结果给予不同的扶持。如果 DSR 评分低于同行业其他店铺，则店铺搜索排行将低于其他店铺，而店铺排名将直接影响商品流量和商品销量。

2. 影响转化率

淘宝店铺 DSR 评分是买家比较关注的一项数据，评分低的店铺容易给买家带来质量不好、服务不好的主观印象，即使引入了流量转化率也会偏低，而转化率低也会影响淘宝对店铺的流量扶持，从而影响商品销量。

3. 活动受限

淘宝官方开设的活动通常是营销效果非常良好的促销活动，不仅可以提升店铺宝贝的曝光率和销量，还可以引入数量可观的新客户，积累更多老客户，对店铺的持续发展十分有利。但淘宝官方的很多促销活动、U 站活动等都对 DSR 评分有严格的限制，若店铺 DSR 评分偏低，则会直接影响店铺活动的报名和审核。

4. 金牌卖家

金牌卖家是淘宝 C 店一个重点优势标志，买家更喜欢选择金牌卖家的店铺购买商品。金牌卖家的服务质量、购物体验、宝贝性价比等一般都高于非金牌卖家店铺，同时销售额也更加可观。如果店铺的 DSR 评分不合格，则会直接影响金牌卖家的获得。

11.5.3 提高 DSR 评分的技巧

提高 DSR 评分的方法有很多，有一些技巧既容易赢得买家好感，又不会花费太多成本，卖家可以根据实际情况酌情选择。

短信提醒：买家在网店中购买商品后，都比较关注卖家的发货时间和自己收到商品的时间，针对买家这一心理，卖家可以投其所好地以短信营销方式为买家提供短信提醒服务，发货时提醒买家商品已发出，物流到达买家所在城市时发送物流同城提醒，从而提升买家的购物体验。如"报告××大人，您在××购买的××已由××镖局快马加鞭押送至××城市，预计一日内即可到达，请大人注意接镖验镖哟！"

引导好评：买家收到商品后，如果未在规定时间对店铺做出评价，系统会自动给予好评，但评分却不计入店铺评分中，因此对于收到货物却未及时评论的买家，可以适当通过短信、小卡片、小提示等形式进行引导，如五星好评晒图即可获得××优惠、参与××抽奖等。

感谢信：当商品性价比不高，难以获得买家的主动好评时，卖家可以通过制作手写感谢信、个性感谢信等方式来获得买家的感情分，表明店铺会一直努力为买家服务，以亲切活泼的语言请求买家给予好评高分，从而提升店铺动态评分。

贴心包裹：包装效果是买家收到商品的第一印象，切忌包装盒破旧损坏，包装不严密等。为了方便买家拆开包装，可以提供一些小巧简易的开箱工具，同时还可以在外包装上打印一些贴心提示，以赢得买家好感。此外，在包装盒内可以给出一些无线端关注提示，如扫二维码关注、搜索公众号关注等，引导买家通过无线端进行评价，这样不仅可以提升店铺的无线端流量，还可以通过无线端高点击的特点提升店铺的转化率，扩大无线端推广的影响力。

11.5.4 网店美工的招聘要求

很多网店都需要对页面进行装修和设计，所以网店美工的主要工作内容是 PS 合成图片、调色及抠图。招聘人员时，最好是应聘有 1 年以上工作经验的员工，其职责如下。

（1）负责网络店铺视觉规划、设计，以及产品描述工作。
（2）负责网站产品模特后期图片的处理和排版。

网店美工应聘条件如下。

（1）爱好视觉，对设计有天生的触觉，追求完美。
（2）具有网页美工设计能力和平面设计能力。
（3）熟悉淘宝货品上架、宝贝编辑等功能。
（4）熟悉 Dreamweaver、Photoshop 等相关设计软件。
（5）有良好的团队合作精神，有耐心，做事认真细心负责，诚实可靠，能承受一定的工作压力。
（6）熟练编写 DIV/CSS 编码优先录取。

11.5.5 网店配送人员的招聘要求

网店在招聘配送人员时，其主要应聘要求一般是如下内容。

（1）按照要求对货物产品进行包装，负责进货和发货等物流方面的事项，清点库存。
（2）较强的服务客户的意识及团队合作精神。
（3）能吃苦，细心，能长期稳定地合作。
（4）有网店打包工作经验的优先考虑。

配送人员的职责有如下要求。

（1）负责商品进库、出库，发货包装。
（2）准确无误地核对订单与商品货号、数量等。
（3）登记商品出库记录。
（4）定期盘点库房。

11.5.6　网店的主动营销与被动营销

开网店的过程中，同一个类目下同类商品价格竞争利润透明化越来越显而易见。为了更好地售出商品，卖家一定要学会主动营销和被动营销方面的知识。

1. 网店的主动营销

网店的主动营销包括有参加淘宝官方推出的各类推广活动，如运用钻石展位、超级卖霸等活动，钻石展位是专门为有更高推广需求的卖家量身定制的产品。精选了淘宝最优质的展示位置，通过竞价排序，按照展示位计费。性价比高，更适于店铺、品牌的推广。

超级卖霸则是以活动专题的形式推出，商家以购买专题中的商品展示位的形式参与活动，以数码专场、鞋包专场等类似专题形式推广。

2. 网店的被动营销

被动营销就是让顾客来联系卖家，但被动的另一面也是要求卖家主动地迎合顾客的需求。

11.5.7　如何提高网店的工作效率

第一，卖家需要主动去寻找属于自己的目标客户。要针对客户的需要，给他们帮助和建议，抱着去帮助客户的心态进行主动服务式的销售，通过自身成功的经验分析客户的需要，才能更快更好地进行销售。

第二，在和买家接触的初期阶段，卖家要学会如何开场白，如何探寻客户需求，如何激发客户兴趣，这一切都为卖家成功的销售打下良好的基础。在交流进程中，每前进一步都依赖于在开始创造的气氛。对客户提出的建议、表现的工作态度都必须是卖家精心策划的一部分，它包含着成功交易的所有因素。

第三，卖家要学会理顺自己的工作状态，要将自己的思路条理清晰，快速灵活地运用自己的说话方式，这样在面对不同类型的顾客时，才能快速转换交流方式，更适应地与不同卖家打交道。

第四，卖家要不断去积累自己的意向客户，量变产生质变，这是要让卖家的时间更高效、更直接也更有效的方法。

第五，卖家要注意合理分配和计划自己的时间，什么时候开始工作、什么时候管理库存、什么时候发货、什么时候整理销售记录，都可以有效地提高网店的工作效率。

11.5.8　留住老顾客的策略

网店要想生意兴隆，就需要有流量，为了增加店铺流量，增加成交量，这就需要卖家学会留住老顾客。下面介绍几种留住老顾客的策略方案，供卖家学习使用。

1. 注重细节

细节决定成败。在推广网店的过程中，如果客户购买了自己的商品，可以在发货时赠送一些小礼品，这种方法不仅能宣传店铺，而且还能跟买家建立起一份沟通联系，也为老顾客的再次光顾奠定了基础。

一个店铺需要新顾客，更需要老顾客做支撑。如果只靠每天吸引新顾客带来成交，那样成本会很高，代价也很大。现在的皇冠卖家大都是有着稳定的老顾客的支持才做到生意兴隆的，所以老顾客是关怀的重点。卖家要做到细心、贴心，赢取买家信任。

2. 注意态度

卖家的服务态度，可以做得更细致贴心。要让买家觉得贴心人性化，服务周全，这样更能增进与买家的感情，这种用心的服务不仅是留住老顾客的有效方法，也是减少店铺中差评很好的预防手段。通过建立与买家的关系，无疑也是一种宣传的方式。服务态度真的很重要，由于网上店铺，买家看到的只有卖家的文字，所以要从卖家的文字里体会到卖家的态度。

3. 有创意

由于网上购物买家是摸不着宝贝的，所以卖家可以在宝贝详情页面增加一些买家的试穿感觉或者是本店客服的试穿感受。这样可以提高买家的感受度,提高成交率。另外,可以使用好评截图,很多买家对其他买家的评价会影响到自己的购买决策。所以卖家不妨把好评增加到宝贝详情里,作为增加买家信任度的工具。但是要把握好度,不要截过多的评价,那样会适得其反,影响到宝贝介绍的重点和页面的美观度。

4. 促销活动

卖家要多给买家提供优惠便利,让顾客买到称心的宝贝,得到贴心的服务。这对提升网店的知名度有很大的帮助。卖家可以通过经验和技巧将促销的作用和价值最大化,让更多的买家可以看到网店所做的一些有针对性、目的性的推广,还可以推广一些刚上架的新品,增加宝贝人气和曝光率,也可以推荐店铺的热卖宝贝,积累更多人气或做一些促销活动,让促销达到更好的效果。

11.5.9 中小卖家的网店库存管理

面对品种繁多的商品,库存管理一直是中小卖家的一大难题,很多卖家都被库存管理占用了大量的资金和精力。管理一开始的时候会出现仓库混乱,货物混杂的情况,所以中小卖家可以在网上选择一款专业的进销存软件来解决库存管理的难题。

选用库存管理系统软件管理仓库,每件商品入库时需要录入相应条形码,出库时只认条形码,系统中即可随时查询商品库存,避免了错发、漏发、库存乱等问题,实现零错货率。

进销存系统对卖家整个运营起到了很重要的作用,卖家可以根据报告查询每个客服前一天的单数、销售额、主要品牌销售额、总库存、主要品牌库存等重要信息,为很多经营决定提供了依据。同时可以随时查出任意时期的所有销售数据,有了这些数据,卖家可以更好地把握网店的运营方向。

在仓库的管理中应注意库存的盘点,以及入库、出库流程。货进来之后首先是要验收数量、质量,决定是否接收入仓,仓储管理员决定货物的摆放;其次是订单下来以后,由配货人员进行配货,然后由物流部门进行发货。

仓库也会根据销售的数据变化不断更新库存,每天会根据库存报警表、进货周期等数据来制订进货申请表提供给采购,有效地降低了缺货的概率,也减少了滞销品库存。

同时,仓库和物流的结合需要完善的系统解决,一定要有货物出库凭证或利用软件进行出库商品整理。卖家深入了解业务流程和充分利用管理软件的功能就能知道该如何去控制成本,设计岗位职责,从而减少人力投入。

11.5.10 网络营销的四大要点

在网上营销产品时,营销的方式、规模和特点都是决定营销是否成功的要素之一,下面介绍4点影响网络营销的要点,供用户参考使用。

1. 选择一种主要方式持续进行

每种营销方式都会有它的合理之处,关键是根据网店实际情况进行网络营销的选择。比如论坛营销、小网站的链接营销推广都是值得肯定的,这样的营销空间优势是传统媒体永远无法比拟的,只要方向正确,就应该大胆实践和推广。

2. 企业文化的把握

网络营销要求网店在运作营销方案时要有平常心,通过合理的方式把握主流方向,将细小问题淡化,营销时不要夸大事实,才能将营销方案发挥到最大化。

3. 网络营销要有持续性

网络营销运营得当是网店的制胜法宝,作为低成本营销的探索,网络营销更应该注意长期和持久,在实践的过程中积累和总结,以便找出适合自己的营销方式。千万不要因为网络信息量的庞大、短期效应的难以衡量忽视了网络营销的魅力和潜力。

4. 确保品牌的个性

品牌是企业的原动力,但是建立品牌的过程艰辛而漫长,所以一定要保证企业品牌的个性,保证品牌能传递网店的经营理念。

11.6 案例分享——辞职创业成女老板

淘宝创店，只为兴趣

2009年大学毕业后，小刘考过研究生，考研失败后她听从父母的意见，找了份安稳的工作，过着朝九晚五的上班生活。因为是在服装厂做文员，小刘每天处理完手头的工作后就上网逛淘宝，因此开始有了开网店的念头，所以她偶尔会到论坛里学习经验，看看成功卖家的经验。

慢慢地，小刘从一些卖家的经验贴中得知，手里没有货又想开淘宝店，可以从代销做起。于是她开始上网找可以代销的供货商。她前后总共做过三家供货商的代销，但都是由于前两家供货商出货价太高，并且小刘的网店刚刚开业没有经验，好几个月，竟一件宝贝都没有卖出去。

正当小刘灰心丧气的时候，她又发现有一家可以代销化妆品的供货商，价格便宜，质量也不错，于是引进这家商品，从此网店开始渐渐有了销量。用了四个多月的时间，小刘的网店升为了钻石店铺。

当时上班有收入，小刘开店只是为了兴趣，都是低价冲销量，根本没有什么利润。期间因为对账户保护没有经验，小刘账号还被盗过。盗号黑客上架了一堆超级便宜的化妆产品，来欺诈买家。幸亏小刘发现及时，联系淘宝工作人员冻结了账号，才没有使买家受骗。从那时起，小刘开始注意账号安全防范的重要性。

转行卖保养品，辞职经营网店

2011年，一个很要好的姐妹发现了一个保养品的好项目，想出资和小刘合作，小刘当时也是因为一边上班一边卖货实在不方便，于是两人一拍即合，一起开始了创业。小刘当时还没有辞职，所以她负责装修网店、上架产品、推广产品和网上销售，而她的好姐妹则负责发货及管理。

小店开始经营保养品后，每天的销量都还不错，于是小刘心一横干脆辞职，在家专心运营网店。由于小店出售的宝贝价格属于以批发价做零售，一直走薄利多销的经营路线，加上一直主打的满包邮促销，销量一路高涨。

销量高涨并没有让小刘和她的姐妹满足，慢慢地俩人由网上进货转为配件产地直接进货，和多个厂家都有合作，价格方面，她们还是继续薄利多销的原则，让所有买家都感受到物美价廉的购物体验。

销量给小刘的网店带来了很多爆款产品。于是小刘和她的姐妹陆续开始将爆款宝贝上了直通车，虽然确实花费了一些宣传费用，但宣传的效果也达到了二人的预期，很快她们的网店就升到了3皇冠的级别。

展望未来，困难与辉煌同在

如今，小刘和她姐妹的网店由每天的五六单生意，增长到每天100单左右。公司也由最初的30平方米的小屋子，换成了200多平方米的大写字间。员工更是由最初的2个人，发展到现在的15个人的团队。

而小刘已经从一个考研失败的普通文员，华丽转身成为年收入超百万元的女老板，面对未来，她说，虽然前面的路只会更加艰难，但是她依然相信，她和她的小伙伴们能走得更好，更加踏实，去寻找属于她们的辉煌！

第 12 章
网店客服与售后服务

本章要点

- 了解客户服务
- 售前服务
- 售中和售后服务
- 客服必备的知识和能力
- 客户关系管理
- 客服人员管理
- 开店经验与技巧
- 案例分享

本章主要内容

本章内容主要介绍了了解客户服务、售前服务、售中和售后服务、客服必备的知识和能力、客户关系管理和客服人员管理方面的知识与技巧,在本章的最后还针对实际的工作需求,介绍了淘宝网店的成功案例。通过本章的学习,读者可以掌握网店客服与售后服务方面的知识,为深入学习淘宝精准运营、策略营销与客户服务知识奠定基础。

12.1 了解客户服务

淘宝客服的基本工作包括售前准备工作、售中和售后服务三项业务。淘宝客服的服务质量可以说是经营网店时最为重要的环节,所以对淘宝客服进行培训是非常有必要的。下面将详细介绍客户服务工作基础方面的知识。

12.1.1 客户服务的意义

淘宝客服在网店的推广、产品的销售以及售后的客户维护方面均起着极其重要的作用,要做好淘宝客服,首先要了解淘宝客服的重要作用和意义,下面详细介绍这方面的知识。

1. 塑造店铺形象

对于网店而言,买家看到的商品都只是图片,因为看不到产品的本身,因此往往会产生怀疑和距离感。这个时候,买家通过与客服在网上的交流,可以逐步了解商家的服务态度以及商品的属性。

客服真诚的问候,都能让买家真切地感受到卖家的用心。这样会帮助买家放弃开始的戒备,从而在买家心目中逐步树立起店铺的良好形象。

2. 提供成交率

很多客户都会在购买之前针对不太清楚的内容询问商家,或者询问优惠措施等。客服如果能及时地回复客户的疑问,可以让客户及时了解需要的内容,从而立即达成交易。

针对不一样的客户,客服需要不一样的沟通方式,这就要求客服人员具备良好的沟通技巧,包括要及时回复,礼貌热情;热心引导,认真倾听;议价时,以退为进,促成交易;及时核实,买家确认;热情道谢,欢迎再来。

3. 提高客户回头率

当买家在客服良好的服务下,完成了一次交易后,买家不仅了解到卖家的服务态度,也对卖家的商品、物流等有了切身的体会。

当买家需要再次购买物品的时候,就会倾向于选择他所熟悉和了解的卖家,从而提高了客户再次购买概率。

12.1.2 客户服务的沟通原则

网店经营中,客服与顾客虽然不能直接面对面,但是在与顾客打交道的时候,却必须更注意技巧,否则,顾客流失的速度会要比实体店经营快得多,下面介绍一些网上与买家沟通的基本原则。

1. 为顾客着想

客服在为顾客服务的时候,首先要考虑如何节省顾客的时间,为顾客提供便利快捷的服务。所以,设身处地为顾客着想,以顾客的观点来看待商品的陈列、商品的采购、商品的种类、各项服务等,才会让顾客感到方便满意。

2. 满足顾客的尊容感和自我价值感

要赢得顾客的满意,不仅是被动式的解决顾客问题,更要对顾客需要、期望和态度有充分的了解,客服需要把对顾客的关怀纳入自己的工作和生活中,发挥主动性,提供量身定做的服务,真正满足顾客的尊容感和自我价值感,不要只让顾客满意,还要让顾客超乎预期的满意。

3. 尊重顾客

顾客的购买过程是一个在消费过程中寻求尊重的过程,顾客对于网上购物活动的参与程度和积极性,很大程度上在于店主对顾客的尊重程度。客服需要对顾客充分的信任和尊重,永远真诚地视顾客为朋友,这样才能让顾客消费得开心、放心。

12.1.3 客户服务流程

客户服务是网店必须设置的一个岗位,大中型网店由于订单繁多、咨询量大、售后内容多,对客服的分工要求更加严格,因此通常有一个专门的流程化的客服系统和模式。一般来说,客户服务可以分为售前服务、售中服务和售后服务3种类型。

12.2 售前服务

在淘宝网中,售前服务是买家和淘宝客服之间协商沟通的过程,买家可能会向卖家客服咨询有关产品的各种问题,包括价格、质量、发货时间等,客服应注意服务态度,吸引顾客最终交易,下面介绍售前服务方面的知识。

12.2.1 介绍商品

一名专业的网店客服必须具有基本的专业性即必须掌握商品的专业性知识和周边知识,了解同类产品信息和网店促销方案。

商品专业知识:商品的专业知识主要包括产品质量、产品性能、产品寿命、产品安全性、产品尺寸规格、产品使用注意事项等内容。

商品周边知识:商品的周边知识主要是指与产品相关的其他信息,如与同类产品进行分辨的方式、产品的附加值和附录信息等,这类信息有利于提高商品的价值,使买家更加认可商品。

同类商品信息:同类商品是指市场上性质相同、外观相似的商品,由于市场同质化现象十分严重,买家会面临很多选择,但是质量一直是顾客选择的最稳定的因素,因此客服人员需要了解网店产品的劣势,突出产品的优势,以质量比较、货源比价、价格比较等方式稳固买家。

促销方案：网上商店通常会推出很多促销方案，客服人员需要熟悉自己店内的各种促销方案，了解每种促销方案所针对的顾客群体，再根据买家的类型针对性地进行推荐。

12.2.2　商品推荐

作为一名淘宝客服，最基本的素质是具有良好的心理承受能力、跟进客户对商品的评价、熟悉淘宝网店的经营方式、耐心解答客户问题，除此之外，网店客服必须懂得必要地销售技巧，而其中最重要的一点就是懂得如何向买家推荐自己店铺的商品。

在有新买家咨询商品信息时，客服最好能快速主动地提供商品的基本信息，而不是被动地一问一答。在买家了解了商品的基本信息后，再介绍相关的细节信息，比如型号、款式等。针对不同的买家，客服必须把握住不同的重点。有的买家注重宝贝的细节，那么卖家应该主动地发细节图给买家，尤其是服装类的商品，这对买家有很好的吸引力和说服力。

对进店的每一个买家，客服都要积极向他们介绍店铺的主打商品。如果店铺正在进行促销活动或者聚划算等优惠活动，客服完全可以向买家介绍购买主打商品的优惠，以此来吸引买家。如果买家有明确的购买目标，那么客服应该快速回答相关信息。

当客服了解了产品信息后，就可游刃有余地对商品进行推荐。对于网上商店而言，商品推荐主要包括商品本身的推荐和商品搭配推荐两个方面。

商品推荐：商品的推荐因人而异，买家的需求、使用对象、性格特点等不同，推荐的方式和类型就不一样，比如买家购买自用商品，则实用性、美观性和适用性等就是首要推荐点；如果买家购买商品是为了赠送他人，则产品的包装、产品的品质、实用性和美观性等都需要同时考虑。

搭配推荐：商品的搭配主要包括色彩搭配、风格搭配和效果搭配等。在推荐搭配时，客服人员可以以店内模特、流行元素等进行举例。

12.2.3　巧妙应对不同类型的顾客

在与顾客的交流过程中，客服有必要去了解不同顾客的购物心理，这样能够做到更有针对性地解决不同类型顾客的购买需求。下面介绍如何巧妙应对不同类型的顾客方面的知识。

1. 顾虑型

这类顾客通常具有明确的意向，但对网上购物存在一定的顾虑。顾客的顾虑通常包含两种：一是产品获取是否安全；二是如何避免交易的不安全。应对这类买家时，如果客服对自家的商品有信心，要给予买家良好的售后保证。

2. 纠缠型

这类买家比较关注商品细节，通常从咨询开始，一直反复询问各种问题。有些买家即使购买商品后，也会提出许多疑问。卖家客服在面对这类买家时，如果买家尚未下单，为了做成生意，那么就有必要认真对买家的所有问题进行说明；如果买家已经下单，对于有必要说明的给予回答，对于纠缠性问题，则可以有选择地进行忽略。但应注意的是，态度要诚恳。

3. 砍价型

卖家客服在应对这类买家时，可以根据实际情况决定是否给予一定折扣。卖家在灵活判断的同时，需要结合商品本身的利润来选择。有时，买家的讲价幅度非常大，对于这类买家，应尽量给予合理的解释，也可以适当给予一定的降价空间。但如果买家坚持不合理的讲价，那么只有放弃这类买家了。

4. 虚张声势型

这种类型的买家通常不会直接讲价，而是委婉地向卖家透露自己以后可能会多次或批量购买的意向，让卖家觉得抓住了一个较大的买家，从而主动降价以给予较大的优惠。卖家需要对这类顾客进行分析，再决断是否给这类买家更大的折扣。

5. 观望型

这类买家在卖家店铺中，选中某件商品后，通常会就商品问题咨询客服，但又不会产生明确的购买意向。通常来说，这类买家本身就犹豫是否需要购买该商品，客服此时可以对买家透露商品所剩不多或者优惠活动将要结束等信息，刺激买家把握最后购买的机会，从而下定决心购买该产品。

12.3 售中和售后服务

12.3.1 售中服务

售中服务是指商品交易过程中为买家提供的服务，主要集中在顾客付款到订单签收这个阶段，包括订单处理、装配打包、物流配送、订单跟踪等内容。

订单处理：订单处理主要是指对订单进行修改，如修改价格、修改买家的地址和联系方式等。

装配打包：商品在寄出之前，需要对其进行打包，如果买家提出了特殊的包装要求，也要根据情况予以满足。

物流配送：物流配送是指联系物流公司进行揽件并开始配送，注意物流信息要填写正确和完整。

订单跟踪：订单跟踪是指随时跟踪订单的情况，并告知买家。

12.3.2 售后服务注意事项

售后服务是卖家为售出的产品提供调试、客户回访、产品维护和升级等服务，其服务质量评价标准是客户满意度，下面介绍售后服务注意事项方面的知识。

首先，售后服务是一次营销的最后过程，也是再营销的开始，它是一个长期的过程。卖家要树立这样一个观念，一个产品售出以后，如果所承诺的服务没有完成，那么可以说这次销售没有完成。卖家要认真完成每一项售后所提供的服务，让顾客满意。

其次，售后服务能与客户为下一步合作打下基础。一个好的售后服务人员，总能够给客户留下一个好的印象，能够与不同类型的客户建立良好的关系，甚至成为朋友，也就为下一次的合作增加了成功系数。

再次，售后服务是一种广告，是为公司赢得信誉的关键环节，买家会对卖家服务质量进行评断并口口相传，吸引更多顾客前来购买。

售后服务是交易过程中的重点环节之一，好的售后服务会给买家带来非常好的购物体验，因此客服人员在处理售后问题时要特别注意如下几点。

态度端正：热情、细心、礼貌和尊重是客服人员应该具备的最基本的素质，这在售后服务中也体现得非常明显。客服人员要耐心温和地处理各种售后问题，满足买家的合理要求。

回应买家的投诉与抱怨：买家收到商品后，如果对商品的质量、性能服务感到不满，就会有各种各样的投诉与抱怨，此时，客服人员要积极面对买家的投诉或抱怨，不能回避问题或消极处理。

避免与买家发生争执：少部分买家如果对商品不满意，态度会十分恶劣，客服人员在遇到这类买家时，一定要避免与其发生争执，防止势态恶化，应该尽快提出实际可行的解决方法以安抚买家，并解决问题。

留住回头客：当买家使用了商品并给出比较积极的反应时，客服人员要抓住机会，将其发展为老客户。

引导买家给予好评和收藏：好评和店铺收藏对店铺的发展非常重要，一个优秀的客服人员应该善于引导买家给出好评和收藏店铺。

12.3.3 应对买家的中评和差评

当店铺的信用和规模不断扩大之后,成交量也会随之增加,随之而来的中差评也可能会不断增加。中评和差评对店铺的影响非常大,因此客服人员需要对中差评进行处理。

1. 应对投诉的原则和方法

买家投诉是一种可能经常会遇到的问题,在应对买家投诉时,客服人员应该在遵循一定准则的基础上对投诉进行处理。

及时道歉:当买家所投诉内容属实时,客服人员首先应该主动道歉,表达出卖家诚恳的态度。若是买家投诉不属实,客服应该委婉温和地详细解释,解除误解。

耐心倾听:当买家抱怨发泄时,客服人员要耐心倾听,态度良好,理解买家的抱怨,认真对待和判断买家的问题。

及时处理:当买家进行投诉时,一般都是想尽快解决问题,因此客服人员在处理投诉时要迅速及时,切忌拖延。

提出完善的解决方案:买家投诉基本都是为了解决问题,挽回损失,客服人员应该针对买家的这种心理迅速提出让买家满意的解决方案,如更换商品、退货或赠送礼品等。

2. 对待买家的中评和差评

卖家在经营网店的过程中会遇到各种各样的买家,当遇到比较挑剔的买家时,很小的一个失误都可能造成中差评的出现。网店的客服人员不能对买家的中差评表达不满,而应该将中差评看作提升商品和服务质量的机会,认真对待,及时解决。

一般来说,造成中差评的原因主要有以下几种。

(1)不满意物流速度,等待收货的时间较长。

(2)未及时回答买家的问题,或服务态度不够好,以及对售后服务不满意等。

(3)对商品的颜色、质量、大小、外观、价格等不满意。

(4)收到的商品有损坏。

卖家遇到不同的问题,需要给出不同的解决方式,比如买家对商品本身不满意的,可以为其提供退货或换货服务。

3. 避免买家的中评和差评

好评率是网店非常重要的一个因素,会对买家的购买行为产生直接影响,差评不仅会影响好评率,还会扣掉网店信用,因此卖家要尽量避免买家的中差评。而在避免中差评之前,应该先分析产生中差评的原因,并有针对性地进行解决。下面对一些常见的避免中差评的方法进行介绍。

做好售前、售中的商品介绍:客服人员在进行售前、售中的商品介绍时,要注意主动对一些重要问题和细节问题进行提醒,如商品尺码、颜色偏差等,并说明原因,有特别需要注意的问题也要进行标识和说明。

质量把关:质量是买家购买商品的首要因素,因此质量问题一定不能忽视。卖家在进货时要亲自对商品质量进行甄选和对比,发货前也要仔细检查商品是否破损或存在缺陷。

解释色差:色差是网上商品很难避免的一个问题,色差存在的原因有很多,光线、显示器分辨率等都可能形成色差,因此卖家可以对色差问题做出适当的提醒。

包装:包装也是商品的卖点之一,好的包装可以让买家感觉更超值,卖家可以在包装上做一点小创新,博取买家的好感。

完善的售后:售后是避免和挽回中差评的一个关键,完善的售后服务甚至能弥补商品质量上的细小缺陷。

热情的服务:服务质量很大程度上决定着买家对整个店铺的评价,如果买家对店铺的印象好,中差评的概率就会很低。

面对买家评价:收到买家的中差评后,客服人员应该诚恳地面对评价,虚心接受买家的批评,表达自己立即更改的态度,从而说服买家更改评论。

4. 引导买家修改中差评

中差评是网店不可避免的情况，很多中差评产生的原因都不算严重，都可以在与买家沟通之后得到修改，一名合格的客服人员应该能够合理地引导买家修改中差评，其过程一般如下。

及时联系买家：当收到买家的中差评之后，客服人员首先要及时联系买家，了解产生中差评的原因，并分析原因。

进行沟通：了解了中差评的原因之后，客服人员要耐心与买家进行沟通，恳请买家修改中差评。如果中差评的原因在于卖家，则要主动承认错误，为买家换货，进行补偿。如果中差评的原因在于买家，也可通过一定的补偿措施请买家修改中差评。

12.3.4　退换货处理

退换货处理在网店中十分常见。当买家对物品不满意或者商品的尺码不合适时，买家就会申请退换货服务，客服人员应该根据实际情况快速做出处理。一般来说，在买家申请退换货时主要有退换、折价和换货3种处理方式。

退货：当买家对收到的商品不满意时，即可申请退货。在买家申请退货时，卖家应该先了解退货原因，以及是否符合退货要求，确认之后再将卖家的退货地址告知买家并请买家告知物流凭证，收到货物后尽快给买家退款。目前买家在淘宝申请退货时，淘宝网会根据买家的信用等级直接退还货款。

折价：当买家对商品不满意或商品存在细微瑕疵时，会向卖家进行反映，此时客服可以要求买家以拍照的方式反馈商品问题，再根据商品的具体情况判断是否折价、折价多少等，选择折价后再退还相应款项即可。

换货：当买家觉得尺码、颜色等不合适时，即会申请换货。卖家首先需要判断商品是否符合换货要求，如果符合换货要求，则告知换货地址并请买家告知物流凭证，收到货物后再换货发回。

12.3.5　回应投诉与抱怨

在网购的过程中，买家会经常针对产品质量、价格或物流速度等问题，向客服投诉与抱怨，面对买家的咨询或投诉，卖家客服需要做到如下回应。

1. 耐心倾听买家的发泄

倾听买家的投诉时，客服一定要有耐心。如果卖家的商品质量没有问题，可能是由于误会或者物流原因产生了问题，耐心地听完买家的抱怨，然后分析原因向买家解释并且给买家解决问题的方法。

如果产品确实有问题，卖家应针对问题积极解决，包括退换货的服务或给予买家一些补偿，从而降低买家的怒气和不满。

2. 处理动作要快

看到投诉之后，客服处理投诉的动作一定要快。这样会让买家觉得，卖家是重视买家的，并且卖家是对自己的产品有信心的。

不管怎么样，卖家要先对自己给买家带来的不便和误会道个歉，表明态度。如果接到投诉的时候，能立即给买家打个电话，效果会更快更好。

当然，在面对恶意投诉的买家时，卖家客服应备份好证据找淘宝官方介入仲裁，由官方来裁判买卖双方所存在的问题。

12.3.6　避免与顾客发生争论

在销售商品的过程中，卖家客服不管客户有没有道理，只要他们提出异议，就要保持热情服务的姿态，避免争论的产生。

在客户有质疑或争论时，客服不要回避客户的争辩，更不要试图与他们争辩，而是支持客户公开发表自己的意见，因为只有这样，客户才会感到自己受到了重视，而卖家也可以了解客户的真正想法，这对销售的成功极为有利。

在销售的过程中，卖家客服应记得当客户投诉的时候，千万不要跟客户争辩，不要把客户的意见当成是恶意的挑剔，而要顺从客户，这样才会赢得客户。

12.4 客服必备的知识和能力

在经营网店的过程中，由于网店的规模各不相同，客服的服务能力也不相同，在正常运营网店的同时，教会客服必备的知识和能力也是非常重要的。下面介绍客服必备的知识和能力方面的知识。

12.4.1 网站交易知识

客服应该了解网店的交易规则，来更好地把握自己的交易尺度。客服要根据网站交易规则，在细节上一点点地指导顾客如何操作。此外，客服还要学会查看交易详情，了解如何付款、修改价格、关闭交易、申请退款等操作。

同时，客服要了解支付宝有关交易的原则和时间规则，可以指导客户通过支付宝完成交易，查看交易的状况，更改现在的交易状况等。

最后，客服要了解不同物流的运作方式、不同物流方式的价格、不同物流方式的速度和不同物流方式的包裹撤回、地址更改、状态查询、保价、问题件退回、代收货款、索赔的处理等问题，以便可以快速解决买家发货所遇到的问题。

网站客服人员应该站在卖家的角度了解淘宝的交易规则，从而更好地工作。有时买家可能是第一次在淘宝上交易，不知道该如何进行，那么客服人员除了要告知买家一些淘宝的交易规则外，还需要指导买家操作。

12.4.2 付款知识

网上交易一般都是通过支付宝和银行付款两种方式进行交易的。银行付款一般建议用银行转账，可以在网上银行付款、柜台汇款，工行同城可以通过 ATM 机完成汇款。当告知买家汇款方式时，应详细说明是银行卡还是存折、银行卡和存折的账号、收款人姓名。

网店客服人员应该建议买家尽量采用支付宝付款方式完成交易，如果买家因为各种原因拒绝使用支付宝交易，则需要判断买家确实是不方便还是有其他的考虑。如果买家有其他的考虑，应该尽可能打消买家的顾虑促成其使用支付宝完成交易；如果买家确实不方便，网店客服人员应该向买家了解他所熟悉的银行，然后提供给买家准确的银行账户，并提醒买家付款后及时通知。

12.4.3 计算机网络知识

网店客服人员一般不需要太高深的计算机技能，但是需要对计算机有基本的认识，包括熟悉 Windows 系统、会使用 Word 和 Excel、会发送电子邮件、会管理电子邮件、熟悉上网搜索和找到需要的资料。另外，在录入方面应该至少熟练掌握一种输入法，并能够进行盲打输入。

12.5 客户关系管理

客户关系管理是一个不断与客户交流，了解客户的需求，从而提供更完善的产品和服务的过程。客户关系管理不仅可以使卖家更了解自己的客户群，制定出更合适的营销方案，还可以通过交流管理不断发展客户，培养客户忠诚度。

12.5.1 新客户的寻找和邀请

淘宝网上的店铺数目非常多,要想让"游客"发现你的店铺并成为常驻客户,是一个需要投入很多精力的过程。一般来说,新客户的发展比老客户的维护更难,且需要花费更多的时间、金钱和精力等,但新客户是网店客户群中必须发展的对象,一个成功的网店必须懂得如何寻找和邀请新客户。

利用淘宝增值服务:淘宝提供了直通车、淘宝客和智钻等增值服务,可以帮助卖家将客流量引导至店铺,好好把握这些客流量,即可使他们成为新客户。

做好店铺推广:在电子商务时代,大部分信息传播都是通过网络进行的,卖家可以好好利用自媒体、论坛、网站等渠道对自己的店铺进行宣传,吸引新客户。

做好关键词:买家在淘宝进行购物时,大多是通过关键词搜索的方式寻找自己需要的商品,只有做好了商品关键词,才能让更多人找到店铺。

打响店铺名号:知名的店铺更容易吸引到新客户。

好看的店铺装修:店铺装修是否美观也是是否吸引买家的一个重要原因,美观的店铺装修更容易赢得买家的青睐。

12.5.2 影响客户回头率的因素

客户关系维护对网店的影响非常大,要想使网店发展得更好,不仅需要发展新顾客,还需要维护老顾客,让他们能够留在店里固定消费。为了实现这一点,卖家首先要了解会对客户回头率产生影响的主要因素。

产品:产品性价比是买家常关注的一个问题,也是影响买家回头率的一个非常重要的因素。性价比越高,对老顾客的维护越有利。

品牌:店铺品牌和商品品牌在很大程度上影响着买家的回头率和忠诚度,因此要做好品牌定位。

服务:买家是否选择再次在店内消费,服务质量占很大的因素。良好的服务品质和购物体验也非常可能将新客户发展为老客户。

促销:不断变化且能吸引买家的促销手段,也会刺激买家的再次购买,在卖家开展促销活动时,可以通过短信、旺旺、网站宣传等方式提前告知买家。

会员:会员折扣、会员积分等优惠政策可以维护更多的老顾客。

回访:不定期地通过短信、旺旺、邮件等形式回访买家,可以增加买家的印象,使其在选购该类商品时首先想到和选择熟悉的店铺,提高买家的回头率。

12.5.3 老客户的发展与维护

网店的新客户来之不易,因此卖家一定要做好老客户的发展工作,在将新客户发展为老客户之后,也要懂得对老客户进行维护。

1. 老客户的发展

将新客户发展为老客户是很多卖家都希望做好的一项工作。一般来说,想要更好地发展老客户,需要做到以下几点。

为买家着想:做好售前、售中和售后服务,可以使买家对店铺产生好感。而站在买家的角度考虑问题,分析和考虑他们的需求并满足,可以让买家觉得卖家值得信任更容易交流,不仅可以减少交易纠纷,也可以让买家对店铺的态度更宽容。

推荐合适的商品:如果卖家为买家推荐的商品不够好,则买家会对卖家产生不信任感。如果卖家为买家推荐的商品质量、价格等都能使买家满意,就能使买家再次光顾店铺。

建立买家的信任度:买家在进行网上购物时,通常都希望所获取的信息是真实准确的,因此卖家如果证明了自己商品信息的真实性,就能在一定程度上获得买家的信任。销量、好评等都是获取买家信任度的一种方式。

2. 老客户的维护

老客户的重复消费是网店中非要重要的一个销售数据,对店铺的影响很大。一个成功的网店必须得维护老客户。下面对常用的老客户维护方法进行介绍,主要包括建立会员制度、定期举办促销活动和老客户回馈3种。

建立会员制度:建立会员制度能帮助卖家更好地维护老客户,防止客户流失。会员制度的消费奖励额度一般根据店内商品的价格而定,最好保持在既能抓住客户又能保证经济效益的程度上,会员制度可以分不同等级,如普通会员、高级会员、VIP会员等,针对不同消费能力或消费总额的客户,给出对应的优惠。

定期举办促销活动:各大网络购物平台都会以不同的名义衍生出了节日、店庆、回馈等各种促销活动,好的优惠活动可以为店铺带来非常大的经济效益。在策划促销活动时,一定要提前对活动进行宣传。促销活动必须有时间限制,不然容易让客户产生倦怠感。促销活动推荐的商品还是畅销商品,但是需要适当地搭配滞销商品,带动其他商品的销量。

老客户回馈:回请老客户是一种比较常见的老客户维护方法,如果店铺值得信任、商品性价比高、服务质量好,就很容易赢得回头客。在淘宝的客户关系管理系统中,显示了光临店铺的客户基本信息和光顾次数,通过这个功能,买家可以对已有客户进行分类,并通过短信、旺旺等方式定期向老客户推荐优惠活动,还可以通过以往的交易信息对客户数据进行分析,针对不同的客户进行分层营销。

12.5.4 客户关系管理工具

客户关系管理工具是专门用于整理和管理客户的工具,该工具可以使客户管理工作更加事半功倍。下面对一些常用的客户关系管理工具进行介绍。

1. 淘宝网后台会员关系管理

淘宝网后台的会员关系管理系统是一个常用的会员关系管理工具,可以对网店所有客户进行管理,如制订营销活动、设置会员等级客户分析等。

2. 淘宝开放平台的客户关系管理软件

除了淘宝网提供的会员关系管理功能之外,其他的软件服务商也开发了很多客户关系管理软件,卖家可以直接在淘宝网中进行选择和购买。

12.6 客服人员管理

客服人员对网店非常重要,网店想要获得良好的发展,对客服人员的数量和质量都有一定的要求,因此卖家需要了解客服人员的招聘和管理方法。

12.6.1 客服人员的招聘和选择

网店的规模和经营方式不同,对客服人员的工作模式也不一样,一般来说,主要有集中化工作模式和分散化工作模式两种,不同模式的客服人员的招聘和选择方式也不一样。其中,集中化工作模式是指网店拥有自己专门的客服团队和工作地点,实行统一管理。分散化工作模式是指以远程的方式建立起来的团队管理模式,客服人员分散各地,只通过同一个平台联系和共事。

集中化工作模式:集中化工作模式对客服人员的要求更高,在数量和质量上都更严格,对客服人员的任职标准也有一定的要求。招聘这种客服人员时,一般可以通过招聘会、网络平台等发布招聘信息,通过笔试和面试等方式进行选择。

分散化模式：分散化模式多适用于小型网店，成本较低，对客服人员的要求也相应较低。分散化模式的客服人员一般可通过网络来招聘时间充足的人员，通过远程的方式对其进行指导和监督。

12.6.2 客服人员必备心理素质要求

由于买家的类型多种多样，在客户服务的过程中，客服人员会承受各种压力，因此必须具备良好的心理素质，具体内容如下。

处变不惊：不管遇到任何问题，客服人员都要沉着稳定地安抚买家的情绪，不能自乱阵脚。

承受能力：当面对买家的责问和埋怨时，客服人员要有良好的心态，虚心接受并积极处理买家的问题，不与买家发生争执和争吵。

情绪的自我调节：当客服人员在与买家的沟通中产生负面情绪时，要学习情绪的自我调整，提高抗挫折打击的能力。

真诚付出的心态：客服人员在对待买家时，要热情真诚；客服人员在对待店铺时，要敬业负责。

积极进取：客服人员的能力直接与店铺的销售额产生联系，为了提高店铺的销售额，客服人员应该积极进取，努力提高自己的业务能力。

12.6.3 客服人员激励方法

为了使客服人员保持积极向上的工作态度，使客服团队获得良性的可持续发展，卖家必须对客服人员进行必要的激励。常用的客服人员激励方法主要有奖惩激励、晋升激励、竞争激励和监督激励四种。

1. 奖惩激励

奖惩激励是指通过制订奖励和惩罚条例对客服团队进行激励，鞭策和鼓励整个团队向更好的方向发展。

（1）奖励机制。

网店一般可以采取精神奖励和物质奖励两种方式激励客服人员，通过奖励机制，可以有效地调动人员的积极性，优化整个团队的风气。

精神奖励：精神奖励是一种以满足精神需要为主的奖励形式，精神奖励可以激发员工的荣誉感、进取心和责任心。网店可以根据自己的实际情况来制订精神奖励的标准，将奖项设置为新人奖、季度优秀服务奖、年度优秀服务奖，或C级服务奖、B级服务奖、A级服务奖等，并对不同等级的客服人员颁发相应的荣誉章等。

物质奖励：物质奖励主要表现为薪资福利奖励，对调动客服人员的服务积极性非常有效，网店可以根据实际的要求和标准制订不同的奖励等级，为满足标准的员工发放相应奖励。

（2）惩罚机制。

惩罚机制是指网店制订专门的惩罚条例对表现不好、不合格或犯错违规的客服人员进行相应的惩罚，主要目的是鞭策员工积极向上，保持团队的专业性和责任感，也是对员工行为的一种规范。惩罚形式一般以警告、批评、扣除奖金为主要形式，情节严重者也可进行淘汰。

2. 晋升激励

晋升激励是指为客服部门划分不同的层级职位，对员工的工作能力进行考察，能力优秀者则可获得晋升的平台和空间。晋升激励可以充分调动员工的主动性和积极性，打造和谐、卓越的客服团队，同时为每位客服人员实现自我价值提供机会。

一般来说，客服部门可以划分为客服人员、客服组长、客服主管和客服经理等层级，但在使用晋升机制激励员工的同时，网店必须为客服人员制订相应的培训计划，制订相应的选拔和任用制度，树立员工的学习标杆，引导其他员工不断学习和改进，才可使晋升机制真正发挥出良好的效果。

3. 竞争激励

营造积极良性的竞争氛围是卖家科学管理客服团队的有效手段。良性竞争不仅可以促使员工之间互相学习，发现并弥补自身的不足，还可以使整个团队在一种积极向上的环境里持续提高。

科学良性的竞争机制一般可以借助数据作为支撑，清晰明确的数据可以让员工清楚地看到自身的不足以及对手的优点，从而不断督促自己做出更好的成绩。

4. 监督激励

监督激励是指管理者对客服人员的工作态度、工作成绩、客户满意度和员工认可度等进行跟踪、督察、管理，使其工作效果达到预期目标。此外，通过对客服工作进行监督，管理者还可以评估出客服人员的工作效率，并将其作为客服考核的指标之一。监督方法主要包括管理者评价、问卷调查等方式。

12.6.4 客服人员绩效考核

网店的客服考核一般以关键绩效指标考核法（KPI）为主，即将员工需要完成的工作标准以指标的形式罗列出来，根据指标对员工进行评价，引导员工关注公司整体绩效指标和主要考核方向，不断完善和提升自己。

12.7 开店经验与技巧

通过本章的学习，用户已经掌握客户服务的基础的知识，包括售前服务、售后服务、处理客户投诉、客服必备的知识和客服沟通等，本节将详细介绍完善客户服务工作方面的开店秘籍。

12.7.1 一个好的客服要有耐心

做客服是一件很需要耐心的工作，每天坐在电脑前十几个小时，眼睛不敢多离开电脑几分钟，就怕错过一个客户，而且就是去上厕所也要设置留言说"马上赶回来"。

有时候还会遇上难缠的顾客，他们每次都会咨询很多产品周边的问题，好的客服都会很耐心的解答他们的问题，而且还会针对自己的工作，认真反省自己的服务质量。客服要学会用积极的态度耐心地去面对每一个顾客。

12.7.2 如何应对顾客的刁难

工作中难免会碰上一些让客服非常头痛的顾客。这样的顾客一般会以自己为中心，只要觉得有一点不满意，就会无端指责，把错误完全推给客服。

对于这种情况，客服一定要保持平常心，因为像这样的顾客也是极少数的。客服要用耐心和温和的语言进行解释，千万不要用强硬的语言跟顾客讲理，最终导致客服自己不开心，顾客又不满意，还得到一个差评的结果，那就得不偿失了。

不妨站在顾客的角度想一下，选择性的把顾客不礼貌的语言略过。留意关键字眼，了解这位顾客到底是哪里不满意，认真地做出合理的解答，问题就肯定会得到解决的。

如果是产品的问题，因为店铺都有完善的售后服务，所以客服可以给这样的顾客提供退换。如果觉得服务不好，客服则一定要虚心接受顾客的意见去改进，为顾客提供优质的服务。

12.7.3 处理顾客退货的办法

如果顾客因为使用已购买的商品不能感到满意而希望退货的时候，从店铺服务顾客的立场而言，不得不接受顾客退货的要求。但是接受顾客退货的时候，也并不是无条件百分之百地接受，要视情况而定，要在允许范围之内接受退货或换货。

客服必须依据店铺有关顾客退货或换货的标准来进行操作。如果不严格按照标准操作，不但造成工作人员莫衷一是,而且就连顾客也会对店铺产生不信任的感觉。

一般情况下,以生鲜食品为主的商品,原则上是拒绝退货的,因为容易造成在运输中产品的腐坏,不能进行二次销售。至于服饰类,因为衣服具有淡旺季的特性,所以除了特殊情况之外,一般接受退货的期限是在7天以内。

另外,退货的理由也是一个问题。如果客服依据店铺的标准不能很痛快地接受顾客的退货,这种时候不妨建议顾客更换其他商品。退货自然是越早越好,如果在短短几个小时之内来要求退货,店方应该很高兴地乐意接受退货的要求。

如果确实不能接受顾客退货,应该清楚地说明理由。这种情况,必须非常注意措辞、态度等,绝对不可以破坏对方的心情。如果是不得不接受退货,也应该一开始就心情愉快地接受。第一时间就把钱退给顾客,送客的时候,请顾客再次光临。这样,顾客才会觉得店家有信誉,从而建立良好的口碑。

12.7.4 网店经营对客服品格素质的要求

在经营网店的过程中,客服的品格素质也是非常重要的,好的品格素质会体现在客服与顾客之间的交流中,会吸引顾客对客服的品质进行褒扬,从而达到消费的目的。下面介绍一个合格的网店客服应具备的品格素质。

(1)忍耐与宽容是优秀网店客服人员的一种美德。
(2)不轻易承诺,说了就要做到,言必信,行必果。
(3)谦虚是做好网店客服工作的要素之一。
(4)拥有博爱之心,真诚对待每一个顾客。
(5)要勇于承担责任。
(6)要有强烈的集体荣誉感。
(7)要有热情主动的服务态度。

12.7.5 客服要坚持自己的原则

在销售过程中,客服会经常遇到讨价还价的顾客,客服应当坚持自己的原则。如果已经触碰店家指定的商品价格底线时,客服应决定不再议价,并向要求议价的顾客明确表示自己店铺的议价原则,希望顾客理解。

12.7.6 客服如何向顾客销售商品

客服要根据推荐的商品的不同特征,如功能、设计、品质等,向顾客推荐时,着重强调商品的不同特征。同时,设法把话题引到商品上,并注意观察顾客对推荐商品的反应,以便适时地促成销售。

客服还要学会准确地说出各类商品的优点,并注意重点销售的技巧,要有针对性。对于商品的设计、功能、质量、价格等因素,要因人而异,要在极短的时间内能让顾客具有购买的念头,是销售中非常重要的一个环节。

12.7.7 客服如何解决发货问题

每个购买了商品的顾客都关心发货的问题,所以当顾客确定付款后,客服如果连发货的问题都没有处理好,最终的结果依旧是顾客会非常的不满意。一般面对这样的问题时,客服有两种处理方式。

1. 清楚告知顾客发货的具体时间

在顾客付款后要清楚地告诉顾客物流发货的具体时间,如邮局一般是上午发货,快递是下午发货,所以发邮局的一般是当天付款隔天发货,快递上午付款,尽量当天发货,下午付款因为来不及打包也是隔天发货,请顾客谅解。

2. 及时替顾客查询物流信息

如果顾客来查物流的时候，先确定顾客订单的物流情况，如果已经发货，直接帮顾客查询具体物流信息。如果没发货，就要找出具体原因，正面回答顾客，真诚道歉，让客户感受到客服的真诚，提高客户的体验度。

12.7.8 客服的售后技巧

商品售出后，客服需要对售后的产品进行跟踪和服务，在进行产品售后服务的过程中，客服应做到如下原则。

1. 及时回复好评

如果收到买家的好评客服要及时答谢买家，这样能给买家荣誉感和信任感。

2. 学会对顾客适时关怀

把买过商品的顾客加为阿里旺旺好友，然后在适当的时候发信息问候一下，有最新的促销活动也可以适时宣传，让顾客感受到来自客服的关怀。

3. 售后及时联系买家

在买家收到商品后要及时联系买家，询问产品的概况，让买家感到店家售后服务的热忱与真诚。

12.8 案例分享——人民教师辞职做手工艺品，用服务创网店传奇

手工产品在淘宝网上也有春天

韩笑笑，淘宝网一家大型手工产品制造网店的经营者。曾经，她是一名人民教师，有着一份稳定的工作和收入。但喜欢挑战的她，为了实现自己的理想，毅然决然地放弃了工作，加入了淘宝创业的大军阵营中。

而从小就对手工产品情有独钟的韩笑笑，在她很小的时候就喜欢自己设计和制作一些手工品，如可爱的兔子陶俑、精美的小盒子等，然后将亲手制作的手工品送给亲朋好友，得到大家的赞美。

所以在开始创业的时候，韩笑笑就决定发挥自己的长项，售卖手工艺制品。创业初期，她只花了500元，买了一堆手工材料回来，自己设计，做了些编制的包包和衣服，然后拍照，放到淘宝网店上。因为韩笑笑的商品都具有独一无二的特性，所以很快，上网出售的商品就有人都买下了。这让韩笑笑尝到了甜头，觉得经营网店还是很有好处的。

就这样，韩笑笑的网店成立了半年，随着她商品的热销，购买之多，让开始创业的她有些应付不过来了。韩笑笑开始考虑将自己的网店转型做成品销售，不再自己动手制作。

淘宝上的竞争很激烈，要想突出重围，卖的物品必须要款式多样，并且更新要快。于是韩笑笑通过联系当地的一家手工制品厂，建立了货源，卖手工成品也就顺理成章起来。

网店信誉和品牌经验谈

韩笑笑觉得，网店经营，诚信应该是第一位。在淘宝，好评的数量决定了卖家的信誉。信誉越高，生意也就越好做。

韩笑笑说："客户如果不满意，我就退货，很多卖家做不到这一点。表面上看，退货等于黄了一笔生意。其实未必。"

接着韩笑笑讲述了这样一次经历，曾经有一位顾客购买了一条1000多元的手工包包，收到后说很好，可是配起衣服来，又觉得不好看，经过简单的沟通，韩笑笑无条件地给她换了一个款式，这让对方很惊喜，因为这名顾客也知道淘宝上很少有无质量问题还给退换货的。

没过多久，韩笑笑的努力就换来了回报，这位顾客因为韩笑笑的诚信和美丽的商品，又购买了价值2000多元的产品，从此成为了她忠实的顾客。而且只要这位顾客身边的亲朋好友任何人要买首饰或者要买送人的礼物，她一定不遗余力地介绍他们来韩笑笑的店。

真诚换取客户的心,经过近一年半时间的努力和奉献,韩笑笑成为一皇冠卖家,得到了更多买家的喜爱。虽然韩笑笑每天都忙得不可开交,但她不觉得辛苦而且感到非常的充实,她对未来充满了憧憬。

同时韩笑笑觉得,品牌是今天竞争生存的必经之路。一次,在奢侈品店时,面对琳琅满目的世界品牌产品,韩笑笑冒出了一个念头,她要创造属于自己的首饰品牌。她决定在产品日益同质化的今天,如果卖相同的东西,那势必进入一场无止境的价格战中,价格降低,质量下降,最后所有的价值都将荡然无存。

就这样,韩笑笑很快注册了自己的品牌,也创造了从网店到品牌的战略转变。

创造更大的奇迹

经过了3年的努力,韩笑笑的网络销售总量达到了50万件。现在,韩笑笑通过淘宝网的平台已经为20多个国家和地区的顾客提供了1000多种款式的商品。单凭借网络,她已经拥有了稳定的顾客,并正在不断壮大市场。

从创业初期投入的500元到现在年销售额突破600万元,从普通的网店到知名的品牌,韩笑笑正不断地带领着自己的团队和品牌在网络世界里,创造一个又一个传奇。